《老子十八讲》说明

二〇〇八年夏，我完成了《老子的帮助》一书的写作。二〇〇九年一月，此书出版，并受到读者与一些师长、友人的厚爱。

二〇〇九年三月上旬至七月初，我在BTV中华文明大讲堂开讲"老子的帮助"，虽与书名相同，但适应口语与听众的特点，我其实是重新思考，重新结构，自成体系了一部新的书稿。为此，我特别感谢北京电视台刘爱勤台长、BTV卫视陈大立与杨东主任与于瀛编导，没有他们的多方鼓励与创造条件，我不可能讲出这个系列来。我深深体会到，把一些抽象的哲学道理讲明白，讲亲切，讲得易于接受，远远比把它们讲高深要有趣也困难得多。

原安排十二讲，后应受众与BTV的要求，扩充为十八讲。后六讲中，有一些引文和讲解与前十二讲有重叠，经过删节，留下的是角度不同、说法不同的部分。

BTV播放的是经过该台编辑的内容。笔者后来按原始稿全文整理增删，成为现书稿，并定名为《老子十八讲》。

在BTV讲课时，有主持人姜华女士的协助与点拨呼应。整理书稿时，则是按笔者与BTV的协议，以我的讲演记录稿来做书的。谨感谢BTV的推动与大力协助，并感谢姜华女士在成就此书方面做出的卓越贡献。

王　蒙

老子十八讲

王蒙

生活·讀書·新知 三联书店

目　录

第一讲：你为什么需要一个大道 ………… 7

道的概念高于一切——我们需要一个参照——道是世界与人生的主心骨——寻道可以增智慧——老子的眼光与众不同——你能看几步棋——谁也做不到从胜利走向胜利——道是哲学，也包含着信仰——怎么样去总结一下道呢——不争与共享——把你的时间精力投放在什么地方——回到婴儿状态去——又精微，又模糊——解读概念与改革开放——寻道是不是宗教信仰——寻找大道的过程乃是一个命名的过程

第二讲：道法自然 ………… 25

人要像地一样地有所承担——天地的道化或道德化——经验达不到的地方智慧却达到了——自然就是自然而然——相信自然而然是人民的共识——为什么说车到山前必有路——理想的政治是自然而然地做事的——为什么说知道了美反倒丑恶起来了——老子的天地不仁说太刺激了——道像雨露一样——老子捅破了你的窗户纸——微笑是有定价的吗——夫妻间需要不需要每天说"我爱你"——要自然而然，不要刻意作秀——不能操之过急——从道法自然的角度看计划经济与市场经济

第三讲：无为是关键 ………… 45

为，还是不为——越是不那样做，越是能够达到目的——善于干什么，就用不着刻意去干什么——美丽的无为令人陶醉——应做的事各式各样，不可以做的

事应有共识——怎么样分辨好人和坏人——精兵简政——不要想那些永远做不到的事——对于谦虚的哲学表述——上善若水——感悟水，喜欢水——虚与静

第四讲：有、无，一、二、三 ………… 61

当然是无中生有——无才有用——老子的哲学是对于生活的发现——无的优越性——无是想象浪漫的前提——哲学的魅力在于发现生活——中华文化对于一的追求与崇拜——道生一兼论解读老子的可能性——道的根本在于从无到有又从有到无——道本身包含了自己的对立面——一分为三——超越简单的两分法——在一二三的讨论中看中西文化观念的差别——崇拜一也警惕一

第五讲：宠辱无惊 ………… 81

朝为座上客，夕为阶下囚——得宠这个话并不好听——范进中举与小公务员之死——《红楼梦》中的得宠与失宠——谁能做到宠辱无惊——大患若身——这是不是老子的荒谬——消化痛苦，提高人格——以尊严和信心对待宠辱——谦卑与钝感——多几个世界——对于宠辱都要有准备——宠辱无惊与物极必反——宠与辱的两面性——宠辱的不可预见性——零心态与从零做起——论万世、高境界

第六讲：知白守黑 ………… 103

黑格尔盛赞知白守黑——保持温和——绅士的风度——摄像镜头的启示——老子为什么提倡低调——知与守并不统一——知白守黑的延伸——韬光养晦——磨难是必要的——难得糊涂与愚不可及——大智若愚——大雅若俗——和光同尘

第七讲：治大国若烹小鲜 ………… 121

中山服与西服并不截然对立——老子的立言无与伦比——他要力挽狂澜——谁能举重若轻——似曾相识燕归来——小事有时候要当大事来做——下知有之最好——大道乌托邦——治国的化境——烹小鲜论——烹小鲜的美感——连鬼神都不闹腾了——老子对不良政治的抨击——民本思想的萌芽——老子的三宝

第八讲：老子会怎样用兵 ………… 143

老子其人——老子的神奇兵法——老子是不是阴谋家——弱也可能胜强——利用对手的弱点——王熙凤是怎样灭尤二姐的——欲取先予——相反相成——老子的

反战思想——毛泽东的军事思想——哀兵必胜——弱者的智慧——要不要秘密武器——以正治国以奇用兵——善战者不怒——从军事说到用人——骄兵必败

第九讲：老子的养生理论 ………… 165

中华文化中的养生问题——生命与大道合一——达·芬奇论生与死——苏东坡话生死与寿命——三个十有三——日月之精华——循大道而养生——生命的自我调整——日本人注意人事与季节的配合——贪欲、有为与宠辱催人灭亡——过度的营养、医疗与锻炼修为——养生的诀窍在于不养生——无死地最重要——以恬淡养生

第十讲：老子为什么求愚非智 ………… 183

为什么老子喜欢愚——不出户，知天下——人常常会在常识上犯错误——要本土化而不能过分远洋化——不应该是无知的本土化而是学贯中西又立足本土——牛顿挖两个猫洞——智者的放弃——学然后知不足——以愚治天下——抵御有害信息——传统文化中的非智基因——你把智用到了什么地方

第十一讲：小国寡民的乌托邦 ………… 201

老子的非大国主义——效率与标准化的悖论——老子的非发展观——复杂能不能变成简单——紧缩人际关系——当代的反全球化思潮——什么样的发展才算得上科学——人类能不能返璞归真——欲望的满足与控制——遥控器是不是灾难——饶了吧，音乐——简朴永远是美德——学会掂量，学会舍弃——一个有名的故事——发展与幸福——向后看——对于朴素的向往与怀念——阿Q的经验与教训——答现场提问

第十二讲：老子智慧的快乐与烦恼 ………… 223

老子的智慧无可争议——通向终极的悟性——通过思辨与感悟走近终极——你能理解九方皋吗——大道的至上感与优越感——文学语言的道性——老子有多牛——智慧令人快乐——老子不可摧毁——好箭也可保存欣赏——智慧也是一种美——老子的苦恼与牢骚——智慧的痛苦——国产佳寓言：不争论——智商太高了太麻烦——智慧的遭遇与命运——老子也俗了一把——智慧之路是坎坷的——老子是怎样被中华民族所接受的——精神上的巅峰体验——让老子来吧——答现场提问

第十三讲：得与失、成私与无私 ………… 249

关于私利——不有、不恃、不宰——道性非私——把私摆在哪里——对于私的实事求是的讨论——争取私利的代价及其他——大处不算小处算是人类通病——过分自私只能适得其反——拉弓的启示——奉天下才是大道——不要太膨胀——知足与知止——你不可能得到所有的"点儿"——物壮则老——付出必须超前，收益往往滞后——牙与花生的人生况味

第十四讲：得道者的风度 ………… 269

风度与举止——深不可识——勉为其难的形容——解冻说的滥觞——温温恭人——孔、老的风度说比较——森吉德玛与兰花花——动静与浊清——风格是可以自我调节的——踮着脚站不稳——起码不要惹人讨厌——风度表现了人的生活质量——提倡淡泊——老子有时会说反话——至柔为上——风度与软实力

第十五讲：逆向切入的处世方法 ………… 289

为什么老子喜欢反着说话——大成就必然带着遗憾——为什么大直若屈大盈若冲——巧要靠拙功夫积累——曲则全，枉则直——悖论的分析——一生真伪有谁知——不能急于求成一条筋——论臭皮匠与诸葛亮关系的多种可能性——为什么A常常不像A——大仁若伪，大智若妖——大方无隅还是外圆内方——晚成还是免成

第十六讲：大国之道 ………… 309

大国怎样才能长治久安——大国与小国——越大越谦虚——高潮化与正常化——关于速度——谁能做到报怨以德——脚踏实地——治国不能忽悠——小谎易破与大谎难缠论——老子的非战思想——不能无理想，也不能太理想主义——坚持和平发展——为道日损，损之又损——以百姓之心为心——防微杜渐，避免被动——坚持到底

第十七讲：虚静、复命、知常 ………… 327

让我们一起体悟道的特征——道的名称与美好特质——虚静是道的一个侧面——观复的意义——万物万象要归根——归根实大不易也——归根的踏实感——归了根就静了，复了命了——从知常一步一步上台阶——虚与静的含

义——有什么也不能有病有毒——静才能进入最好的状态——能婴儿乎——婴儿论与弗洛伊德——和才是常——怀念婴儿时期——但愿童心未泯——删繁就简——为什么不断出现原教旨主义

第十八讲：老子仍然活着 ………… 345

谈论老子，其乐何如——《老子》的文学性——经典文体与弹性论述——中华经典的特点之一：易于背诵，难以解说——是同义反复吗——诗体的《道德经》——老子有利于人们自我安慰——老子教给我们说话——哀兵必胜的煽情性——词句也是不能任意置换的——再谈儒道互补

附录：《老子》全文 ………… 358

第一讲：
你为什么需要一个大道

道的概念高于一切

老子非常重要，他是中华民族智慧的一个高峰。他的《道德经》在世界上有上千种译本，是全部中华典籍中翻译得最多的。可他在两千多年前用的语言咱们不熟悉，现在看起来也比较绕，有时候一上来就把人绕糊涂了。我要做的就是努力与老子起一个互证的作用：就是让我们互相证明一下，用我们今人的经历、经验、思想、知识、观念来证明一下老子的哪些观点是对人特别有帮助的；哪些是仅供参考的，还有哪些是需要有所调整的。同时我们也用老子的学说来分析、对比一下我们自己的那些经验、经历，看我们自己的那些想法，有哪些是值得通过对老子的阅读与验证，争取一个进一步的更高的认识的。

头一个问题我想跟大家讨论的就是，人为什么需要一个特别大的概念，像"道"这样的概念？你也许会问：究竟什么是道，到底什么是道？我告诉你，道就是"到底"，也就是究竟！你想过问一下究竟了，那么就是过问道了。你的问题也就回答了你的提问。妙就妙在这里。老子这个道就是来动员我们的智慧和思维，让我们进入"究竟"与"到底"，即进入终极关怀、终极期待、终极追寻的。而各种有关终极的说法，可能是哲学，可能是科学，可能是数学，更可能是神学即宗教学。

老子呢，正是以中华文化特有的想象、感悟、思辨的方式进行自己的终极探寻的。

我们寻找到这样一个理念，这个理念它高于一切、它涵盖一切、它包括一切，有了这个理念你就好像有了一座大山做依靠一样。比如说我们会有一种对世界的敬畏的感觉：仰望星空、远眺大海、极目高山雪峰，我们就产生了对世界敬畏的感觉，这些敬畏的东西把它综合到一块儿，加到一块儿，世界万物统统都包容进去，而且在这里边找到它的本质，找到它的规律，老子说这个就是"道"。道是一个终极的概念，是一个本源，就好像数学概念里边的无限大，到了无限大这里，你就到了头啦，你无法再往大里找了。而且它还是本质。这个东西既是思辨出来的、分析出来的，又是感悟出来的，因为你没办法说我拿了一个大道给大伙看，说这就是道，我找不到。但是道无所不在，什么都有。因为老子解释说：这个道啊就是终极，比如说我们问"道究竟是什么"这个话，就等于问道是道吗？因为道的意思就是世界的终极，什么都在里头了。

我们需要一个参照

这是一个终极的关怀。它不是通过寻找一个神仙、一个特异功能秉有者而实现的，它是从理念上实现，从理念推导出来的。我们看到的东西都是有限的，但是我们相信在有限之外还有无限，这很简单。其实这个是最容易说明白的，说时间是无限的吗？当然是无限的，因为你要说时间是有限的、说时间是二百亿年以前开始的，那这二百亿年以前的前边又算什么呢？说那是负N个年头？那么负一负二又负无限了，你还是无限。空间也是无限的，如果说空间是几万亿或者叫光年了，它特别大，它难道是一个铁框？这个铁框外头又是什么呢？所以老子是顺着哲学思辨的头脑，寻找到了这样一个无穷的根本，根本的无穷来。

寻找这个根本的目的是什么呢？第一个作用就是使我们获得非常巨大的一个参照。人们办任何事都有一个东西来参照，就拿物理学"运动"来说，运动没运动要拿地球来参照，说我手在运动，要拿我手的本身做参照呢，我就没运动，我手原来在哪里就是哪里。大概念是一个最重要的参照与依据。一般的人容易拿自己做参照，要拿自己做参照，他就很容易不满足、很容易生气，他就很容易看不清、看不明白这个事。但是如拿"道"做参照，情况就会有非常大的不同，就容易把一些事看得开、看得透、解得开。解得开在这儿应该念解（xiè）得开。

老子说：道，"强为之名曰大"。这个道是很难叙述的，我很勉强地说：它第一个特点是无所不包，它是"大"。"大曰逝"，它又是不断变化的。"逝曰远"，它是变化的，它是无穷无尽的，可以永远地变化下去。"远曰反"，就是它在变化当中又不时地回归自身，回到此前变化达到的状态的对立面。像这样的一些性质的描述，你听着是有一点玄，有一点忽悠，但是你要自己细想一想，这个世界有没有这样一面。世界难道就是咱们这一百多斤吗？就是我眼前这点花草杂物吗？就是咱们在座的朋友吗？世界大得不得了，今年有世界，一万年以后还有世界，一亿年以后还有世界。有世界就有世界的总和与世界变化的规律，它就是道，有世界就有万象万物各不相同，却同处于世界上，有同一的规律与本质，这就是道。同样，世界的变化：有无、死生、兴衰、成败、盈亏、虚实、强弱，这样的变化之规律、变化之动力、变化之驱动程序也就是道。所以说，"道"这个玩意儿虽然说起来很玄，它确实是存在的。

道是世界与人生的主心骨

有了这样一个参照以后，第二个感觉就是说，我们还有了主心骨。想想看，一个人，俗话说一百多斤，五尺高，寿命一般叫做不满百，膂力、智力、视听等感觉能力都很有限。这不是很悲哀吗？然而，世界上还有一个主心骨叫做"道"的在，它是永生的，没了地球，没了太阳系、没有了我们所在的银河系，它还在，它还能生出另一个地球太阳系银河系来。人生无常而道是常道。壮哉道也。

第三个感觉是，有了对于道的体悟，一切都有了定力，都有了定见，都不慌不忙了。一切都是有规律的，是有法则的，一切都在转化，一切都有希望，也都不必奢望。又是有希望的又是不能奢望的，也不能着急也不能慌乱。这让我们对待世界就有一种镇定，有一种定力。

外国人有一些很有趣的说法：碰到麻烦了，比如说金融危机，英语里有一个词叫 face music，就是说我们得面对音乐，得拿一切麻烦、一切噩运当交响乐乐章来听取。比如说你挨骂了，他说"干什么了？""今儿个我听了一上午音乐。"音乐指的就是别人骂。开批斗会了，我必须 face music。这个交响乐批斗会：你为什么不好好把这个工作做好了？我看你在找倒霉哪！这不也跟一个乐段一样的吗？那个算长号，你这个算小号，你这个算长笛。这话说得不太严肃、不太正规，但是它表达一个东西，就是说你从不同的参照系上看，很多事情的性质都会有所改变，都可能是小事情，你就有勇气、有把握来面对它。

因为我在新疆待过，我喜欢举维吾尔族的例子。维吾尔族有一个话,这话也不严格,你不能全听它的,但是它有一点道理。它说人生下来以后,除了死以外都是TAMAXAR。TAMAXAR一词的含义,就是玩就是欣赏、就是观赏。它说死是不能观赏的,你观赏人家死这太没有人性了。你观赏你自己死,你也顾不过来,你揣气都揣不上来了。但是除了死以外,你都可以用一个观察的态度,都可以抱一个观赏的态度。那么"道"除了给你这样一个参考的巨大的参照系,使你一下子自个儿站得很高,把很多事都看得更有信心、更有把握之外,还让你禁不住观赏感佩于大道的伟大与神奇。都观赏感佩了,你也就不会焦躁不安了。我们中国有一个词叫淡定,你甭管这个事现在多麻烦多复杂,但是总有解决的那一天,总有解决的那个时候,有了这个所谓的淡定,比起惊慌失措、六神无主,不是会好一些吗?

寻道可以增智慧

除了这个以外呢,"道"给我们的第四个感觉是它给你一种智慧。为什么呢?老子说关于道很难给它下定义,如果要给它下定义,它的特点是:大、逝、远、反。大,就是无所不包,叫做无穷大;逝,就是它不断地变化,不断地演变,永不停滞;远,就是说它是恒久的,它不是短期的、一时的,它的效用是深远的、长期的;反(返),就是说有很多东西它还又回到了它自身,回到了自身的恒常的、正常的、应有的状态。这和黑格尔、恩格斯他们讲的辩证法也是一致的,他们说万物的变化规律叫做"否定之否定",先是变化的结果否定了自身,再是否定了那个否定,回到自身。例如一粒种子长成了麦苗,否定了种子自身,麦苗长大枯萎了,否定了麦苗,但是结出大量的麦穗麦粒,又返回到种子:更多更好也可能有所变异的种子。现代化、全球化向中华传统文化提出严重的挑战,几乎否定了中华文化。经过新文化运动,经过复杂与痛苦的过程，人们又从新高度上重新认识到弘扬传统文化对于实现中国的发展与进步的无法忽略的意义。这也是大、逝、远、反。大了才能包容，逝了才不保守，远了才稳得住，反了才避免片面与偏颇。

事物它总是有一个回归在更高的层次上、回归自身的这样一个过程。我们如果有了这个"道"的概念，我们看任何事情都会看得更立体一些，它不是单向的，用咱们北京话说它不"较劲"。较劲的这个"较"字应该是比较的"较"，有人写文章写成叫喊的"叫"，那不对。它不是叫劲，而是比较的劲，就是双方不往死里掐。为什么它不往死里掐呢？因为任何事物有一个发展的过程，不用说辩论一个问题，有时候亲属之间为一件小事都能争执得面红耳赤，比如看电视里出来一个演员一晃就过去了，我说这不是那个演《天下无贼》的王宝强吗？结果我的孩子说这怎么是王宝强呢，你老了，你眼睛真瞎了。两人急了，这急什么啊，你过一会儿上网上查一查就行了。要是你俩人较劲，他如果不是王宝强，我再生气他也成不了王宝强。如果他是王宝强，我这孩子他再跺脚，哪怕他再说我老，他再气我，说你看你都糊涂了，也没用啊。这个例子是非常小的一件事。可能有的时候较劲还发生在重要的事情上，那个时候可能人们不太容易说别较劲，或者应该说我们站在更高的高度上，把这个事看开一点。

老子的眼光与众不同

老子就有许多说法，比别人可以说更辩证一点。比如说我们现在常用的一句话，也是当年毛泽东主席最喜欢用的一句话，就是说"祸兮福所倚，福兮祸所伏"，有的地方文字版本不一样，有的把"兮"说成"上"，说"祸上福所倚"，这个没关系，我们不去讨论具体的文字，但是它讲的故事在中国古代早就有。这个故事说：塞翁失马，焉知非福。塞翁丢了马匹本来是一件祸事，但是想不到这匹马又回来了，而且还带来了一匹更好的马，它就变成一件好事了。有了更好的马本来是一件好事，但是骑马摔坏了胳膊或者摔坏了腿，摔出伤来了，这又变成一件坏事。摔出伤来了，这是一件坏事，结果打仗的时候他没有被抓壮丁抓走，保住了性命，这是一件好事。当然这是按当时"春秋无义战"的说法，当时并没有说哪一场战争谁就是最正确、谁就是最不正确的，他不分这个才这么说。要是现在这么说当然就很落后了，说我宁可残疾我也不当兵，这个不能简单地来类比。所以老子在当时的情况下，提供的是一种智慧，<u>他的这种观点就是比别人多绕了几圈，多看了几步。</u>

有时候我们考虑什么问题往往是单向的，就这一条线，咱们俗话说一根筋或者钻牛角尖。可是老子告诉我们，这个世界上的思路有好几种，有从东往西的，还有从南往北的，还有高架桥还有地下通道还有快捷通道；还有可以绕一个弯，虽然路程远了，但是走得快也还可以到达。就是这样一种立体思维的思路，老子的思维是立体思维，不是线性思维，一条线不拐弯。这样一种立体思维的模式是当时的一般人所没有的，是儒家、墨家、法家所不擅长的，但不是完全没有，例如孔子也讲"宁武子，邦有道，则知，邦无道，则愚"的道理，而且说宁武子的这种功力是他学不到的，他说他能学到宁武子的智，学不到宁武子的愚。比如孟子也讲"天将降大任于斯人"，先得让他受苦受罪。

你能看几步棋

有时候我开玩笑说：比如下棋吧，我跟我的孙子下棋的时候，我就看一步，看他那儿有一个马，我说太棒了，我赶紧把他的马吃了。但我就没有看到我一吃他这个马，他把我的车给撤了。他也没看到我的车，我正好把他的将给将死了，我的炮正好下去将死他跟我孙子下棋的水平。下棋下到这个水平，就互相要争，有时候就得悔棋，就得赖棋，北京话就叫"讹搅"。可是如果从老子的观点上来说，世界上很多好事你要把它往坏事方面想一想，坏事你要把它往好事上想一想，或者好坏之事又变成一个坏好之事、一个又可能往这边变又可能往那边变的事。这一想他就多看了好几步棋。所以我就说，一般臭棋、像我这种人下象棋，只看一步，国手他看三步看五步就不得了了。可是老子也许能看到七步，也许能看到八步。

谁也做不到从胜利走向胜利

还有许许多多这样的例子，例如我们有一句话，实际上是从外国引进来的，就是说"失败是成功之母"。很多事恰恰就是在失败当中酝酿出成功。我们在"文化大革命"的时候背语录，都记住一个词，毛泽东主席有一句很有名的话说："斗争、失败，再斗争、再失败，直至胜利，这就是人民的逻辑。捣乱、失败，再捣乱、再失败，直至灭亡，这就是反动派的逻辑。"我年轻的时候看这个老别扭，我老觉得它不对称、不对偶，一念这个语录，我的第一反应是：怎么人民也失败，反动派也失败？两家都失败？最后怎么人民硬是胜了，可反动派就笃定败啦？如果是捣乱、失败，再捣乱、再失败，直至灭亡，这是反动派的逻辑；斗争、胜利、再斗争、再胜利，直至最后大胜利，这是人民的逻辑。这样多好！我研究这个特别地费劲。我老想给毛主席语录改一下，改成：人民，斗争、胜利、再斗争、再胜利，直到"完胜"。那边呢，反动派，捣乱、失败、再捣乱、再失败，直至灭亡。两边一对仗，比都失败也更工整一些，骈体文骈得更完美一些。当然，这只是字面上的考虑。

看了《老子》以后我明白了。这个很简单，看一下中国革命史就知道，中国革命史恰恰不是一个胜利再胜利、再胜利，那是俄文修辞的说法，俄文喜欢讲"从胜利走向胜利"。咱们想想：从胜利走向胜利，全世界有这么便宜的事吗？咱们哪个人这一生是从胜利走向胜利的？恰恰常常是办这件事失败了，办那件事失败了，但是如果你的方向正确你做得好呢，它最终是胜利的。比如说居里夫人不是前边全失败了吗？她如果一上来就从胜利走向胜利她就不叫居里夫人了，也不值得我们那么敬佩她了。科学也好、革命也好、建设也好，许许多多东西都是从失败走向胜利。所以说起来是一个非常简单的道理，但是实际上你常常做不到，你做不到像老子这样把这个世界上的事物看得那么有可变性，是可以变易的，是可以塑造的，它有可变性，有可塑性，所以"大、逝、远、反（返）"，这个本身就给了我们许许多多的智慧。

道是哲学，也包含着信仰

这样一个对于"道"的感悟对于"道"的理解，还给了我们一个东西，就是它给了我们一个信念。关于道的论述里，我认为有百分之八十是理性是思辨是智慧是逻辑，但是它还有百分之二十是信仰。为什么呢？因为道本身不能够简单地用科学实验的方法或者用数学计算的方法来求解，你不可能加减乘除、列一个式子，或者提供一个实验室的报告。所以这里还有一个从你自己的思想上情感上得出的结论，这就是我开始讲的时候一上来就先说的人对世界有一种敬畏。作为有限的个体，对于无限的世界、对于永恒的时间、对于无限的空间、对于无限大无穷大，你有一种敬畏之感。这种敬畏最后归结为道。这一点是相当不错的。因为如果走一般宗教的路子，把世界的本原说成是具有神性的人或者是具有人性的神，这个世界里有好多东西不好解释，各种宗教里都有所谓的烦琐争论，例如捷克作家米兰·昆德拉就在小说里大谈耶稣究竟要不要上卫生间。

怎么样去总结一下道呢

这个"道"呢,你说它有就是有,它是本质,它是本源,它又是全部,它是具体的,所以老子讲"和光同尘",就是说把你的光芒要适当地压低一点,你要和尘世的生活、世俗的生活、日常的生活接近一点。像这样的一个"道"他说是无所不在、无所不通的,用现在电脑的语言就是:如果你要想通了这个道,以后你就会感觉到我们所有的这些人,包括咱们设备很好、信誉很好的BTV北京电视台或者是中央电视台或者是湖南电视台,所有这些东西都是"大道"的一个下载,道本身下载下来了就变成了一个人。因为你的人、你的一切都是符合关于变化、关于存在、关于自己自然而然的运动、关于返回自身这样一些规律的。外国人也讨论,说这个道到底是什么?他最后翻译来翻译去,翻译不出来,"道"直译就是TAO,很像小沈阳说:我中文名字叫小沈阳,我这个英文名字叫小ノ沈ノ阳ノ。对于道的说法非常多,要往细里研究,就是老子本身在他的这本书里,也不知道说了多少次,他说"道"和"无"和"有"的关系,因为一说要把万物综合起来的话,那么可以是综合成"有"。这是最明白的,反正什么东西都有,但是"有"这个东西又永远会变成"无"。任何的"有",反正你看得见的你知道的"有"都会变成"无"。他可以从"有"和"无"的观点上来综合这个道理。他还可以从"天"的观点讲"天道",因为世界上我们看得见的东西里头最能够和我们对"道"的理解及心情接近的,就是"天"——我们仰头一看无所不包的"天"。古代还没有什么银河系、太阳系,还不知道有这些概念,所以它又和"天"的概念相一致,它又和"大"的概念相一致,它又和根本、终极、本质这些概念相一致。

外国人也讨论"道"到底是什么,有的人认为最接近的就是拉丁语的"逻各斯",逻各斯就是指一种道理,一种规律、逻辑。我们可以归到一个和我们的思路接近的地方就是真理,因为真理你也是看不见的。每个人都可以宣布自己发现了真理,是真理的化身,这个是可以的,你觉得真理是存在的,否则怎么会又有社会又有个人,又有仁人志士又有学问家科学家,有爱因斯坦有居里夫人有老子孔子有苏格拉底有柏拉图有马克思,都在寻找真理,都在那里追求真理?所以归根到底这个世界有它自己的道理,世界有它的必然性,有它自己的发展,自己的这么一套,所以这是一种信念。当你有了这种信念以后,你忽然觉得你自己就变大了,变得通达,变得不是那么抠抠搜搜,不较劲了。我最怕人整天为一些小事嘀嘀咕咕,又害人又害己;跟自个儿的孩子也嘀嘀咕咕、跟自己的父母也嘀嘀咕咕,跟本单位的人更是嘀嘀咕咕。能够有这么一种精神的依托、精神的支撑,而且成为一种信念是好的。

不争与共享

我们不能简单地说中国人缺少终极关怀或者是缺少宗教观念、宗教情怀,在老子的"道"里头实际上寄托了中国先秦时期人们对终极的一种追寻一种敬畏一种赞颂一种歌颂一种依靠。有了道的观念还非常有利于提升我们自己的精神境界,使我们站得更高,能够超越嘀嘀咕咕、超越流言飞语、超越小名小利、超越自我。我们可以看看老子的境界,我随便举一个他的论述的例子,我们想想他的境界是什么样的。比如说他说:"夫唯不争,故天下莫能与之争。"就是说我这个人与世无争,尤其是争名夺利的事我绝对不干,可是越是这样就越没有什么人能够和他争。因为你想和他争,他说我不争,他说你要争名和利,那么名和利就归你。但是我对道的体悟归我,你抢不去;我的学问归我,你抢不去;我的人格归我,你抢不去;我的水准归我,这个你抢不去。所以一个真正<u>有自信心的人</u>是不愿意和人争名夺利的，他是不愿意蝇营狗苟的。老子的"夫唯不争，故天下莫能与之争"这个话让人真是受用无穷。

咱们这么说，我跟各位说实在的，这个东西也不能说是绝对的，"夫唯不争，故莫能与之争"，你上超市买东西他少找你两块钱，你说这个我也就不提了，他也不会跟我争。那当然，他多收你两块钱他跟你争什么，是不是？这不是绝对的，有些事你也可以说明一下，可以干点什么，但是从总体来说你要抱一个不争的思路。老子也有老子的毛病，他喜欢讲一面理，针对孔子孟子：你越提倡什么我就越反对什么。所以说到"不较劲"，其实老子也有老子较劲的地方。

把你的时间精力投放在什么地方

想想这一生你可以把你的智慧才华精神放到多少有用的大事上，我最悲哀的就是我们的国人、咱们亲爱的同胞，往往不是把这些放在做好自己的事上而是放在<u>人际关系</u>上，你到一个单位先考虑不了你怎么把这件事情做好，首先要考虑你怎么样处理好人际关系。我觉得这个实在是我们的一个<u>悲哀</u>，所以这个"夫唯不争，故莫能与之争"一下子就可以在某种意义上改掉我们这个所谓"窝里斗"的恶习，可以把一个人的精神、智慧、学问用到正事上。

我有我自己的一种解释，自古以来对于天才有各种各样的说法，一种说法最简单也是大家都很信奉、我觉得也讲得很好的，说"天才即勤奋"。这话当然说得好，天才你不能光靠你妈妈生你的时候给的那点儿本钱，你得天才即勤奋；还有一种说法是：天才是一份的天分加九十九份汗水。这个说得也非常好，但是我要给它定一个个人化的个性化的定义，我说天才就是集中精力的本领。很简单，能把你所有的精力集中在某一个两个点上，你肯定再笨也能把这个事办好，能办得比别人出色。

所以这个"夫唯不争，故莫能与之争"，如果我们要好好地领会，真是终身受用不尽。还有，你争，有时候你争不来啊！咱们实话实说，什么事你争就能争得来吗，是不是啊？有时候你的争其实暴露了你自身的许多弱点，你丢人！你争得挺丢人，你争得出丑，你争得致气，你争得结果还能使你的细胞恶化。所以老子讲"夫唯不争，故莫能与之争"这里头有着非常高级的境界，一个提升的作用。这一句话实际上提供给我们的是一种大智慧。不是说简单地不争吵、不索取，而是给我们一种平和的心态，然后让我们可以不仅仅是集中精力做事，还可以生活得很快乐。我想这是一个说法。

老子还有一个说法，他说"既以为人己愈有"，就是我用我自己的东西为别人做事，越为别人做得多，我也就越为自己做得多，因为为别人做事这就是我所要做的事，所以"既以与人己愈多"，我自己有的东西我从来不吝啬，我从来不是光知道自个儿帮自个儿来搂，而是愿意赠送给旁人，愿意帮助旁人，愿意请别人来使用，叫做share，叫做分享，其实中文的说法更好，叫做共享。能共享了的话我就得到得越多。这话其实也很简单，但是做到并不容易。你帮人也是帮己，这不是很简单嘛。这很普通的一个道理，很容易说得通，人总是爱互助的，有很多事情你帮助别人、替别人效劳了，说老实话这不起码你赢得了信任赢得了友谊，你可以说你得到的是比你付出的更重要更高级更美好的东西。所以老子这种说法的境界都比一般的人高。

回到婴儿状态去

我曾说老子也有老子的毛病，他喜欢讲一面理，很有个性，而且他还喜欢逆向思维，你这么说我偏那么说，所以尽管说不较劲，其实老子也有老子较劲的地方，他有这一面。他特别提倡他认为最高的境界，最高的境界是什么呢？提出来也许我们会觉得很不可思议，他说"复归于婴儿"，就是你能够变得跟一个婴儿一样的单纯，能够没有那么多的欲望、没有那么多的要求，你能够那么样的朴素那么样的真诚，你也不动心眼儿你也不会算计谁。他说人如果最后能够保持像一个婴儿一样的境界，这是最好不过的。我想完全婴儿化也不行，这个操作有困难，比如说今天咱们的这个讲座最后变成婴儿节目，那得需要许多母亲抱着听众前来，还有生存问题，最后成为一个老婴儿在这儿讲老子，完全做到不容易。但是从某种意义上我们可以从正面来想这个问题。

他在号召什么？人应该保持某种纯洁甚至于保持某种天真，你七十岁也好，你八十岁也好，你看见路上一朵花开放会不会感到愉快？你见到天很热天很干旱，一场雨来了会不会觉得特别爽气特别舒服？你见到一个老朋友是不是能够兴奋得起来？甚至你在报纸上看到一首好诗能不能为这首诗而吟咏赞叹甚至于击节称善？起码你得有几分天真。如果你这些东西都没有了，如果你一点那种纯洁的天真的信任的真诚的东西都没有了的话，这个也是怪可怜的。想想看，一个没有任何天真的人，他或她的生活还能有多少乐趣？所以老子所提倡的这样一种被大道所武装起来的，被大道所帮助了的人的这种心情、这种境界，并不是一个高高在上的甚至于是带有压迫感的高度，而是一种和普通人一样的、甚至于是和婴儿一样的带着天真带着快乐带着好奇，尤其是带着对世界的信任的境界，而不是对世界充满怀疑和仇恨。

我觉得要是能做到这一点也是非常不容易的，我们每个人都有和儿童接触的经历，无论是别人家的孩子还是自己家的孩子，他们在从三岁到六岁的儿童阶段就有这样的特质，比如说好奇，比如说对他人的信任和对其他从来没有接触过的事物的欣喜；家里来了陌生人，他也会特别地高兴。可能我们现在的人因为生活压力太大了，节奏也比较快，有一些事情就变得司空见惯了。我们小的时候，看见花开了会有一种欣喜的感觉，现在可能看多了，看着花摆在这儿就好像这里什么都没有一样。

又精微，又模糊

所以老子的精神境界、他的这个"道"还有另外一面，除了"一曰大二曰逝三曰远四曰反"以外，他讲它是"夷、希、微"。

"夷、希、微"就是说道又是非常精细的一个东西，你看不一定看得见，你听不一定听得到，你摸又摸不着。他还说："道之为物，唯恍唯惚。"就是说它具有一种模糊性、具有一种似有似无的状态，这也是一种非常高级的思维。表面上看很容易觉得这个有问题，"五四"时期我们有很多前贤就很嘲笑这种说法，因为那个时候我们希望我们国家更重视的是科学，科学要求清晰要求具体，准确精确定量定性，什么什么东西含多少毫克，或者是多少国际单位，还有特别小的纳米等类似于这样的概念。但是老子说的"恍惚"就是又像在又像不在，这里头有两个智慧上的价值：一个是把有和无结合起来，不要认为什么东西有就一定是有，有还能变成无这样的例子太多了；也不要认为无就一定是没有，无也可以变成有。这种关于"恍惚"关于"夷、希、微"的概念有一个很大的好处是给了你一个选择的空间，就是世界上不管是什么事情都是有选择的余地的，它是有弹性的它是有空间的它是有灵活性。在灵活性这一点上，我们中国人应该说得老子的好处非常大，我们中国人做事如果有什么毛病的话，就是有时候我们太精明又太灵活。有人开玩笑，说是比如一个中国人和一个日本人在饭馆里头打工，老板说这个碗要用洗洁精洗三遍、然后用清水洗四遍才算干净，这个日本人只要不把他解雇他就是三遍四遍老这么洗；要是遇到中国人，他头一个礼拜那个三遍这个四遍洗得挺干净，老板对他挺满意，第二个礼拜他很可能前边两遍后边三遍，到最后剩一样一遍了，他瞅着挺干净，他还可以说不用洗洁精我就直接拿自来水"唰"一冲、拿布一擦,得了!

有这种毛病也有个好处,好处是什么?就是说"道"它是唯恍唯惚,它是有空间的,它的内容也是可以给它定义的。你可以在这个大的概念不变的情况下给它不同的定义,所以很有意思。

解读概念与改革开放

就拿改革开放来说,一个是英国的原首相撒切尔夫人、一个是美国原来的国家安全顾问布热津斯基,他们都说东欧、苏联的改革多半会遭遇危险,而中国的改革很可能成功,因为中国的文化有一个特色。他没说这个特色是什么。要是我理解呢,就是在对大的概念的敬畏和向往当中给我们留下了给它定义的可能,给我们留下了选择的空间。他们的说法是可供参考的。而老子(其实还应该加上庄子)的关于恍惚关于混沌关于空间关于用一个大概念一个巅峰概念之后又留给我们给它定义的可能这样的一种智慧,在全世界也是罕有其匹的,你很难做到像他这样。所以既能够有一种对世界的本质和本源——"道"的这样一种信念,又有一种随时给予新的定义与时俱进——最早是庄子说"与时俱化"——的发展变化的余地。你能够有与时俱化、与时俱进的不断地更新和不断地追求的这样一种可能性,我觉得这也是我们中国的文化、中国的智慧非常可取的一点。关于"道"的特性部分我们就先说到这儿。

寻道是不是宗教信仰

我还想和大家探讨一个问题,就是中国人对于"道"的信仰和宗教到底是一个什么关系。我们知道世界各国都有在文化中占有重要地位的宗教,这些宗教在它最初的时候往往是通过一个所谓使徒,就是上天的一个使者，比如说基督教就是耶稣基督，佛教就是释迦牟尼。通过这样的一个使徒——他有超乎凡人的、有神性的一种觉悟，而且有事迹，他们往往在传教初期的时候都有比如说治愈病人，使残疾人、使瘸子能够走路，使瞎子复明这样的伟大事迹，然后他们所代表的这个具有某种意志的一个神，也可以说是具有某种人格的神——有神格的人来寻找人格的神。比如说耶稣就要讲耶稣是上帝的儿子，我们在基督教堂里会看到大量的耶稣、圣母还有耶稣的一些弟子的形象，可是你看不到上帝的形象。但是上帝又有一个儿子，这儿子是耶稣，那么说明上帝他也具有人格的一些特色，否则怎么会有儿子呢？释迦牟尼成为了佛，他本来是印度的一个王子，他在菩提树下静坐修炼觉悟分析研究，最后他成了佛，他等于也成为世界的一个主宰。所以说对神的理解，英语里祷告的时候不见得每次都说上帝，他说的是 My Lord，就是"我的主"，就是给我们的人间、给我们的世界找一个主人。有人批评贬低说中国文化缺少终极关怀，我个人觉得这样一个批评起码只是事物的一面，因为它有另外一面，我们中国找的神不是一个人格的神，也不是一个神格的人，或者简单地说既不是人神也不是神人，是什么呢？是概念之神、概念之巅、概念之高峰、概念之无限，所以我说的是概念之神。这个概念之神恰恰就是"道"，而且这个道还不仅仅限于"道家"，因为孔子也说过这个话："朝闻道，夕死可矣。"就是说道是一个最高的价值，人生活的一辈子就是要找这个道，我找着道我活不活都无所谓，其他的吃饭穿衣娶妻生子这都很次要，也没什么了不起，有也好，欢迎，没有也没有关系；我要找这个道，我活这一辈子我要学道我要悟道我要研究这个道。所以他要找这个道。

寻找大道的过程乃是一个命名的过程

老子呢，他更把"道"理解成一个至高无上的概念。那么道是怎么来的？这个也特别的有趣，也是我个人非常有兴趣的一个问题，这些问题都比较抽象，说了大家也许不是特别喜欢听，我说一下：找"道"的过程是一个命名的过程，所以老子一上来把道和名一块儿说。道是一个命名，命名是什么？就是一种概念、一个名称，我们中国人认为这个事情有了名了，也就说明对它有了一定的理解，有了认识了，可以说是某个事物有了归属了。比如，我们是人，凡是我们这样有四肢、直行、一般情况下会说话、有一定的头脑和理性、有自我的意识也有社会生活的，是人。这一个命名就代表了许许多多我们对人的认识。我们既然是人，我们又要以人为本，如果连什么叫人都不知道，你哪谈的到以人为本了。把人和其他动物合起来，我们又命名叫动物，动物和植物合起来我们叫生物，生物和无生物合起来我们叫物质，物质和精神合起来我们叫世界、叫宇宙或者叫人间。我们把世界宇宙人间所有的这些东西都合起来叫什么？叫"道"。所以这是一个命名的过程，你能命这个名，你就找到了它。

所以中国人重视这个名，现在我们也重视这个名，孔子为什么要正名？因为名不正则言不顺。给一件事情起的名就不对，你能够正确地认识它吗？为什么邓小平领导中国改革开放的时候首先要平反很多冤假错案呢？把历史上的许多的积案要改过来呢？你不改过来，你的名改不过来，很多事情都办不成。所以我们这个"道"的产生我觉得是非常有趣的。这是与世界上那些、当然中国也有的那种类似的民间宗教——就是靠奇迹靠个人的奇迹靠神人靠跳大神靠——那是民间的——扶乩不同；但是作为中国的士人、中国的知识分子、中国的精英，他们很喜欢就从概念上找这个神，就是有哪个概念、哪一个神，它管理一切它掌管一切它涵盖一切。它是通过一个命名的过程最后找到了这个"道"，使这个"道"变得无懈可击，使这个"道"变得你不能不相信它。为什么呢？因为道和终极和道理它是同义，究竟什么是道？终极就是道。到底什么是道？那么我告诉你：道就是到底，到了底儿了就是道！

第二讲：
道法自然

人要像地一样地有所承担

　　老子《道德经》里边有一段特别重要的话，有些人是把它当作核心的话来理解的，就是"人法地，地法天，天法道，道法自然"。这个"法"的意思，我觉得一是说树立了师法的榜样：地给人树立了榜样，天给地树立了榜样，道给天树立了榜样。还有一个意思就是要遵从它的规律：地要遵从天的规律，天要遵从道的规律。这是挺有趣的一个说法。它提出了世界的五个最大的方面，可以称为五个维度：人、地、天、道、自然，五方面并不是各行其是的，他提出了五方面的师法与一致的关系，总结了五个方面的基本规律。

首先我们就文字本身来说,"地"一般就是指我们生活的大地,那时候还没有地球的观念,但是有土地的观念,就是我们人活在世界上要服从、要适应"地"的种种规律。比如说农事,不同的土壤要有不同的选择;比如说衣食住行,不同的地面有不同的设计与方式;比如说水利,不同的地区也有不同的举措,有的地方有温泉,有的地方挖深井,新疆吐鲁番是坎儿井……都是按照地的特色与规律来办的。

天地的道化或道德化

另外中国人把"天地"这些东西都道德化,从《周易》的时候就说地的特点是"厚德载物",就是说它是可以承担的,它是可以养育众生的。这也是事实。所以我们现在有一种说法:地球母亲,地球就是我们的母亲,所以人要像地一样地能够承担、能够养育别人、能够养育自己,而且要按照地的规律来决定自己的取舍、自己的行为。天是无言的,孔子说,天何言哉?天嘛话不说,该做的事都做了,四时行焉,万物生焉。这么一分析也很理想。中国思想的各派各家,几乎都认定既然人是生活在天地之中的,就要师法天地,与天地相结合相一致。这个说法虽然朴素,却很可贵。

那么地也要注意要很好地领会天时。天决定地的面貌,雨多的地方有江河湖海,干旱大风的地方有戈壁沙漠,天冷的地方长寒带的动植物,呈现寒带的地貌,天热的地方长热带的动植物,呈现热带的地貌。另外天往往和时间的概念联系在一起,天本身一是它代表着时间,一是它有阴晴寒暑风雨雷电,有春夏秋冬的变化。四季变化应该说是天与地的合作的变化,起决定作用的仍然是天的功能,决定于太阳的公转嘛。另外中国人还常常把天和命运结合起来,认为天是高于一切的,天意就是宿命,就是不可抗拒。天决定你的事情的兴衰成败,所以这地上的一切首先得符合天时。如果它已经到了衰亡期了,你再使劲也解救不了了。明朝的亡国之君崇祯——朱由检,很努力,但是他的气数已尽,"天"已经离弃了他,他的努力毫无效果。

"天法道"的观念很有意思,因为"道"相对来说比较抽象,好像人、天、地是很具体的,而天和地之外还有一个更根本的东西、还有一个更久远的东西、还有一个更高的东西,这个东西就是"道"。这一点应该说也很了不起,古人那时候并不知道天上的这些星星分多少种,不知道所有的天体也有自己的寿命、有自己的形成与新生、有自己的青年时代、有自己的衰老,甚至于有自己的灭亡。古人没有这个天文学的知识,但是他认为并不是到了天就到了头了,他认为天也好、地也好、人也好,它都要遵从"大道"这样一个最根本的世界运转的规律。应该说这真的是非常了不起,这就是智慧。

经验达不到的地方智慧却达到了

老子那时候出门的交通工具是骑着青牛,还不是马。牛比马的速度还慢,他不可能坐飞机,所以他不可能对地理有很多的了解。老子能想到,在这个天与地之上还有一个更根本更永恒更无穷的东西,他深究到天与地都是有形的,基本有形的,而一切有形的东西都有自己的存在与消亡的恶化过程,那么比有形的东西更高更概括更抽象也更根本的东西是什么呢?给一切的有形以规范、以驱动、以能量、以意义的东西是什么呢?就是"道"。

这就是靠智慧所达到的,它说明经验所达不到的东西智慧有可能达到,感官所觉察不到的东西,思维与语言可以推测到、认识到。认识可以做到超前、预见,可以升华人的经验。同时,这种超越性也可能走火入魔,走向反面,变成荒谬的胡思乱想,变成疯狂的呓语,变成自找苦吃，自取灭亡，变成人类的灾难。

自然就是自然而然

"道法自然"这个事稍微费一点劲，我个人的理解是："自然"这个词在我们今天的说法就是大自然，就是先于人类、未被人类的活动所改变的一切。在古代它或者可能部分地包含这个意思，因为先秦那个时候，我们的诸子百家也好，一般人也好，还不熟悉自然与文化的分野。老子所说的自然，它更多包含的是一种状态的意思，它更多的是作状语或谓语用，而不是作主语或宾语用。就是相当于我们现在说的"自然而然"。它自己就是这个样子、自己运动，唯物主义讲自己运动就是物质世界是自己在那里运动，并不是你让它运动它就运动，你不让它运动它就不运动。唯物主义者还主张，物质的运动是自己运动，并不有待于上帝的最初推手。

所以自然呢，它也包括了天地万物、世界在里头，都是自身在运动而不是外力让它运动。所以"道法自然"首先的一个意思就是"道"是自己运动的，是自然而然地在那儿活动的，它是不听命于任何外力的。另外它也包含着它是无所不包的大自然这个意思。

所以我们从"人法地，地法天，天法道，道法自然"这一连串的推论来说，确实看到它强调的是世界万物互相之间这样一个师法关系，它是一个和谐的关系、一个统一的关系，实际这个话里头已经有"天人合一"这样一个思想的萌芽，虽然他没有用天人合一这个词。因为人是地的产物，是在地上生长的，所以人做一切事情要注视、要倾听地的声音，要看地的变化，得随时根据它来调整自己的选择。地呢，它上面还有天，它要跟随着天走。所以这是一个和谐的说法，这又是一个很有趣的说法。民间常常讲"和气生财"，一路师法下去，就能做到人—地—

天—道—自然的和谐与一致。

在老子这儿又不仅仅看到了天、地、人即俗话说的"三才",他还看到了道和自然,所以我们也可以说到了老子这儿,"天地人"的这个三维说法变成了"天地人道"一个四维的说法了,甚至于是"天地人道自然"一个五维的说法,这个就更高级了。

相信自然而然是人民的共识

我说过"道"是老子的概念之神、是老子的概念之巅峰、是老子的概念之王,你什么东西到了"道"这儿都得服小,你都得听"道"的。但是在这里老子很惊人地提出了一个"自然"比"道"更高的观念,就是说任何事情自己运动、自己发展、按照自己的规律来办事恰恰是道的精髓、是道的核心、是道的根本,就从根本里头又找根本。"道"已经是根本了,没法再根本了,但是从根本当中还能再找出一个根本来,就是"自然"。所以老子的"自然"这两个字不管你怎么理解,理解成现在的大自然也可以、理解成自然而然也可以,把它既理解成大自然又理解成自然而然也可以,它都是极其有价值的。这样一种说法我们可以把它当作老子特别精彩的一个智慧的奇葩来考虑。

我们也可以看到,其实我们老百姓在很多地方吸收了这样一种观点,它也是我们老百姓的常识、我们老百姓的共识。老百姓当中有很多俗语很多谚语体现的都是这种精神:比如说"瓜熟蒂落"、"水到渠成",瓜熟了以后,自然它从根蔓那里就断下来了,如果还没熟,你别急着去摘,那就叫"强扭的瓜不甜"。你扭了半天大力士都上去了,不行得动刀往下割,那样的瓜还没有熟,不会好吃的。最好你晚一点,你那么急干什么啊!它熟了以后就蔫了脆了,你稍微一碰甚至你不碰都掉下来了,当然晚了一点会掉下来摔了,那是另外一个问题。智慧来自生活。

这个世界总是给人以智慧，给人以灵感。所以说你法什么、我法什么，它还有一个启发，就是说从世界获取营养、从世界获得学问，我们这一辈子就是要请教天地，请教自然，体悟大道。

中华文化也特别地讲究"师法自然"。我们的绘画理论都讲师法自然，不管你表达多么崇高的思想，但是这个灵感是从哪里来的呢？是从大地上来的、是从花朵里来的、是从动物里边来的。我们的书法也讲究师法自然，一个书法家他的字为什么写得很有气魄很有力量呢？因为他登过泰山、登过黄山，他走过黄河、他跨过长江、他见过大海、他见过各种各样的动物植物。他从动物植物上体会了各种动态静态的几何结构、运动的风姿，很多人说他喜欢书法是从大自然找到了灵感。甚至于咱们的中国功夫，形意拳我是小时候特别希望能练的功夫，但是我至今一事无成。功夫它也是师法自然，猫窜狗闪蛤蟆功螳螂拳猴拳鹰爪虎跳豹子蹿，从自然上得到启发、得到灵感。就是说人的灵感是从世界得来的，这一段可以说是老子最唯物的说法：从自然得到灵感、从世界得到灵感——我们也是最容易理解的。

为什么说车到山前必有路

还有老百姓有一些说法，比如"车到山前必有路"，就是有一些事你不要过于焦虑，一时没辙，那是没到时候，时机尚未成熟，要发展到一定阶段才能想出解决应对的办法。咱们北京人有一种非常普通的说法：到哪儿说哪儿——当然这个话也不完全对，咱们别抬杠，一抬杠我就不能说话了，每一句话都有不完全的一面——你应该有预见，应该早看几步，但是你既要有预见又不能过于焦虑，到时候自然有办法。所以叫"车到山前必有路"。

还有一个很片面的说法，但是它也有可取的一面：有时候，我的上

第二讲：道法自然

一辈人见到什么人埋怨说，自己的孩子功课不好，说这孩子太贪玩，喜欢弹球儿。那时候没有别的玩，喜欢弹球儿、喜欢看小人书，如我的姥姥、祖母这一代人她们就会说"树大自然直"。就是说他处在一个成长的过程当中，在成长到了一定的程度后他自己就会有所调整。这对我们现在的人教育孩子也是很有启发的。

养生医学也讲这个，所谓"自愈"就是有很大一部分病是你好好休息休息、多喝一点水是可以自行痊愈的。有时候医疗过度、医药过度就违反了"道法自然"的规则，所以自愈的观念也是这样的。

反过来说，我们也有一些说法，如"多行不义必自毙"，你老是做坏事情你遭恨，不是很简单的吗？你的朋友越来越少，你的敌人越来越多，你给自己制造的麻烦困难越来越多，所以"多行不义必自毙"。还有一个词"自取灭亡"，说灭亡并不是由于对手把他搞灭了，是自己把自己灭了的。这里边都包含了相信自然而然、重视自己运动、重视自己变化的含义。我相信这些东西都和老子的学说有关系。

共产党喜欢讲理论，这个理论和老子的学说也有一致的。比如说共产党一再提倡人民群众要自己解放自己，因为你不能等着别人送给你解放。"解放"不是礼物，不是一瓶酒，我送给你，你就解放了。应该你自己能够把自己的思想枷锁打碎，应该把你自己的各种各样的偏见、愚昧和没出息的想法打碎，这样你自己才能做到你应该做到的事情。所以"道法自然"的说法也是表面上看非常的简单，但是实际上它非常的有道理。

理想的政治是自然而然地做事的

有一些事不要老是从人为的或者从外物的角度上找原因，老子在《道德经》第十七章里还讲到，当时的君王、当时的侯王和圣人——

不是那个猴,是诸侯的侯,侯王和圣人如果把国家治理得非常好的话,老百姓就会说他"功成事遂",就是你所有要办的事业都达到了目的,"遂"就是顺遂、遂愿、符合,都很顺利,符合愿望。"百姓皆谓我自然"。这个"我自然"是什么意思呢?就是老百姓说这是我干成的,这是我自己要干成的。什么是最成功的政治呢?就是把领导的或者是政治家的——在当时来说谈不上领导谈不上政治家了,就是君王的那种意图变成了老百姓的愿望、变成了老百姓自己的利益,变成老百姓自己去把它做成,而且做完了以后,老百姓相信这是我们把它做好的,是我们愿意这样做的。

所以这也是一个自然之道,这可以说是老子的一种理想政治,不是靠你苦口婆心、不是靠你耳提面命、不是靠你手把手地教,而是老百姓自己把它做好。当然这里也有理想主义的一面:世界上有很多事情,既然什么都强调自然而然,咱们谁都甭管了,就让它自然吧,"非典"来了,甭管它,它自然而然到时候也就没了。那是不可能的!为什么我说老子不能当饭吃呢?你要真正拿这当饭吃,说以后咱们大家什么事都不干,上班时间每人一杯茶就在那儿喝茶,然后拿一本王蒙的《老子的帮助》看一看,然后你又领工资,这世界上没有那么好的事。

为什么说知道了美反倒丑恶起来了

关于自然的这个意义是特别好的,在讲自然的同时,老子对于一些人为提倡的东西抱怀疑的态度。老子他挺"各"的,他讲一个道理说:"天下皆知美之为美,斯恶矣。"说大家都知道美是美丽的,这就太坏、太糟糕。还说"皆知善之为善,斯不善矣"。说都知道善是善,这反倒不善了。之前曾讲过老子善于逆向思维,别人都这么说,他就反着说,或者别人都这么想,他就逆着想。

我们有很多大家，比如说我读过钱锺书先生写的笔记，他就说"皆知美之为美，斯恶矣"这个话不能完全说得通，他说因为从概念上说美和丑是同时存在的一对概念——大意如此，我不是复述钱先生的原话。就是说美就是美、丑就是丑，比如说一个美女西施一个丑女东施搁在一块儿，大伙儿都瞅着西施顺眼是不是啊？这个不能说因为有西施才出来的东施，他这个道理是从语义上从逻辑上讲。钱先生讲得特别好，但是我对老子这个话的理解是从经验上理解、从人生的经验上理解。我觉得什么叫"皆知美之为美，斯恶矣，皆知善之为善，斯不善矣"，你只要在单位搞一回评工资就知道了，说工资这回提百分之二十，找最美最善的人来给这百分之二十，其他不够美不够善的工资一律不提，再评出百分之一的又丑又恶的人咱们给他降工资、降百分之二十。你说这个单位还有宁日吗，这个单位还搞得下去吗？非常的难，为什么呢？

<u>当你有了一种提倡、一种追求的时候，首先一个美字就破除了人和人之间生来平等的这个观念</u>。怎么平等呢？人的模样——女性的模样都能赶得上巩俐、章子怡吗？男性的模样——这我对不起，我举不出例子来，我不注意男性，这个俊男都是谁，周杰伦？刘德华吧，我不觉得他特帅，就说周杰伦、刘德华吧，咱们这模样也不像周杰伦和刘德华，所以这个标准就很难选取和确定，它把平等的观念、绝对平等的观念破除了。

第二，大家就都追求这个美，我要美怎么办，我就得美容，美容你弄过头了就出现了好多美容变成毁容。这样的故事很多：追求尽孝道，过去说天下要举孝廉，中国封建社会都有这样的全国评孝子，也会出现过分的情况。"二十四孝"里有好多故事都非常的过分，父母生了病想吃鱼怎么办，又没有破冰的设备，就脱光了趴在冰上把冰化开然后够一条鱼，这太<u>矫情</u>了是不是？而且这个也不容易啊！这人得有多热才能把冰给化开啊？这不符合以人为本了，和老子的思想也不吻合了。

第三，它还会有<u>虚假</u>，咱们过去有一个时候看一个人学习得好不好、看一个人的思想好不好，要检查他的日记，于是有一些人就把写日记变成登龙奇术，就是甭管真的假的，你每天日记上记第一你有觉悟，第二你干了好事：今天我到 BTV 做讲座，一进门就看到那里有一团火，我就扑上去了。这好，我日记上有这么一条，真过了二十年再来评这个日记，人家早不知道有火没有火了，你写上去了也就出现虚假了。《官场现形记》最可笑了，说是上边有一个官吧，一个巡抚，按照现在说就是一个省级的官员上任了，这个大官最喜欢的就是朴素，他最恨人穿好衣裳，他最希望的就是人衣服上左一个补丁右一个补丁。底下的官员一听，哎哟，他们穿的衣服都太漂亮了，就冲这个弄不好当场就找一个毛病，就给革职了，摘了乌纱帽。怎么办呢，赶快买旧官服，一时间自由市场上旧官服的价钱变成了新官服的几倍，二百块钱你可以买一身新官服，但是你要想买一身破烂官服得一千块。到了这个程度，这真是可笑到了极点，也丑恶到了极点。

  这说明什么呢？就是提倡任何一种对价值的追求都有它自己的反面，都可能走向自己的反面。

  当然我的意思不是说老子说的都对，说以后咱们不准说谁美谁不美，也不准说谁善谁不善，大家来了以后每人每月工资三千块钱全一样。这个是行不通的，该提倡的东西要有，该反对的东西也要有。但是老子提醒不能极端，不能过热，所以我说老子有时候是"凉药"就在这里。

  当然你贬斥美善也不行，你贬斥太多、非议太多的时候看看《老子》，帮着你消化消化。你不要过于追求刻意地去做什么，这一方面老子的见解实际上是对现在这个所谓后现代世界的启示。

老子的天地不仁说太刺激了

  有一种思潮叫做对文化的质疑，或者叫文化批判，就是我们都看到

第二讲：道法自然

文化是好东西，也当然认为文化是好东西，但是文化在发展当中会不会也有一些负面的东西呢？比如说什么都自动化、什么都顺利，这人的体力反倒下降了；什么东西在电脑上都能查得出来，这人反倒不进图书馆了，有没有这种可能？应该说这种可能是有的。所以在文化的发展当中、在文化的建设当中，我们同时还要注意保留我们那些不应该丢失的东西、保留那些自然而然的东西、保留那些淳朴的东西、保留那些可爱天真的东西，老子的方法在这方面给了我们一个启示。

还有对于价值的质疑，没有价值观念就没有文明也没有了最最起码的规范了，但是另一方面，会有价值狂热，如恐怖主义；会有价值霸权，不需要举例；会有价值僵化与反人性化，例如中国封建主义的"名教杀人"，残害了多少女性？还有价值歧见造成的宗教战争等。而老子几千年前就看穿了价值与文化的两面性，他不是绝了吗？

把"自然"抬得这么高，那"自然"就是最好最最亲爱的了，"道"就是最好最最亲爱的了吗？老子有一个惊人的说法"天地不仁，以万物为刍狗；圣人不仁，以百姓为刍狗"。他说得太刺激了，你要是胆小的，看完这一句话能晚上做噩梦。他是什么意思呢？他说天地并不讲仁爱，你不要想天地都喜欢你心疼你，天地它是无情的。这很容易理解，一个四川大地震你就看出来了。天地不仁，反过来说天地它也不坏，它也没有要害你的意思。它既不是要爱你，它也不是要害你，天地、自然、道，不是一个意志的概念，也不是一个道德的概念，更不是一个情感的范畴，而是一个运动的概念、一个哲学的概念。它超过了人间的意志和道德，所体现的是一个客观世界的规律。

在这个意向上讲，他说"天地不仁，以万物为刍狗"，"刍狗"是什么东西呢？就是送葬的时候用的那些扎的纸人纸马纸狗，这些东西到时候一把火就烧了。他说得刺激、很难听、很残酷，这是一种智慧的残酷性，就是告诉你真相，把真相非常惨烈地摆在你面前。让你正视这个现实，你得听这个音乐，听老子这个音乐。

"天地不仁"这个东西看你怎么理解它了，你如果把它当做是残酷的话，认为老子还在提倡残酷，我觉得是你自己理解错了。因为不管是在历史里还是学说上，我们没有找到老子这个人为人特别残酷的证据，或者是这样的记录。相反的，老子在另外的章节里头是反对战争的，他是用非常悲哀的语言来讲战争的，像"兵者不祥"、"大兵之后必有凶年"，到现在这些老百姓爱说的话都是从老子那儿来的。

那么他为什么要讲天地不仁呢？就是要让我们正视这个世界有许许多多不如人意的一面，你不要指望着"天地"老抚摸着你的额头：我的乖孩子啊，我让你舒舒服服的，我让你心想事成，没那个事。这是老子的一副清醒剂。我们不要把它当作残酷，而要把它当作在今天来说是一种对世界的唯物主义的态度。就是任何事物都有它自己发展的规律，它并不首先决定于"我爱你、你爱我，我心疼你、你心疼我"，它不表现在这些方面。像地震是由于地球的运动、地质的构造、地壳的构造所造成的一种现象，还有生老病死、兴衰成败、生驻坏灭、祸福通塞、"纵有千年铁门槛，终须一个土馒头"、"天地者万物之逆旅，人生者百代之过客"……你只能这样去理解这种所谓无常的即"不仁"的现象。

老子关于"天地不仁"的思想，从积极的方面来说，就是我们要抛弃那个没有出息的依赖的思想、侥幸的心理、幻想的思想，一切都得靠自己奋斗，同时要豁达地对待一切不如人意。你不能靠天地给你摆出一个非常美好的世界。

道像雨露一样

当然老子也自相矛盾，老子在另外的地方又说"道"就像雨露一样滋润全世界。他又让你感觉到天地有情了。所以事物就是这样的，天地有无情的一面又有有情的一面，我们看到月亮升上来，正月十五月亮很好，月亮又下去了，我们觉得很留恋；我们看到太阳升上来了觉得振奋乃至感恩，太阳的温暖使地球很多生物能够生长、使很多能源能够形成，所以天地又有它有情的那一面，又有它珍惜万物所以滋润万物涵养万物的这一面。

"道法自然"里有这种注意客观世界、注意唯物主义的一面。但是它又超越了这些，因为它是"道"。道是不讲主客观之分际的。

老子在另外的地方又讲到，一个人如果他得到了道以后有一点刀枪不入的那个劲儿，说是"入军而不被甲兵"，就是说你去打仗任何武器都伤不了你，金钟罩铁布衫！我们这么理解：老子讲的不是功夫，不是讲金钟罩铁布衫，他讲的就是你掌握了"道"以后，你就无往而不利，你就没有危险，你就没有困难。这里又有非常主观的一面，或者说唯心的一面。所以老子对于"道"的理解是超越了物质与心灵、超越了世界与自我、超越了主观与客观的。

老子捅破了你的窗户纸

总的来说，无论是老子讲的某一句话还是通篇来看，他整个《道德经》其实都是有一种辩证的或者用更中国化的说法叫做"机变"的思想隐含在里边。一方面我们要这么理解，一方面我们还要看到另外一面，所以我觉得它整个的思想都是辩证的。我们读《老子》或者是讨论《老子》也不能犯死心眼儿，这本身就跟老子的思想完全对着来、太相悖了。

老子对非自然的、不是万物所固有的、不是世界所固有的这些规则常常抱怀疑的态度、批评的态度，对人的意志常常给你捅破这层窗户纸。你本来觉得你的意志很了不起，觉得你的愿望或者你的判断是标准的，很伟大，但是老子他给你捅破了，尤其是对儒家强调的那些标准，他都觉得是可疑的，并不是绝对的或者是铁定的，它都有它的漏洞。

比如说老子有一段非常有名的话，这话说的跟那个"天地不仁"似的，也是非常刺激、非常扎耳朵的——他最有名的话我老觉得像在诅咒一样，好像在那里念咒一样——他说："大道废，有仁义。智慧出，有大伪。六亲不和，有孝慈。国家昏乱，有忠臣。"这几句话说得太重了，实在令人难以接受。

微笑是有定价的吗

我们简单地先解释字面："大道废"就是大家都不能各安其位了，是大家都不知自己该干什么了、都不能自己运动了、都不能自己变化了，有了病也不能自己痊愈了。这种情况之下就得提倡仁义，仁义就是用道德的约束来维持人际的已经被污染了的关系。老子这里有一点理想主义，他认为人和人的关系本来是很正常、很自然、很朴素的，非常美好的，不需要别人教给他的，但是现在不行了，现在我一见你，我得先想一想。老板说了顾客就是上帝，我明明很烦这个顾客、很讨厌这个顾客，但是我脸上一脸的假笑。有这种事情啊！

有一阵咱们南方有一个城市，那时候开始——其实我个人完全理解这种做法——就是当时当地的领导提倡微笑服务，我去一个在上边能旋转的高层建筑，我就发现服务员每个人都在这儿系一个丝带，上面写的是"微笑服务"，可是她脸上并没有笑容，她的微笑是在丝带上，她脸上还是冷冷的。也有人写小说就是专门写这个微笑所造成的故事，好像是毕飞宇他就写过这么一个小说，就是因为一个农村的小女孩到了一个服务行业，老板就要求她笑，她老笑不出来；老笑不出来，她被解雇了，她更笑不出来了。有人说刻薄话，就是计算微笑的经济效益，比如如果你每天微笑五次的话，你这个月能增加二十块钱工资，这样的话每微笑一次可以有三分钱，大概是类似于这样的一种说法。

这就是说事情有这一面，所以老子认定，"大道"如果人人都掌握了，人和人之间的关系非常的自然，用不着提倡仁义道德、用不着规定人际关系的规范，也根本用不着学习掌握礼貌用语。当然我说了他这个话是片面的，实际上有些时候你也是需要经过一个人为的过程。但老子的见解又是奇特的，振聋发聩、发人深省的。

他说"智慧出，有大伪"，大家都读书，都要有智慧，都要发展自己的智商、智力，都要长心眼儿，可是这样就有一个问题：智慧比较高了，会作伪了：他心里这么想，但说的是另外一套。这种事情你也不能说绝对的没有。尤其中国人有一个问题：讲计谋，我们有三十六计，什么瞒天过海、围魏救赵、打草惊蛇、投石问路等等，这是老子反对的。但是实际上在民间在历史上是深为讲究这些的。我还结识过一位瑞士籍汉学家，他就专门研究中国人的计谋，他已经背诵得倒背如流了。当他用计谋来分析问题的时候，有时候让你起鸡皮疙瘩，挺瘆的。比方我们在维也纳参加一个会，讲完了以后他就过来了，说王先生我听着你的讲话就是釜底抽薪。把我给吓一跳，我抽谁的薪了，人家正红烧肉呢，我釜底抽薪，我让人弄一个夹生饭？我没有这样，但是确实有搞这种计谋的。

老子他烦这个计谋，他反对，人和人之间用过多的计谋是他所反对的。他的反对不无道理，虽然不能够绝对化。

夫妻间需要不需要每天说"我爱你"

老子说"六亲不和，有孝慈"，这个话是什么意思呢？比如说慈，指的是父母长辈对待自己的子女是很慈祥、慈爱的，是慈父、慈母。子

39

女对待自己的父母是很尽孝、很孝顺的。这也是人的天性,许多国家没有孝和慈这个观念、这个词,但是不等于人家都是不尽孝、不喜爱父母,或者是父母瞅着孩子讨厌、把孩子掐死。不是这样的,虽然也有这样的个别例子。当然有相反的,我想我们从另一面来说,比如说我现在岁数大了,假设我的孩子来看望我一下或者还给我带了二斤元宵,一进来就说我今天尽孝来了,我给您带了二斤元宵。我怎么听着那么别扭啊! 你什么话也不说,你把元宵搁在那里,说咱们吃元宵吧,稻香村的,涨钱了。这个多好啊,是不是啊!

父母更没有这样的——比如说如果年轻一点,我这个孩子还刚两岁刚三岁,一见着孩子我就高兴"小宝今天天冷了你穿这个衣服不行,我给你加一件衣服吧"。过来给穿衣服然后说:你看我是你的慈父,你看我对你是多么慈祥。我要是那个孩子我也害怕,你算了!一天你对我慈祥八次,第二天你对我慈祥了七次,我该琢磨了我犯什么错误了,你少一次?所以老子说"六亲不和,有孝慈",所以你得强调孝强调孝慈。这个老子够绝的,他有一点哪壶不开提哪壶,本来孝慈很好嘛,但是他发现了——他的眼睛很毒、很厉害——他说真正要关系特别好,我用把这个孝和慈挂在嘴边吗?

这是中国文化,外国不一样,这个问题我还没研究清楚;外国人什么都要挂在嘴上,要表达的一定要说出来:我喜欢你我爱你或者是我怎么样一定要当面说,送礼物也要当面打开,我见过外国的孩子给父母送生日卡,底下都要写上 Love ——我是爱你的。所以这个世界上的事也不是绝对的。两人已经结婚十五年了已经结婚三十年了已经结婚五十年了,两人还得不断地说 I love you(我爱你),那边就说 Me too(我也是),他是怎么回事?也许咱们老子只管中国,老子当时不知道英吉利、美利坚,所以他也就不去管这个外国人的文化了。可能对于外国人来说,挂在嘴边就是自然而然的,不挂在嘴边反而是不自然的。所以我们可能也不能分析表面的现象，比如外国人把这个谢谢、请原谅永远挂在嘴边上，把我爱你也永远挂在嘴边上，这样他形成了他的一套生活方式，他要连续三天不说我爱你，那对方还真有一点嘀咕了。老子烦的是没有自然而然地、出乎你的本性去爱去帮助别人、去孝敬父母，太刻意就不好，故意造作也不好。

要自然而然，不要刻意作秀

当然老子也不是傻子，老子很聪明，他能看到"国家昏乱，有忠臣"，这个话说得更重，但是有这一面。我们老百姓的话不这么说，老百姓说"家贫出孝子，国乱显忠臣"。国家不出事你怎么知道谁忠谁不忠呢？都说自个儿忠，公务员考试的时候你问一下：有认为自己不忠的举手！谁也不举手，他举手就考不上这个公务员了。但是恰恰是国家有了事了，你会明显地看出来谁是忠臣谁不是忠臣来了。

所以老子的意思还是说，你要合乎"道"，合乎自然而然之道。不合乎道的时候，才会有这许许多多人为的努力出现，而在合乎道的情况之下，美好的词句不必挂在嘴上，也不要去作秀。老子的这个意思是好的。不能说老子说得不对，因为忠臣在任何一个社会任何一个国家都是被肯定的，是一个褒义词，但是你挂在嘴上作秀就可能走向反面了。这样的经验在中国的历史上在外国的历史上也都是有的。在中国，正是"文革"时期把一个"忠"字喊破了天，而那个时候叫做动乱，与昏乱差一个字。

所以老子说"人法地，地法天，天法道，道法自然"，把这个"自然"强调到一个无以复加的程度，甚至都超过"道"了。它超过道、超过人为的许许多多的努力、超过了许多人为的提倡或者反对的东西。这里尽管有过分的地方，但是他强调"自然"还是对的。

就拿咱们这个讲座来说吧，电视要录像，录像是要做很多的工作的，但是我自己感到最尴尬的就是比如说我讲得并不是特别好，然后导演说你们鼓掌怎么这么不热烈，鼓掌，再鼓一次，再鼓一次，还得鼓！这样的话让人非常难受。有时候不是录像，就是到大学里去讲座，大学那个系主任或者是那个院长校长为了表示客气，就说"首先让我们用热烈的掌声欢迎王某某来我们这儿讲话"，然后"让我们再一次用热烈的掌声"，本来我觉得我讲得挺好的大家鼓掌，后来他老这么说，我就想到我是不是讲差了、讲砸了，别人都不爱听，幸亏有领导在那里监督，不好好鼓掌的影响提级、影响学分。

<u>任何一个事情排演过度、掌控过度或者是操作过度、反应过度，都会走向自己的反面。</u>

不能操之过急

老子有时候老是抱着一种抬杠——老子也是一个杠头——叫做雄辩的态度讲问题，他是从这个抬杠的角度给你讲，他讲的也真有真理，但是你做的时候不可能只考虑到这一面。我觉得老子的关于"自然"的理论、学说对我们也是非常有帮助的。反过来说，我们也可以找到许多的例子是我们违背了自然而然这样一个规律，我们过分地追求那个客观上并非立马能够实现的东西。一个很简单的说法就是急性病，你不让他自然而然地运转，所谓一口饭吃不成一个胖子，可你希望一下子就把这些问题全解决。你做不到，你只能够是伤害事物自己的发展规律，所以我们中国又有一个说法叫<u>"欲速则不达"</u>。你想快走，结果你反而到不了那个地方。还有一句是<u>"心急吃不了热豆腐"</u>，都是这个意思，很多这一类的话，<u>"不到火候不揭锅"</u>，它都是这个意思。就是说你违背了大自<u>然、违背了事物自己运动的规律，你就会吃苦头。</u>

从道法自然的角度看计划经济与市场经济

比如说我们国家长期实行计划经济，计划经济有计划经济的必要，如在长期的战争之后或者在战争之中，有许许多多计划经济的因素，这个也是正确的。但是计划经济里头也有问题，你再伟大你不可能想到每一件事情，你不可能让你所有的计划符合自然的运动，所以为什么现在我们实行的是社会主义的市场经济呢？因为市场经济更多的是调动各行各业各地区各城乡甚至于是每一个单位每一个个人的积极性，让他们自己通过市场来使用这些资源，实现资源的最优配置，能够更好地发展生产力。但是反过来说，金融危机、金融海啸又提醒我们：全是自然了没有意志没有概括没有操控，或者是没有监管、没有宏观调控也不行。

我们从人生——小而至于家庭的和睦、大而至于一个国家或者世界的财政金融经济，都可以看出怎样尊重自然，怎样掌握好个人的意志、人类的文化所能起的作用，这都是很有意义的。

第三讲：
无为是关键

为，还是不为

我们来讨论一下老子关于"无为"、"上善若水"这两个命题。这两个命题涉及到老子和别人不一样的独到的智慧和风格。关于"无为"，《道德经》里边从头到尾不知说了多少次，每次说的角度都不太一样，比如说在第二章里老子说"圣人处无为之事，行不言之教"，圣人在这里可以设想为指协助当时的君王来管理国家的一批人或者一批读书人、一批有学问的人，有本事的、得道的人。他们要做的事情是"无为之事"，说得相当玄乎，就是要做的事情是"别干"。乍一听没法理解，有一点诚心找别扭的意思。但实际上干某一类事的目的就是表示自己不准备做什么,这样的例子中国很多,例如刘备在寄身曹操手下的时候,表示自己忙于种菜,比如某个高级领导退下来忙于拉胡琴,这都是处无为之事。在政治运动如火如荼之际,突然发表一首领导人的诗词,发表一张领导人游山玩水的照片,也有处无为之事的某些天机。起码是表示领导人胸有成竹,自有道理,全国人民也就少安毋躁,听从指挥就得了。

"行不言之教"倒好理解一点,因为我们现在也常说身教胜于言教。你自己做榜样,你不要老在那里说教、念经。在《老子》的第三章里也说到"为无为,则无不治",就是你干得越少或者你干得比较少,各方面的管理治理反倒会更好。这个说法也略略有一点矫情,但是他有针对性,因为在春秋战国时期他看得太多了,当时的诸侯国家在那里乱为、瞎为、穷折腾,越为弄得越乱,弄得国无宁日,弄得老百姓不能够平平安安地生活。这样的事情他看得太多。那时的一些君王,还有一批所谓的"士",就是读书人,这些读书人也紧紧张张地在那儿贩卖——用我们的俗话说就是卖狗皮膏药似的:我这个跌打损伤全治、我这个能长寿、我这个可以滋阴补阳。他什么都在那儿贩卖,但是真正做成一两件事的人非常少,很多不但没有做成事,最后连自己的脑袋身家性命都不保。这一类的事老子看得多了,所以他说"为无为,则无不治"。

老子的学说使我常常想起莎士比亚的《哈姆雷特》,哈的名言是"活着,还是不活,这还是一个问题"。老子让你想的则是:"为,还是不为,干,还是别干?这确实是一个问题。"

越是不那样做,越是能够达到目的

在第二十二章里老子说"不自见,故明",更多的学者认为这个"见"应该读"现",我上小学的时候写"发现"从来不写这个"现",都写"见",但是读就要读"发现",因为"现代"的"现"和"见"在古时候是可以通用的,特别是当"发现"讲的时候。所以这个"不自见"或者"不自现,故明"的意思就是:你不老想着表现自己,那么你的形象反倒比较清晰。这是一种解释,还有一种解释是:自己没有成见的人,就比较明白;你不要老抱着一个成见,事还没弄清楚——先有结论后去调查、后去了解,这样的事情也非常多,这叫"不自见,故明"。

"不自是,故彰"——你自己不自以为是,你的成绩、你的好处反倒就彰显出来了。简单地说,你吹得越多,别人越不买你账,这种事我们很容易看到,吹嘘太过,引起逆反心理。"不自伐,故有功",就是你不把什么事都放到自己身上,你的功劳人家才承认,本来你是有一点功劳,但是你说得过多了,丧失了可信度了,人家烦了反倒连你原来那一点功劳也不承认了;应该说这是很接近生活的说法,很接近现实,对老百姓一说就能明白。

"不自矜,故长",自己不骄傲,你反倒显得比别人高明,所以他接着又是那一句话"夫唯不争,故天下莫能与之争",我自己各个方面的成绩、我的正确性、我的智慧都摆在那里,就用不着争,别人也没法跟我争,我不跟你争,你说什么你说吧,我不予置理。

善于干什么,就用不着刻意去干什么

《老子》第二十七章里说"善行,无辙迹",这个也有两种解释:一种说会走路的人是不留痕迹的,这话又稍微费一点劲,会走路的人就不留痕迹,你又不偷东西你怕留痕迹干什么啊?你走路就走啊,行得正、想得明,你爱在哪里走就在哪里走。所以对这个解释我一直略抱怀疑;但是还可以有一个解释:就是做好事不留痕迹。善行不留痕迹,就是跟雷锋一样,做了好事人家问你的姓名,我不说。对这种解释我们比较容易理解。

"善言，无瑕谪"，这个也比较容易理解，就是会说话的人或者说的是好话，你挑不出什么毛病来。虽然说话很容易被人家抓住毛病，但是我没有恶意我没有私心，我说一件事既没有私心也没有恶意，我就不怕你挑我的毛病。在某种意义上说，"无瑕谪"是不可能的，老子在另外的问题上又说过"善者不辩，辩者不善"，老子他是不让你说很多的话的，前面也讲了"行不言之教"，为什么又说"善言，无瑕谪"？我觉得我们从更高的层面上理解就是：你既然是"善言"，你是很有智慧的、很聪明的，而且是很好意的很善良的言语，你根本不必在乎有没有"瑕谪"；我有一句话说得不太妥当，不太妥当就不太妥当——我觉得这样解释比说"他说的话滴水不漏"还可爱，还对人有启发。否则要滴水不漏那也非常困难，有时候哪个字念得不太准确、有时候用词不当，这都是难免的。

"善数，不用筹策"，"筹策"是竹签这一类的东西或者是珠子，像算盘是用珠子做的原始的计算机。"善数，不用筹策"，就是能够计算的人不用那些东西，这是非常中国化的一个观点。中国人认为你有了"道"、有了"大道"，什么都能解决，不像外国人那么讲究用工具用手段，就是说不用任何工具不用任何手段，你心中有数。外国人的那一套方法有时我们中国人也不能接受，外国人有的教给你说，当你想做一件事情的时候、你拿不定主意的时候，你应该把你想做A选择的理由写出来，再把B选择的理由也写出来，然后每个给多少分，看哪边的分多。我反正一辈子没有这么办过事。比如说别人给我介绍一个女朋友，这个女朋友我跟她是继续联络下去还是算了、拜拜了？拿一张纸，我愿意和她联络，因为什么：此人算比较可爱这算四十分，第二有正当职业这算二十分，第三家庭无闲杂人口这算十五分；然后，我不想跟她见面了：第一说话口音怯这减十分，第二比较计较钱，我们俩一块吃完冰棍她半天不掏钱，那就再减二十分，如此这般，看最后剩多少分，来决定取舍——我怎么觉得人没有这么干的？没有这么干活儿的、没有这么办事的，至少我们中国人不这样，太教条了。相反中国人喜欢囫囵着讨论问题，整体地来考虑自己的感受，不想就是不想。你问他为什么不想啊？就不想，就是不想。所以说"善数，不用筹策"。

"善闭，无关楗而不可开"，你会关门，不用插上门栓可是开不开。这个稍微绕一点，有一点脑筋急转弯的意思。这个就是一种比喻，老子什么事都往最根本上想，比如说"宠辱无惊"，他不给你分析宠辱，他说你忘记你自己你不就宠辱无惊了吗？他一下子说到根上去了。至于善闭不用门栓，要是说：这门我关得严着呢，我会武功，我家里还有防暴武器，我还有一把防身利器，谁敢进来啊？再不行我家里养两个藏獒，你不是也进不来吗，你干嘛非得用门栓，门栓太具体了、太小了——要顺着老子的思路往下发展，还可以更上一层楼，那么闭得严不严既不是藏獒的问题也不是武功的问题，而是：这一辈子我没有得罪过任何人，我家里又没有更多的钱，我过的是非常简朴非常正常非常善良非常有道德的生活，我敞着门都没有人对我有任何不良的动机或者行动，就像那句话说的"不做亏心事，不怕鬼敲门"，他有这个意思。他给你从根上来提。

"善结，无绳约而不可解"，会系扣的人，不系但是你解不开。他说得非常美好，我就立马想到黄山有一个情人桥，说那个地方是表达爱情的地方，新婚夫妇最喜欢到那里买两把锁，把两锁锁在一块儿再锁在那个桥上，说这夫妻俩就可以白头到老了。说老实话，到那里看那锁全是锈，脏乎乎的，那是黄山风景的一个败笔。要我说，两人心结合到一块儿了用不着系扣，比如我跟我老伴今年是金婚又过了两年，五十二年了，我们也没上过锁也没拿绳把两人捆起来是不是？所以说善结用不着系扣，可以从更高处来想。

美丽的无为令人陶醉

老子在第三十七章里讲"道常无为而无不为",这也有一点绕,又进入玄妙的阶段了。我想他的意思就是说,你不干那些愚蠢的"为",就是使那些正常的自然的"为"都能够顺顺当当地进行;你不能去揠苗助长,那些小苗该怎么长就怎么长;一个人很正常地吃饭时,用不着给他鼻饲、给他鼻子里插一个管,你越不给他鼻子里插管、不给它往里头灌牛奶和大米稀粥,他自个儿吃饭吃得就越香。

在第六十四章里老子又说"圣人无为,故无败",你无为也就无败,又有一点绕,可以怎么理解呢?"无为"的意思就是你不给自己提实现不了的目标,不去做那些经过努力也做不到的事,这样的话你当然就无败了。你不唱高调,不给老百姓大众许下那种不可能实现的应许、许诺,所以你就无败,你许诺太多了,就做不到了。从这一点上能感觉老子这种无为的思想是有针对性的,而且他非常欣赏自己这种无为的思想,他觉得这个思想不但是有针对性的而且是非常美丽的。

"无为",就跟中国人想象的功夫一样,这功夫不太高的时候,比如咱俩比画比画练一练,我一拳打过来你一脚踢上来,你一刀砍下来我一棍给你拨开,这是最简单的。在中国人的头脑里最上乘的最理想的武功是:一个老头眼睛半睁半闭就这么一坐,敌人过来一刀砍下来了,我的脖子稍稍一闪然后用手指头一弹,那人瘫了、不能动了。这是中国人的理想。我们可以看得出来,因为我也是爬格子的人,我就觉得老子在说到自己的"无为"的时候,他有一种自我的欣赏自我的陶醉,他非常陶醉,因为别人都提倡怎么"为",都教给你怎么"为",他告诉你"无为"。从他这些论述当中可以看出来他这个自我陶醉,因为他这些话都非常美。他不完全现实,完全现实的就不美了,他有那种理想的幻想的想象的成分。

"无为",什么事都别做,这个不能接受而且绝对不能接受,人怎么能什么事都不做呢?早上起来得穿衣服中午要吃饭这些事都要做,但是,我们能不能不干傻事不干坏事不干无用的事不干损人又不利己的事?"无言"也是一样,"不言"也是一样,我们起码能不能做到不说或者少说假话大话空话套话废话?咱们试一试,如果能够一个人想一想自己不说一句"假大空套废",我估计那一天他的话能够节约很多,他的声带、他的呼吸能够节约非常的多。所以"无为"如果一下子做不到,我们能不能做到有所不为,就是有些事别干,害人的事别干,<u>蝇营狗苟</u>的事不要干。中国人发明的这些词都很好玩,说你像一个苍蝇一样地在那里乱飞乱撞经营自己,像一条狗一样没有尊严地去做一些失去人格尊严的事情。

应做的事各式各样,不可以做的事应有共识

这种事情在春秋战国时期,在老子那个时代他看得多了,如果我们能够从这一方面来做,在"无"字上、在否定上下工夫——我们给人提意见往往是从正面提,比如说你的数学还得再好好地补一补,哎呀你这个孩子外语不行——这是正面提的,但是正面提的一个困难就是每个人和每个人都是很不一样的,我们有的人唱歌好、有的人唱歌差,你就不必希望那个唱歌差的多唱歌。但是从反面上下工夫,这人倒是同意的,比如说你不应该心胸太狭隘、你不要自己给自己找病、你不应该老是用坏的思想来想别人、不应该多疑、不应该不信任人。从反面来思考也是一个思考的方式。

《安娜·卡列尼娜》一上来就写到家庭,说幸福的家庭都是相似的,而不幸的家庭各有各的不幸。可是要按照老子的观点就是:幸福的

人生是各式各样的。幸福的人生并没有统一的规则，做大款也可以很幸福，做贫民也可以很幸福，人身体健康当然是幸福，身残志不残，有所成就，有所快乐，残疾人也可以得到属于自己的幸福。而能够导致你不幸的事情，也就在于你自己的做人底线如何，这倒常常是大家都一致的。例如我刚才说的做坏事、欺骗别人、坑害别人，那是不应该做的，我想这反而可能有一个统一的标准，大家可以取得一个共识。

再比如学外语，学大语种有学大语种的好处，用途广，例如英语，学好了几乎可以走遍天下。学小语种也有小语种的好处，人才稀缺，就业反而容易，做出特殊贡献的可能性更大些，那就叫冷门，叫物以稀为贵。反过来说呢，你有条件而不肯学习外语，那是一件糊涂事，是不可取的。就是说，应该做什么，我也许不能提出统一标准，不可做什么，我反而可以向公众做出明确的判断。

怎么样分辨好人和坏人

平常我们讨论什么叫好人什么叫坏人？我最喜欢说，好人就是有所不为的人，就是有一些事他不能干；坏人就是无所不为的人，就是对他只要有利他什么事都能干。

老子的有关阐述虽然都说到根上，但是我们理解的时候不能片面或者说特别绝对地来理解，比如说"无为"并不是说什么都不做，而是有一些事情我们不能做。"不言"也不是一句话都不说，而是说我们得想清楚哪些话是不能说的。这么解释，我觉得老子就特别容易被人接受，但是这样被人接受有时候又丧失了老子那特别与众不同的特色。比如说如果老子的话不这么说了，不说"无为而治"，而说你该为的为，不该为的就别为，那就没特点了。老子是一个思想家，他本身并不直接参与重大的社会实践——他既不经商又不理政又不带兵——思想家喜欢把语言搞得审美化、把语言搞得个性化、把语言搞得光泽化。他说出的"无为"就非常的有光泽。

同样,我们作为一个个人,我们也不是老子,我们也不写《道德经》,但是当我们看到了"无为"以后,我们想到原来我有很多事情是可以不做的,原来我有很多争论是可以不和别人争论的,原来我有很多操心的事——北京前几年有句话说:你活得累不累?这个意思也是让你"无为"——一旦把这些东西和老子的"无为"联系起来的时候,那么老子在写到"无为"这两个字的时候,他的那种思想的光芒、他那种自我欣赏的快乐你也能分享一点。虽然你不能绝对地无为,你该为的时候还得为:不用说大事、就是一件小事该跟人家说清楚还得说清楚,你上超市买东西他少找你两块钱,你肯定不会无为的、也肯定不会不争的,你肯定告诉他说你再数一遍,我这儿少两块。但是你脑子里仍然有一个可供欣赏、可供咀嚼、可供流连忘返的非常美丽的两个字,这两个字就叫"无为"。

精兵简政

"无为"还可以从另外一个角度上说,就是说治国理政少折腾,要精兵简政。早在延安时期毛泽东就提出来要精兵简政,而且说精兵简政是党外人士李鼎铭先生提出来的。这个思想实在是一个非常好的思想,那是在抗日战争的阶段,各派的政治势力都希望壮大自己的力量,但是必须反过来想,如果你的人员太多、非生产人员太多、吃公家饭吃饷的人太多,会不会给老百姓增加负担?如果你的会议太多,会不会给实际工作造成负担?所以在所有的机关、所有的公共机构里边经常会提到要精兵简政、要精简人员、要反对文山会海。

我记得在一九四九年、一九五〇年、一九五一年的时候,北京也常举行诗朗诵会，那时候朗诵的诗里有一个就是苏联诗人马雅可夫斯基的一首诗叫《开会迷》，这首诗列宁非常的喜欢，因为他描写整天在那里开会、开会，然后马雅可夫斯基建议再开一次会决定永远不要再开会了。这当然是诗歌，他也不是说一定能够做到的。我们讲要精兵简政、讲不要心细如发，过去形容说有公务人员甚至于官员甚至于一个大官，他心细如发、太细致了，他什么事都管，这个官员对比他低好多好多级的人穿什么鞋、穿什么衣服都有指示，对于哪一天哪个地方那个饺子的包法他也有指示。这种心细如发是不值得提倡的，事必躬亲也是不值得提倡的。

不要想那些永远做不到的事

另外就是你不要想那些实际上永远做不到的事，有的人一辈子都把自个儿的精力放在永远做不到的事上。我记得从小我们的老师就给我们讲过世界上有三大难题，这三大难题是永远做不到的，这三大难题其中有一个我记得，那两个我记不太清楚了，记得的是永动机，三等分一条线段。有一种想法就是要发明一种永动机，因为能量是守恒的，比如说这个机器能把一个物件提升到高处，这个时候耗费了一些电能，到了高处以后它就有势能，你要一撒手它啪掉下来了，这个势能就又恢复了这个电能。所以全世界古今中外想发明永动机的不计其数，但是都发明不出来。比较有趣的是有一个电影叫《决战以后》还是《决战之后》，就是重庆作家黄济人写的，他是写在三大战役中抓住的一些国民党高级将领和一些宪兵特务人员，以后给送到劳改队，其中有一个淮海战役被俘的国民党高级军政人员叫黄维，他是个留学归来的将军，他在监狱里就整天研究永动机，而且整天闹，他说他只差一点点就研究出来了。后来还是周恩来总理亲自批准说给他一些经费，在那个时代大概一个月有个一二百块钱、七八十块钱就可以研究了,一直让他研究到他释放出来,他后来还当过政协委员。直到他老先生仙逝,这个永动机也没有研究出来,不仅没有被他研究出来别人也没有研究出来。这说明什么呢?这个世界上有一些事你压根儿就不应该起意去干,就是说这个事已经被世世代代的人证明是干不成的。

对于谦虚的哲学表述

老子还有一段话表达了他这种"无为"、"不争"的理想,表达了他对事物的这种辩证的认识,他在第二章里说"有无相生,难易相成,长短相形,高下相倾",就是"倾向"的"倾","音声相和,前后相随,是以,圣人处无为之事,行不言之教,万物作焉而不辞,生而不有,为而不恃,功成而弗居。夫唯弗居,是以不去",就是说世界上各种事都是相辅相成的,没有前就没有后,没有后就没有前,没有难就没有易,没有易就没有难,等等。他说圣人是不时时刻刻地在那里计划什么事、刻意地非要做什么事,而是尊重事物自己的规律,就是我们上次说的"自然而然"的那种行为的模式;"万物作焉而不辞",该做的事情他并不推辞。"生而不有",让东西生长出来了,但是我并不占有它,并不因为有了这个东西我就要占有它。我做了一件事情,但是我并不自恃说这件事情是我做的,它成功功劳就归我。自己不居功,"功成而弗居",越是有功劳我越看到它不是我一个能够完成的,这样"夫唯弗居,是以不去",你越是不居功,这个功劳在你身上别人越拿不掉。

这些道理他讲得虽稍稍深奥一点,其实按照我们的理性和常识是可以接受的。就是说如果什么事你太往上冒了,你太辛苦了,为自己打算得太周到了,什么好事你都想占全,你绝对是办不成的。这也是一种非常智慧的说法,跟我们现在的现实生活应该是贴得比较近,和我们中华民族一贯提倡的所谓什么"满招损，谦受益"，自己要谦虚、要虚心——和这些东西都是一致的。当然事物也有各个方面，有时候我也想奥林匹克的口号"更高更快更强"，你要到了该更高更快更强的时候，你说不用争了，谁爱第一就第一吧，那这个奥林匹克运动会就没法开了。那也是不自然，那就不叫自然，所以你还得根据具体的情况有所调整，该赛跑的时候大家可着命赛，看谁能够得第一，这是很正常的事情。

上善若水

老子根据这样的一些理论总结出一个参照物来，他认为最能够代表"道"、最能够代表这种美好品格的是什么呢？他认为最好的东西是水，他有一句名言叫"上善若水"，就是最高的善、最高的美德、最高的智慧、最高的品格就是像水那样。这也是在老子的《道德经》当中非常重要的一个命题，而且是老子《道德经》的美言之一，我多次看到过在朋友的家里别人的题字或者有一些书法家写字的时候很喜欢写"上善若水"。

"上善若水"，老子的解释并不是特别多，他说"上善若水。水善利万物而不争，处众人之所恶"，这个"恶"在这里应该念 wù，当动词讲。为什么说上善若水呢？水对万物都有利。我想这个话是对的，因为我们知道水是生命的一个重要的元素，世界各国把卫星放到火星上去拍照、去找资料，很重要的一条就想找到一点水的痕迹，因为一找到水的痕迹你就会相信那个地方曾经有过生命或者可能有生命或者将要有生命，这是一个非常激动人心的事情，但是很可惜到现在还不能够确认在地球之外的任何地方有水。老子已经看到水利万物而不争，水本身只是顺势而流，当然这个水争不争的问题你要故意抬杠也可以，古代战争史上也有决堤水淹七军，用这种方法来作战，但是那个并不是水本身要淹死谁,是人为的。水本身"处众人之所恶",一般人的想法都愿意往高处走,而水是往低处流的。我们俗话说:人往高处走,水往低处流。所以老子特别欣赏水往低处流这个特色,这又体现了老子与众不同的地方,别人都这么说的时候他那么说,别人都那么做的时候他这么做。老子喜欢说一些与众不同的精彩的话,有震撼力的有爆破力有冲击力的话。

他说上善若水,他并没有对上善若水做非常多的解释,这也是咱们中华文化的一个特色,就是我们不是特别讲究形式逻辑的,那个论点,所谓大前提、小前提、结论,并不追求这个东西,我们也不会为了一件事摆出 A 和 B 相互比较,我们喜欢一种整体性的思维、喜欢一种感悟性的思维。"上善若水"这四个字给你摆到那儿了,这本身就给你留下了空间,你去想吧!水好不好、为什么水好,你自个儿去琢磨、去感受。

这个东西你不能说它是没有道理的,古希腊很多哲学家,比如赫拉克利特也喜欢用水来说事,如说一个人一生不可能两次从一个地方踏过同一条河流。他的意思是说一切都是变动不羁的,水是不停地流着的,其实这个话就和孔子的那个"逝者如斯夫,不舍昼夜"是一样的,因为它从来不停下来,不管是白天也好、黑夜也好,流水它是不断地流动的,所以流水特别容易被人理解成时间,它成为时间的一个象征。水不停地流着,时间就过去了,一代一代的人成长起来,一个又一个的英雄故事在神州大地上演出,水又代表这种意思。《论语》里边还讲了"仁者乐山,智者乐水",这个含义也只能感悟,它没有经过调查取样、没有数据,如果现在一个欧美的人讲"仁者乐山",他起码先得在全世界找两万个人进行测验,是不是你们都最喜欢山?这两万人里头有一万四千八百人喜欢山,另外还有一千人喜欢小土堆,他就说仁者大概有百分之多少多少。这是欧美人的思维方式,所以这两句话翻译起来也特别难,给他们解释的时候他会问你:这些人是喜欢爬山或是登山运动还是说那些智者是喜欢游泳还是水上运动？跟他费好长时间也说不清楚，因为他很难理解这种意境、这种悟性，感觉很难说清的。

感悟水，喜欢水

它其实是一种形象思维、是一种感受或者说类比，就是你得真的去悟透它当中所要表达的那种意思。要是按我的理解呢，为什么仁者会和山联系起来，因为山代表的是一种稳定、是一种巨大、是一种成熟，是宽厚也是承担，你在山上压东西没关系，所以它和仁者的形象有相似之处。而水代表的是灵动、清洁、明亮、顺应，永远有办法。它没有最固定的形状，可以是这样的也可以是那样的，可以走得很快也可以走得很慢，所以它有点像智慧的那些品格：它的灵活性、它的清洁性，同样水也能承担许许多多的肮脏，它能把肮脏洗涤成清洁，有多少肮脏经过水以后就会变得比过去更清洁一点。过去我在劳动的时候，有时候取水非常困难，真是来了一盆水先洗脸、洗完脸以后又洗手绢、洗完手绢以后又洗什么，反正洗一大堆。看那个水都挺脏的了，别人说你怎么还在这里头洗啊，那时候我就会说"见水为净"，不管那水有点不太干净、按高标准是不可以的了。

水有这样一些品格，这些品格都是值得肯定的。老子的这种上善若水的思想，我有时候觉得：因为中国在古代哲学、文学、史学甚至于政治学、社会学是不分科的、相通的，所以上善若水有一种文学的情怀在里边。我们可以看看我们中国的诗词，对于水可以说情有独钟。屈原就是借用当时的民歌，在《渔父》里边，渔父就说"沧浪之水清兮，可以濯我缨"，可以洗我的帽缨子，"沧浪之水浊兮，可以濯我足"，水干净的时候特别清，我可以用来洗帽子，水不太干净了还可以洗脚——当然水要是污染太厉害洗脚也不行，也可能会带来脚部的疾病、长脚气也不好。但是起码他这个话说得你也很舒服,沧浪之水本身就已经是很美好的词了,而且清的时候可以用、浊的时候也可以用。李白的诗里说"桃花流水杳然去,别有天地非人间",在桃花流水之中我自己有自己的一番天地,李白创造了一个他自己的境界。我们甚至于可以说"上善若水"这四个字给老子搭建了一个精神的乐园,想一想这么一个骑青牛的老头,脑子里还琢磨出很多与众不同的思想,他既没有高的地位、没有大量的金钱也没有权力,但是他很喜欢水,他老想着我这一辈子就像水一样自自然然地流过,他给自己也经营了这样一块上善若水的天地。朱熹的诗说"问渠哪得清如许,为有源头活水来",说这条河、这条小溪(渠亦可作"它"解)为什么它的水老这么清澈可以照人、可以为镜,像镜子一样的清,因为它源头有许多的活水。对于老子来说这个源头的活水是什么呢?就是"道"。因为万物万象都是在"道"的统一作用之下自然而然地运转着活动着,它成就悲哀也成就快乐,它成就失败也成就成功,所以它永远是活的,永远让你受用不尽的,永远让你琢磨不尽的,就像活水一样不停地在你的面前流去。有时候你这么想一想,你对上善若水这四个字比你一个字一个字地抠它,得到的印象还更多,所以陶渊明说"好读书不求甚解",当然这个不求甚解有人认为是我们传统的缺点之一,我们不喜欢搞数字,不喜欢搞百分比,不喜欢特别的精确,但是如果你从审美感受去感悟真理,你不是光去计算真理、去理解真理、去分析真理,而是去感悟真理、去欣赏真理、去拥抱真理、去受用真理,要从这个意义上说,那我们中华的文化就确实有自己的特色,有自己特别可爱的地方了。

虚与静

由于有对"无为"的提倡,有这些美好的思想,由于有对上善若水这样一个非常形象的比喻——老子还有一点我们愿意联合在一块儿提一下,就是他喜欢"虚静"。"虚"就是你不要把自个儿安排搞得满满当当的,相反的你给自己保留一下接受信息的空间、保留一下内存、保留一下硬盘,你的内存别一下子占了百分之九十八了,那一开机准死机了。你要虚,虚就是你得有内存、你得有硬盘,不行你得外接硬盘,不能够把什么全都占得满满当当,该删除的时候得删除,要有自我删除的功夫,要有一种自我删除的机制。"静"这个说法是我们文化的特点,这个特点在"五四"时期曾经被很多先知先觉的大家、思想家所批评、所诟病,鲁迅就表示过他对中华传统文化的失望,他说中华的传统文化在你看完了以后让你的心一下子静下来了。我想"五四"时期中国面临的是一个救亡的问题,是一个亡国灭种的问题,是一个积贫积弱的问题,如果那个时候——"五四"时期也好、卢沟桥事变的时候也好、"九一八"的时候也好,或者是平津战役、淮海战役的时候也好,咱们到处去讲老子讲无为,那哪儿成啊,你别有用心是不是啊?你这应该算反革命!

老子说的意思是你保持清醒、不要感情用事、不要动不动搞煽情、不要动不动地犯急性病,因为每个人都有自己的欲望。所谓静的意思、静的核心,我觉得就是一个人能够把自己的主观的东西、欲望的东西有所控制。所谓心不静,所谓心乱,我们现在有一个词——我还挺喜欢这个词——叫"闹心",说这个事它太闹心。我觉得这个词真是准确,非常生动,这个事处理不好它就老闹心,闹心的原因就是你自己的欲望太多、自己主观的要求太多,而这个主观的要求和客观的世界之间有一点距离,这个客观的世界不可能按照你的主观的要求来运转,所以老子就提出来说:你自己的心静一点。

静的提法当然提得非常哲学,"天乃道",你知道了天意也就和"道"挨得近了;"道乃久",掌握了大道也就能够长期稳定可持续地发展下去了;"殁身不殆",一直到死你都仍然可以享受道的滋养、获得道的智慧。这可以说是老子对于人的人格和智慧的一个理想。

第四讲：
有、无，一、二、三

当然是无中生有

我今天想探讨的是有关老子的"道"。这个问题有两组重要的观念：一个观念是关于"无"和"有"的观念；一个是"一、二、三"的观念。

这个无和有，老子前边也都说到了，他一上来就讲"无名，天地之始。有名，万物之母"，他就是把有和无作为最概括的观念来描述，除去"道"以外，几乎找不着别的观念像"有"和"无"这样，能概括世界上的一切事情了。"无中生有"就是老子提出来的：他说，"万物生于有，有生于无"。这本来不是贬义的话，是后来在流传中，被接受的人理解成坏话了。老子发现世界上每一件具体的事、每一个具体的物、每一个具体的存在都不是永远的，而都是从无变成了有，从有又变成了无。这些问题后边再慢慢地细讲。

我们先来引用一下老子关于"无"和"有"对于人的作用、关系的理解，他说的是最普通的事例，但是他的思想绝了，别人不可能那么想的事他就想到了。我在很年轻、十几岁的时候读任继愈教授用白话文翻译做了注解的《老子》，有很为之惊叹的一句话：老子说"三十辐共一毂，当其无，有车之用"，他说的是车轮，我想古时候可能是木头轮子，不会有现在的胶皮轱辘，有支架的那种叫辐，可能他说有三十辐在一个轮上，就像自行车辐条有三十辐，但是轮子不可能都是打死了的，打死了它太重，还有轮子放轴的地方，自行车叫轴碗的地方必须是"无"的，如果那要是一个死膛的轮子就不转了，只有它是"无"的，然后有一个轴在里头——老子那时候可能没有滚珠轴承，但是起码他懂得抹上一点油减少摩擦它就好转了，只有这个轮子的正中间是一个空白的东西、是"无"的时候轮子才能转，才能用。如果那个地方也"有"，它就成了一个死木头片或者死木头疙瘩，只有轮子的形状而不能实现轮子的功用了。

无才有用

然后他又说"埏埴以为器，当其无，有器之用"，"埏"指的是陶器陶罐这一类的东西，或者是土罐，罐子你必须得留下口，另外你还得留下膛，如果罐子没有口又没有膛，那拿它干什么呢？那成砖头、成了一块实的东西了。它的用途的大小就看这个膛有多大，不是看这个皮有多厚，皮多厚也许跟视觉的观感有关系、也许跟它的坚固有关系，但是用途——要看它膛有多大、口有多大，有不同的用途，有一些东西需要有阔口瓶，有些瓶子瓶塞小一点便于保存。

他又说"凿户牖以为室"——就是办公室的"室"——"当其无，有室之用"，这一点我没完全弄明白，我不是专家，可能有专家比我更了解，他说盖房凿一个窗户和凿一个门，这有一点像洞穴是不是？那个时代不像现在似的有土木工程，不是垒墙，当然这个跟主题没有关系，它这里说的主题就是盖出房来也不能是死腔，我们是说它有多大的空间，按现在说的要买房子你先得要弄清楚有多少平方米——使用面积，就指的是"无"的这一部分。我们说的建筑面积要把墙的厚度，当然还有其他公摊的那些东西包括在内——今天不在这儿讨论置产物业的问题，是说房子的用途恰恰是因为它的"无"、有很大的一块"无"，如果那些地方不是墙就是堆的建筑材料垃圾什么的，里头全都填死了，你不是也没法用了嘛！

这些说法，我在十几岁的时候看了以后就奇怪，他这个思路——因为这些东西都太普通了，你要是跟爱抬杠的人说的话，要是北京人，他可以有两个字评论：废话！一个罐子不能是死腔，废话，买一个罐子死腔？买一个车轱辘，那个轴得留一块空，不能说填死了，轴伸不进去，这也是废话！房子得空出来，说房子都占满了堆满了垃圾了，那房子还能用吗？不能用，这是废话！他说你是废话，可是你想想这是老子说得多么伟大的一个哲学的命题！原因在于他把这些平淡无奇的事理，上升到哲学的角度，上升到有与无的关系的角度来分析、来体悟。

老子的哲学是对于生活的发现

他底下就做了一个结论，他说"有之以为利，无之以为用"，就是你有的那一部分东西是给你提供的便利、提供的条件，比如说一个房子你必须得"有"，你什么都"无"，那空场就不叫房子了，最多叫野地。你必须得有墙，得有顶子、地面，你得稍微修理修理，修理得当然越漂亮越好，你得有窗户得有照明，还得有门你得能进去，你得有很多的东西，但是只要你使用这个房间，那个就是"无"，就是提供给你由你自己来决定你怎么使用的"无"的那一部分。

这可是老子的一大发现啊，这个不得了啊！这给人一个什么启发呢？就是说哲学真理它不是脱离生活的、它不是从概念到概念的产物，相反，就是在我们每天的日常的生活里都有真理、都有道理、都有"道"、都有"无"和"有"的关系。

我在这儿讲课也是一样的，我讲了很多话，这是"有"的，但是毕竟还有很多东西我不能够讲，没有时间讲，我必须得留出时间来让咱们该散的时候得散，我不论讲多少理论，还有更多的理论需要听众们自己去体会发挥，我不论讲多少事例，还得留下更多的事体情理，请听众们去联系推论。该有的应该有，该无的应该无，讲得太简单了，就是"无"得太多了，令人摸不着头脑。讲得太详细太啰唆了，就是"有"得太多了，也只会惹人生厌。它处处都有这个"无"和"有"的关系。

无的优越性

我们顺着这个"无"和"有"的关系往下想，就觉得这里边学问大了，首先我们都知道共产党最经典的文件是《共产党宣言》，《共产党宣言》就提出来说：无产阶级失去的是锁链，得到的是全世界。在中国这样一个社会主义国家这个话也是家喻户晓的，这可以说是非常富有动员性的、也是非常富有文学性的一句话。当年，一八四八年马克思、恩格斯他们在《共产党宣言》上写上了这样一句话，这就是"无"的优越性了，因为它是无产阶级，所以它在当时的马恩所设想的世界工人运动当中、在世界的无产阶级革命当中，失去的只有锁链，得到的是全世界。就是说无产阶级因为"无"所以它不会失去什么东西。无产阶级因为"无",所以它非常欢迎一场蓬勃的历史的暴风雨。无产阶级因为它"无",所以它不惧怕社会继续向前发展。这是根据当时马恩的理论,是一无所有,成就了无产阶级的伟大历史使命与优越性。

比如说我们还有所谓"无标题音乐",就是这种音乐只有什么C大调作品第364号、E小调什么多少多少号,不立标题。不立标题的意思是什么呢?随你去想象,它表达的是情感、它表达的是内心,它有一种纯粹性和自由感悟的空间。说来好笑,"文革"后期,还突然批了一通"无标题音乐",驴唇不对马嘴。

另外有一种音乐很容易被理解,就是它能够跟具象的东西连接起来,比如说流水,《渔舟唱晚》的这一段是表达水声,那一段是表达渔夫的心情,这样的音乐当然很好,但另外也可以有无标题的音乐或者无题的诗。李商隐写了很多诗,实际他的诗包括各方面,包括政论诗、包括咏史诗,但是李商隐最令人感动的、令人千古传诵不已的是他的那些无题诗,像"相见时难别亦难,东风无力百花残",像"昨夜星辰昨夜风,画楼西畔桂堂东",还有以诗中头两个字命名的其实也是无题诗,例如《锦瑟》。而且很奇怪,这些无题诗一方面是大家在那里争,好像并无定解——"诗无达诂",另外一方面又是家喻户晓、人人喜爱。你说他不懂,他喜爱,你说他喜爱,他又解释不清楚,越是众说纷纭他越喜爱越如醉如痴,越是喜爱就越是作出千奇百怪、匪夷所思的解释。所以说正是这个《无题》本身给你提供了感受和思考的空间。

舒伯特还有一部《未完成交响曲》,这个"未完成交响曲"标题本身就对人有极大的吸引力。同样从这个意义上来说,我认为《红楼梦》也是一部"未完成交响曲",正因为《红楼梦》后四十回原稿不可考了,现在大多数人考证出来的结果是:后四十回是高鹗续作的。对高鹗的续作虽然有高低不同的评价,但是这后四十回成了一个谜,成了牵心动肺的事情。在某种意义上正是因为这个"无",还有一系列的缺失——

无,如缺少作者的有关记录与档案、缺少写作情况的记载、缺少编辑出版阅读接受等方面情况的记录档案,这才有了红学。我这是开玩笑了:万一咱们哪一年在什么地方挖出一个大箱子来,从这箱子里一下子找到曹雪芹的原稿了,字还清清楚楚一点马虎都没有,这个高鹗的后四十回也就没有用了,对这四十回与脂批的"核对"呀那些研究探讨争论估计也就没有用了,咱们有好多红学家可就失业了。

所以说,对人来说有的时候需要一点无知或者是未知,这让我又想起著名的雕塑爱神维纳斯,她也是缺臂的,有无数的雕塑家试图想把这个——就是觉得她缺点儿什么还是不太好——老尝试着把这个断臂给她复原、给她安上。这样的姿势那样的姿势真的是应有尽有、各种各样的,但都觉得还不如没有呢。所以这个"无"的用处还是非常大的。

无是想象浪漫的前提

文学艺术里这一类的事情特别的多,比如说中国的国画特别讲究留白,就是要留下很大的一块空白的地方,不能弄得这么满。一个人做事、讲话都不应该太满,都应该留下"无"的部分。有时候人争取的是"有",当然啦,比如说我没有工作我当然希望有工作,我没有学历我希望有学历,我没有工资我希望有工资,我比较缺钱我希望我更富裕,我没有对象没有情人马上又过情人节了我也非常希望有一个情人。遇到这种情况的时候可不能一味地"无"。但是我们想一想"无"是不是对人就一定是不利的呢?许多情况下这个"无"呢,恰恰是对人最有利的,为什么呢?要和成年人相比,青年人无地位、无资金、无可以特别说出来的成就,但是青年人他这三个"无"成就了他一个"有",他有前途、有明天、有选择的可能性、有无穷的可能性,叫做大有希望。

而且"无"给人带来浪漫，中国人最喜欢在自己的诗里歌颂月亮、怀念月亮、想象月亮，连毛泽东主席诗里都是"我失骄杨君失柳，杨柳轻飏直上重霄九"，然后"问讯吴刚何所有，吴刚捧出桂花酒"，他说的也是月亮，因为中国人太喜欢月亮了。我这儿插一个话：以至于在三十年代的时候，上海有一批年轻的左翼作家发表了一个"不写月亮"的宣言，就是说中国整天写月亮，太没劲了，你不写人民的疾苦，我们今后再不写月亮了。但这个也非常的难做到，因为正是这种"无"它带来了那么多的浪漫，带来了那么多的幻想。

相反地说，美国人一项伟大的成就是登月，月亮上很多细沙，传来了许多照片，上面没有桂花树没有桂花酒也没有吴刚也没有兔儿爷也没有兔奶奶更没有嫦娥，一下子把那些浪漫都弄没了。但甭着急，因为今天的世界上永远有大量东西你还是无知的，所以"无"不但带来了可能性、带来了前途、带来了使用的价值，它还带来了浪漫。对一件事无结论，这种情况之下有最好的讨论，有定论已有结论那你照办就完了，你反而没法讨论了。所以"无"可以带来许多好处。对刚才提到的那些命题：没有工作啊没有女朋友啊或者说也没有什么成就没有什么成绩，这都没关系，因为这都会有、都会存在有的可能。

我还要说无知识更是一个人学习的动力，而且是给学习提供了一种最好的状态：我对这个方面没有什么知识，我从头学起我从零做起，为什么我们的运动员在获得了冠军以后往往提一个口号叫做"从零做起"，就是你在"无"的状态下心情最放松，你的意志最坚定，无地位正是苦干和实干的机遇。这种情况之下你不会好逸恶劳，你也不会去依仗已有的权力、资金或者门第或者是父母过不劳而获的生活，无名声正是从头干起、从零做起的开始。

我们还可以举一个例子，就是有一些残疾人正因为他们失去了一些东西，他们做出来的某些成就就更加感人、就更加达到一个特别崇高的令万人虔敬的地位。例如天文学家史蒂芬·霍金，"二战"期间的美国总统罗斯福，我国作家史铁生等。

哲学的魅力在于发现生活

老子从"无"和"有"中能够考察出这么多道理来，我们随便聊一聊也可以聊出这么多的道理来，这就是哲学家，他跟生活贴近，他从生活中发现哲学，他从哲学中解释生活，而不是从名词到名词。我们从小学就知道的那些故事，说牛顿看见苹果"果熟蒂落"给了他灵感，最后他研究出万有引力。说瓦特由于看到烧开水的时候蒸汽把水壶盖顶起来，他发明了蒸汽机。说哥伦布发现了新大陆以后，别人说发现新大陆有什么了不起，新大陆就在那儿搁着呢，你走过去不就发现了？哥伦布就跟他们开了一个玩笑，他拿起一个煮熟的鸡蛋来，说你们谁能把这个鸡蛋竖起来，大家都不能，然后他过去，啪一磕他就把那个鸡蛋竖在那儿了。大伙儿说磕的算什么！他说这很简单，你不磕这一下就竖不起来，我磕了一下就竖起来了，新大陆也是一样，你过去了你就发现了，但是你没过去就发现不了。世间的事就是这么简单，所以老子对无和有的考察也可以说是旷世奇才，是最普通的就和大实话一样，但是又是非常珍贵的一个发现。

由于无与有的这个思路，老子尤其反对盈、满，就是什么事不要搞得太充盈了太满了，老子在第十五章里说"保此道者不欲盈"，不希望它很充盈，"夫唯不盈，故能蔽而新成"，因为它不盈所以它仍然还像新的一样，那意思就是说它仍然还能吸收新东西，给自己保持一个永远获得生命的可能，这可以说是老子对我们中华文化的一个非常大的贡献。

中华文化对于一的追求与崇拜

老子的另一套概念比这个说得稍微玄虚一点，不像这个这么容易接受，但是又特别有琢磨头，他说"道生一，一生二，二生三，三生万物"，有人说老子有两段话正好可以写成对联，就像老子的真理口诀一样，对联上联就是"道生一一生二二生三三生万物"，下联是"人法地地法天天法道道法自然"，正好连平仄都是对的，非常合适的。这是一副最有名的对联，老子那个时期的语言不仅仅是为了论述，也为了有最好的效果，所以他的文字特别精彩、精练，而且里边奥妙无穷。

"道生一"的这个"一"的问题在中华文化当中也是一个非常关键的问题，因为中国是非常重视"一"的。他认为世界上不管有多少千千万万的形象、过程、怪问题、怪现象，但是思维的力量，人类的智力追求的是将万物概括为一。一切思考计算分析的最后一定有一个本质，唯一的本质，就是一。而有了这个一就有了一切，就有了二三四以至于无穷。

在中国，"一"表达了中华思维的一种整合能力、一种概括能力、一种综合的能力，就是不管什么东西最后它变成一个"一"。郭沫若在他的诗里最喜欢的词之一就是"我要歌颂这一切的一、这一的一切"。在我们中文里，"一切"就有一的意思又有群体的意思，就是群体不断地发展下去就是一切。老子在另外的话里对"一"又有一些更神奇的说法，"昔之得一者"——昔：古昔、过去——过去能够获得了"一"、获得了整体性、获得了关键、获得了大道的人。"天得一以清"，天如果按照这个唯一的统一的整合的大道来运转，天就是清澈的、就是干净的。"地得一以宁"，地要是按照大道来做，地就是安宁的，它不闹地震也不闹泥石流。"神得一以灵"，神如果能够按照大道来运转，它就是有效的，我们说灵不灵？灵！就是说它是有效的、能够运用的，用英语说就是能工作的。英美人喜欢说一个东西坏了不能使用了 Doesn't work，要翻译成中文就是"不灵了"。最早的时候我们旅游事业经营得不太好的时候，有一个美国人反映——那还是八十年代初期，说到中国的旅馆 Nothing work，什么都不灵——所以"神得一以灵"，那个时候咱们中国有的旅馆还没得到那个"一"所以它就不灵，你得到了那个"一"就灵活就管用了。"谷得一以盈"，说谷穗谷子得了"一"就能盈，这个谷穗，老子还是不反对它"盈"的，因为谷穗老是一半，那粮食更不够吃了。"物得一以生"，人和万物只有在符合大道的情况下，能生长、能繁殖。"侯王得一以为天下贞"，有人说这个"贞"实际上就是"正"的意思，侯王——当时国家的一个诸侯或者一个王，他能够按大道来做就能给天下人做表率，他的治理就能够有他的正义性有他的合法性。这里他把这个"一"字抬得非常高。

这个"一"到底代表什么？它不是一个简单的数学的数字的概念，这个"一"是一个很有意思的词，在某种意义上来说"一"是各种数字的一个根本的代表，有了一就有了一切。为什么呢？一加一就是二了，再加一就是三，没完没了地加下去就是无穷大。一减一就是零，再减一就是负一，所以你有了一就有了一切。我们电脑语言里其实也重视"一"，零就是断了电了，接了电了就是一。有了零有了一，二进位法，一切数字化的数据下载运作就都有可能了，所以这个一确实是一个非常神妙的概念。

另外一的好处就是说它既是群体又是具体，假设说我来到咱们这个讲座上和听众一一握手，这个意思就是我和每一个人都握手了，是不是？说我们举行了一场讲座，这又是一个笼统的，反正我在这儿讲了一次，大约个把小时。所以这个"一"代表了一切。英语也一样，叫做 one by one，几乎可以全都包括进去了，一个又一个。

道生一兼论解读老子的可能性

"道生一",这是一个非常麻烦的问题。什么叫"道生一"?历来有这么几种解释,一种解释:道即一,因为道生一,因有了"道"就可以把世界当作一个整体来看,所以道就是一,所以"道生一","道"使你把世界能够看成一个整体,这是一种解释。

还有一种解释:古人喜欢讲的,说"道生一"就是说"道"生太极,道生了太极当然能讲得通,然后"一生二",因为太极又生了阴阳,"二生三"说除了阴阳以外还有"和"气,能把阴阳调和起来的这一部分元素,就变成了三,这也是一种解释。这种解释也很高明,但是我个人不满足。

这里顺便说一下,我没有能力对老子做原意的或定论的这种探求,因为我实在没那个本事,说再找到别的资料,知道老子有一个录像或者他有一个日记或者有一个书信集,让我来考察一下他的思想,我没有这个能力,但是我愿意提出解释《老子》的可能性,就是从老子的语言当中获得智慧和获得启发的不同的可能,最好是多几种可能,多一点启发。这也算是自己个人的一种心得吧。所以"道生一"是什么意思呢?我理解的"道"是什么东西?"道生一"其实就是无中生有,因为道是无形的、道是无定量的、道是无可感觉触摸的,这样一个无形的"道"它是先于世界、先于万有万物压根儿就存在的。这个是老子的一大智慧,他不认为世界是永恒的,相反地他认为一开始是没有这些东西的,他说过"道之为物,唯恍唯惚",好像他的那种描写特别像现在关于"星云"的学说,混沌、恍恍惚惚,"恍兮惚兮,其中有精","惚兮恍兮,其中有象"。"道"本身是一种无形的东西,是一种先天地而生的东西,这些东西以后从这种无形的"道"——我常常用的一个词:下载了，它下载了以后就变成了一个有形乃至于有情有态的多媒体的存在了，它就变成了一个有形的世界、一个有形的宇宙。当然，有人细抠这个，说宇和宙哪个是代表时间哪个是代表年代，说那个年代还没有时间和空间的概念，所以不能用宇宙这个词，那没关系，咱们不用这个词都没关系，总而言之它是从一个无形的"道"变成了一个有形的大千世界，这就叫"道生一"。我觉得我们这样解释，也就是把它和那个"无"跟"有"联系起来。让人挺开窍的，甚至心情非常愉快的，就是世界从"无"当中会产生出"有"来，能产生出一个有形的世界、一个有灵性的——按中国人喜欢说的是——有情的人间。

"道"是无形的也是无情的，从这个无形的无情的无灵性的"道"当中，产生了这样一个世界，这个世界是有形的，这个世界尤其是有人的，有了人以后是有情的也是有灵性的，这是一个世界发生的过程。这可以叫做"发生学"。这个"道生一，一生二，二生三"和我们在最开始讲到的"人法地，地法天，天法道，道法自然"正好是一个相反相逆的过程，因为"道"是一个终极的同时是最原始的概念，它是一个真理，看不见摸不着，但它是万物运动的规律。现在是反过来说，先有了这样一个规律、有了这样一个定论，然后产生了万物。

道的根本在于从无到有又从有到无

老子认为"道"是一个永远的存在，有了这个存在，万物才有可能——比如说按照唯物论的观点，我们把生命看做是特定的物质，尤其是蛋白质，这是当时恩格斯《自然辩证法》的说法，当然生命、生命科学有很长足的发展，不是我的知识所能达到的。恩格斯说是由于许许多多的物质尤其是产生了蛋白质以后，生命才能够出现。如果说这个说法是正确的，我们今天仍然按这个说法来解释的话，那蛋白质产生生命是根据什么原理呢？这也等于说，生命是后生的，它的产生是有条件的，但是蛋白质能够产生生命的真理是从来存在、压根儿存在，无条件存在的。

这等于就是说："道"根本的原理是一种从"无"能够生出"有"来的原理，所以老子认为"道"反过来能够产生出"一"来，产生出一个有形的世界、有情的人间来，这实在是非常精彩的说法。

然后"一生二"这个"二"有几种可能，第一种可能：从无形的"道"无情的"道"到有形的世界、有情的人间，这已经是"二"了，一个"道"一个"人间"，一个"无"又出来一个"有"，这不已经是"二"了嘛，就像一个主观一个客观、一个大道一个万物、一个发生原理一个真正发生了的世界一样。

第二种可能：任何一种"道"它本身不是一个单向的，它不是一个平滑的单一的存在，任何"道"都有它相反的因素，我们刚才讲到"天得一以清，地得一以宁"那一段话底下有一些话比较费解，他说"天无以清，将恐裂"，如果这个天老不清弄不好它就裂了，天要裂天要漏缝的，这当然是古人的一种想象。说"地无以宁，将恐废"，这里他写的是"发"，但是学问家都考证说这个"发"实际是"废"，说地本身也废了，也没法用了，因为它不宁。"神无以宁，将恐歇"，这神不宁了就只能歇菜了是不是啊？"谷无以盈，将恐竭"，就是如果谷穗不按照"道"来生长来种植，那么谷穗都是瘪的，那就吃不饱了，起码你肚子枯竭了是不是啊？"万物无以生，将恐灭。侯王无以贵高——有的地方是'无以争'——将恐蹶"，"蹶"就是摔倒的意思，就是说万物如果不能够正常地生长就灭了，侯王不能够做天下的表率了、不符合"道"了就会摔倒，就会跌跤。

道本身包含了自己的对立面

这一段话比较费解，既然天就按照"道"来运转，它怎么还"无以清"有裂的危险呢？地也是按照"道"的是不是啊？"人法地，地法天"，那他怎么还能够说"无以宁"它就会废掉了？其实我觉得《老子》里又有一个非常深刻了不起的思想，就是"道"本身包含着大逆不道的可能，这不是一个单行线，这是一个双行线，"道"本身除了好的那一面——就像现在我们国家领导人也常常用"天行健，君子以自强不息"来勉励人民——之外，天有天灾，地有地害：有地震有泥石流有滑坡有塌陷有火山爆发。人有人祸，更应该警惕：人有所谓大逆不道，你做那些不符合客观规律的事情，不但能够毁坏人间的正常的运转，还能毁坏地毁坏天破坏环境——什么气候变暖什么厄尔尼诺现象等等，所以老子起码涉及了这个问题，虽然他没有仔细地研讨这一点。

"道"本身并不是一个单一的直线的平滑的顺顺利利的运动，而有着产生自己的对立面的可能，所以"一生二"也还包含着一个产生自己的对立面的意思，老子前面就说了"前后相随"、"高下相倾"，有了高就有下，有了前就有了后，有了美就有丑，有了生就有了死，有了善就有了恶，什么东西它都会分成"二"，有了阴还会有阳，有女生还有男生，有小孩还有老头，有健康的人就有生病的人。健康的人是"道"，那么人生病就是"无道"吗？"道"本身就已经包含了得病的可能，生老病死任何人不能够逃脱的。

我们知道一个词：一分为二。一分为二是毛泽东最喜欢提倡的，因为他是一个革命家。他说一分为二，就是世界上的任何事物都是由对立的两面斗争所形成的，所以他要强调一分为二，强调要用"二"革现存的"一"的命。有一个电影叫《开国大典》，《开国大典》里——我相信这些场面都是有根据的——就有毛主席跟他旁边的一个什么人好像是一个民主人士讲话，是谁我记不清了，毛主席就说：蒋介石就是讲天无二日，我就是要另外给他出个太阳看看。我觉得这是非常符合毛主席的一分为二思想：你不要以为你蒋介石就能坐稳江山，你不能以为你的那一套就能治理国家，我接受了共产主义的思想、社会主义的思想、马克思主义的思想，我另外出来一个太阳，我这个太阳成了。所以毛主席喜欢讲一分为二。

一分为三

老子对"道"的理解、他的这个"一生二，二生三"是太不了起了！"二生三"更精彩，我觉得这是精彩中之精彩，用现在的词叫"重中之重"，就是说你有天有地，还有一个天地和人的叫做"三才"的说法，天和地的结合、天和地的活力凝聚在了一起，才有了人。什么叫"道生三"？就是有了世界有了天地，然后天地又有了人，这就是"三"了。有了阴有了阳以外还有"和"气，不仅仅有阴气有阳气还有和气，就是说任何的事物除了对立的两种状态以外还会有第三种状态，不一定是中间状态，也可能是一种新的状态，也可能是一种结合以后的往前走了一步的状态。

为什么我特别喜欢这一段呢？因为我很尊敬的一位学者、一位老师叫做庞朴，他近年来就提倡一分为三。我们还批判过杨献珍——原来的中央党校的校长还是副校长反正是常务校长吧，他讲"合二为一"。但是庞朴教授就说我们要注意对立双方斗争的结果有时候有可能出现一个第三种状态，不见得非得是综合的状态而是一种新的状态。庞朴还举过这样的一个例子，他说过去我们讲市场、讲商品——那时候还没讲市场经济——常常说一抓就死一放就乱，这就是一分为二，因为你抓得管得太多，这经济生活就死了就呆板了，你放手了随便吧它就乱了，什么三聚氰胺、什么假冒伪劣就都出来了，庞朴说我们作为哲学家，要研究的就是除了一抓就死一放就乱以外，我们能不能有第三种情况，就是抓而不死放而不乱的这么一种情况。其实类似这样的思想也不是庞朴教授一个人发明出来的，因为黑格尔对辩证法的理解已经是讲"正反和"，任何事物都有正体，然后反了，他就有了第二个体，一分为二了，然后经过正反的一段相当长时间的斗争和变化，又在新的基础上回到了原来的状态，或者叫否定之否定。这些词我们过去其实听到的都是非常之多的，但是我们现在看看老子，老子那个时期当然没有庞朴也没有毛泽东也没有黑格尔，但是老子已经注意到了是"一生二，二生三，三生万物"。

为什么叫"三生万物"呢？因为"三"的意思就是有了"一"，有了他的对立面，那么"一"和"二"互相斗争，又出现了新的东西就是"三"，又有新的东西不断地出来了，不就有了万物了吗？要光两人、光两个东西在那掐，你掐死我了，然后再出来一个反对者，又变成原来的那个反对方了。我掐死你了，我那儿便又出来一个反对的，又成了你了，事物只是在循环在打转，就永远不会有发展变化了。

"一生二，二生三，三生万物"就是大道本身意味着事物在它们的斗争当中、在它们的矛盾当中、在发展当中，出现新的东西、新的可能，也包括和解的可能、和谐的可能。所以我说老子这个"一、二、三"是非常的、特别高明的对世界的一种看法，有很深的智慧在里边。我想一定提醒大家，它不仅是一个简单的数字的变化，如果说只是一加一等于二，再加一就等于三，这个是非常简单明了的，但是"三生万物"的时候就是各种可能性都可能出现，所以就有了这个大千世界。

超越简单的两分法

我们现在谈老子的"一、二、三"观点还有一个好处，这个所谓"三"的观点有助于我们克服那种简单的二分法所造成的极端对立的情绪，比如说"非黑即白"，说你不是我的盟友你就是我的敌人。这样的论点不仅中国有外国也有，说谁不是我的盟友谁就是我的敌人。但是中国人的思想恰恰相反，按照我们的传统文化是提倡中庸之道的，所以"一生二，二生三"，只有从这个观点你才能理解"中庸之道"。过去我一直认为中庸之道是中国的一个恶习，因为"五四"时期有很多人是很讨厌这个中庸之道的，认为中庸之道就是什么不阴不阳、不男不女、不好不坏，什么事都模棱两可，好像是这样的事情。其实中庸之道不是这个意思，就是苏格拉底和柏拉图他们也都有类似中庸的看法，他们认为两个点之间的那个中点是最可取的。所以"一生二，二生三"帮助我们掌握中庸之道。中庸的意思，有学者解释说"中"的意思实际上是恰如其分的意思，并不是正中间。就是什么事要恰如其分，不要过分。而"庸"的意思就是保持常态。我想这对于我们的思维方法是有好处的，所以"一生二，二生三，三生万物"的观点能够帮助我们避免走极端，能够帮助我们使我们的思想行为做事更加准确沉稳。

在一二三的讨论中看中西文化观念的差别

"道生一，一生二，二生三"好像不是像此前讲的那些内容那么容易理解，虽然看上去非常简单，这是因为它高度概括——用数字来概括，但是表达的又不是一个数学问题而是一个哲学问题，是人生经验的一个高度的浓缩、高度的总结。但是想一想我们的生活，跟这个"一、二、三"问题实际上联系得也非常密切。首先说我们的中华文化，由于我们长久的、可以说是完备的封建社会形成了我们对"一"的崇拜，我们对"一"有一种特殊的感情，比如说忠心不二，这就非常明显，"二"是坏的事情，忠心只能是一。好女不嫁二夫也是，你只能够一。我们说一往情深，这是一个很好的词，一如既往也是一个非常好的词，你觉得这个人很靠得住，说我现在一如既往，这在中国是非常好听的话。在其他的文化里不一定是这样的：一如既往——白活这么几十年了是不是？它不完全都这么理解。始终如一——这是马克思回答他的女儿的话，问"你最喜欢的品质是什么？"他说是"目标始终如一"，所以马克思也很喜欢这个"一"字。一元化的领导。我们可以看到古代的许多哲人都希望能够找到一个概念，这个概念甚至是一个字，这一个字能够解决一切的问题。它可以是"道"。"孔曰成仁"，就是人对人的爱——"仁"。"孟曰取义"，到了孟子那里是"义"，也就是正义、就是核心价值、就是基本原则。他们都希望找到这么一个关键，这个关键解决一切的问题。这和我们中国人的或者说东方人的思维观念、思维方式、思维习惯也有关系，我们愿意找一个概括的东西、一个大的概念来解释一些具体的事物。

西方人不是这样，他们愿意从一些具体的事情来归纳出一些规律。我们希望什么呢？就是我们认定了大概念管小概念："道生一"，道是管一的，一是管二的，二是管三的，三是管万物的。这是我们中国人的思维方式。我们的思维方式认为要抓主要矛盾，主要矛盾解决了，次要矛盾就迎刃而解。这是非常中华式的思维方式。外国人不这么想，我们随便举一个例子，比如说细节决定成败，这个就有一点外国味儿了。我们看我们的诸子百家包括老子，他们从来不告诉细节会决定成败。外国人重视工具、重视这些细节：你要想把你的家庭安全搞好，你一定要把防盗门做好，你一定要把这个门栓做得很结实，外人让他拧不开，拿刀撬也撬不动，不留缝隙。他的这个观点是跟我们不完全一样的。

崇拜一也警惕一

老子的这些说法开阔我们的思路，能感到一种思辨的快乐、感到一种智慧的沐浴——人家这脑子他怎么长的呢？他怎么能够把世界上的事想得这么多呢？——对我们是非常有帮助的。当然中国的话里对"一"也有批评，不是没有批评，所以它也有警惕、也有制约。比如说一意孤行，这可就不是好话了，一相情愿这也不是好话，光你想干什么就干什么，比如说你要结婚，结婚你得两相情愿，一相情愿你不可能有成功的婚姻。一手遮天，这就更糟糕了，这说的是坏话了。

所以中国文化里又同样有把"一"僵硬化、把"一"绝对化的，得有所批评、有所警惕。中国在政治上有一个很重的语词，是批评某一个时期或者某一个范围之内成为头儿的人，骂人的话叫"独夫"，"独"本来就是"一"，独夫的意思就是说你脱离了人民、脱离了群众、脱离了部属、脱离了朋友、脱离了亲戚，你变成了一个独夫。

老子讲这个的时候反过来又讲，说"孤啊独啊"这些都是最难听的，就是孤家寡人。但是君王要用这个字称自己，他说这个字表达的本来是君王们的谦虚，我们看京剧、看《三国演义》，都是称孤道寡，"孤寡"本来是最难听的，谁愿意孤寡啊？孤寡老人属于五保户、属于民政要特别照顾的低保的对象，但是位置特别高了他称自己孤、称自己寡，说明他把自己看得很低下，这是老子那个时候这么说的。到后来称孤道寡本身变得牛得不得了，有野心、想当皇上——变成了这个的表现。

那么"二"呢，又有各种各样的说法，有很多说法是不好听的，过去批评大臣说你有二心，基本上他就有灭门之祸了。"有二心"是什么意思？你不忠于君王，你想背叛你的君王，所以曾经把这个"二"当成一个很不好的字。中国人对于"三"应该说很多时候是有感情的，我们说天、地、人叫"三才"，有什么三星高照，但是《老子》里没有涉及到这儿。还有学者说"三"的可爱之处在于有三个点就可以保持稳定了，只有两个点是无法稳定的，不是往这边倒就是往那边倒，但是有了第三个点以后它就容易保持平衡、容易保持稳定。

这个"一、二、三"说起来非常抽象，但是从我们的身边、从我们自己的日常的经验里边，甚至于我们会感觉到我们在感情上在经验上都跟它是有一定联系的。虽然我们在座的并没有君王，但是我们同样也有那种喜欢说一不二、不喜欢听不同意见的人，有"二"和"三"在你的旁边，那是好事情。其实有二和三是最正常的，如果你只有一个点就更稳定不了了，所以当有了"三"以后，一、二、三同时存在的时候它就是一个最稳定和谐和平稳的状态。也不是说有了"三"就必定能平稳了，但是起码让你有找到那种状态的可能性。

第五讲：
宠辱无惊

朝为座上客，夕为阶下囚

今天我想讨论"宠辱无惊"，这是老子的名言之一。老子有许多名言，我们中国人说话，其中就离不开老子，有些我们现在常说的话，最早都是老子先说的，像什么"哀兵必胜"、"无中生有"，尤其是"宠辱无惊"，成为很多人的座右铭。五十年代我开始学着写小说的时候，去看望也算我的老师的当时《人民文学》的执行副主编、老作家秦兆阳，他家里就摆着四个字"宠辱无惊"，就是不管是宠爱还是冤枉乃至于侮辱，你不必反应过度，不要一惊一乍，就这么一个意思。

老子为什么提出这个来呢？因为春秋战国时期

天下大乱，群雄并起，此起彼伏，都在那儿争权夺利。另一方面，有许多的士人，就是读书人——有人说是叫知识分子，有人说这不叫知识分子——我们不讨论这个，知识分子是个新词，就是这些读书人吧，每个人都在宣传自己，都跟卖狗皮膏药的一样，都希望自己的这一套，能够被哪一个诸侯国的君王所采纳，然后自己可以出将入相、可以治国平天下、可以执天下之牛耳，所以都在那儿卖弄。有时候能导致所谓"朝为座上客，夕为阶下囚"。搞这一套的叫说客，我们念"说"（税）也行：说客。说客有时候去找到某个君王，得到机会跟他侃了一上午，然后那君王爱听，接着跟他说，又侃了一下午，又侃了一晚上。哎，第二天早上把他封成了相国了。朝为座上客，夕为阶下囚——刚封成相国，又出什么事了，怀疑是他干的，晚上就把他又扣上手铐子送到监狱里去了。所以一宠一辱，摸不清怎么回事儿。

得宠这个话并不好听

老子说"宠为下，得之若惊，失之若惊"，"宠为下"是什么意思？什么叫"得宠"？你是一个下面的地位、你是一个卑下的地位，你才有这个宠不宠的问题，所以这个"宠"字不太好听。地位平等的时候，就谈不上宠，就只能是我们相爱：我喜欢你，你喜欢我。父母对孩子可以说宠，宠物指的猫、狗这些东西，所以"宠"这个词并不好听。宠爱、宠信、宠幸、得宠、失宠、宠用，这个"宠"要查汉语字典，就是偏爱的意思，比如我有三个儿子，对三个儿子都很好，这不叫宠，我偏偏对其中一个百依百顺，这个叫宠。所以宠这个词不是特别好。一个人需要别人宠，他这处境有点可怜。

我想起八十年代初期的时候，有一个西方国家的记者访问我，跟我聊到我写作艰难的历程，起起伏伏。他就说 but you are in favor now——但是你现在是受宠的啊！是不是英文稍微好听一点，好像favor一词没有在我们文化当中那么难听，就是喜欢。但是因为我英文不好，我一听到favor就好像说你现在是得宠的，我一下子脸就红了，本来我够有经验的了，但是我不爱听这个话，因为"宠"并不好听。

范进中举与小公务员之死

说你得宠的时候，你要是再一惊一乍的，就更丢面儿了，宠得一惊一乍。这个例子也有，《儒林外史》里的范进中举，他去考试的时候，他的岳父大人胡屠夫、宰猪的，说你也该撒泡尿自己照照，你还考什么试啊，别给我丢这人了。结果他一下子考中了，报子来给他送喜报。一开头他不信，后来他信了，说"中了，中了，中了"，牙关紧咬，不省人事，他傻了、他疯了。后来吴敬梓描写得也很刻薄，说怎么办呢？得找一个平常他害怕的人。他怕谁呢？就怕他那泰山、老丈人、宰猪的。那宰猪的横横地就过来了：你中什么了你中！啪，一个嘴巴打过去，他好了。当然这是小说家言，一个极端的例子，但是说明"宠"也能把一个人宠惊了，宠的他找不着自个儿了，都不知道自个儿是老几了。

至于辱、受惊，这样的例子就更多了。比如契诃夫的小说《小公务员之死》，说一个小公务员见到一个大官，很紧张也很有幸福感：哎呀，我能见到这位大官。可是这时候他一过敏，咔嚓！他打了一个喷嚏，打完这喷嚏，那个大官就一皱眉头，这当然是很不礼貌的，外国人要打喷嚏，第一他要赶紧捂上，第二他要说：请原谅——excuse me，我对不起，很失礼。可是这小公务员一辈子没见过大官，好容易得这一个机会见大官，能给大官留有好印象，将来对他说不定还有好处，结果他打一喷嚏，就很紧张，回去以后就不断地写信啊，想法托人啊给大官解释，说我不是故意的，说：大人，我打那喷嚏可不是成心的。那大官哪有工夫管他打不打喷嚏，他当时皱完眉也就完了，如果要拉出去斩首，当时也就拉出去斩了，要是没斩首也就没有这回事儿了。可他纠缠起来没个完，第二天他见到这个大官，还说：大人，昨天我打那喷嚏——这个大官可真火了，说你讨厌，啰唆什么。得！他一见大人对他这样脸色，马上回去就病了、死了。当然这也是非常极端的。这极端地表示了一宠一辱都能让人惊。

《红楼梦》中的得宠与失宠

《红楼梦》里头就更多了，《红楼梦》里的丫鬟得宠也很偶然，比如说红玉，那个小红本来没有人知道她，正好赶上一个巧合的机会：王熙凤要传个话找不着人，一看小红来了，问两句话，她嘴皮子还挺利索，就说你去给我找谁谁谁——找你平姐姐，就是王熙凤的家里边，传一个什么话给她，她传得很好，回来以后报告得清清楚楚。就这么一件事，凤姐说：好，以后你留在我这儿使用。录用了，有了工作了，就这么着就得到了一个 Job（差事）。这个也是宠，但是这种宠有非常令人感到悲凉的一面，就是那么偶然的、被动的、不能自主选择的，而且不一定是最有道理的，因为你不可能先来一个演讲比赛，再录用一个口齿伶俐的人。

辱也一样，我们看晴雯，一般地认为晴雯是很有性情的，是不会搞奉承拍马这一套的，但是晴雯同样地在客观上需要得到宠爱。她为什么在病中冒着危险给贾宝玉夜补孔雀裘，就是为了能够得到贾宝玉的宠爱。当然我们现在没法做这个化学实验，说这里有多少是一个少女对一个靓仔的爱，有多少是一个下人对主子的取宠，这些都有。她又无端的受辱，实际上她什么问题都没有，但是她被王夫人、被王善保家里的侮辱一通，赶回家去，她就死了。所以说宠辱这一关是非常难过的。

谁能做到宠辱无惊

我年轻的时候特别佩服这几个字——宠辱无惊。那个时候我谈不到有太多的宠和辱，但是也免不了有顺心的时候，也有不顺心的时候。那时候我是做团的工作的干部，所以我老想"宠辱无惊"简直太好了，要是能够做到宠辱不惊，这个人会显得多么沉稳，多么高尚，而一宠一辱，一惊一乍，又有多么丢脸！

"宠辱无惊"的状态对我们现实生活当中的人也是非常有意义的。尤其是中国人比较在乎面子，在西方的文化当中面子的说法淡一点，相对比较实事求是，是怎么回事，就是怎么回事。而我们可能就比较在乎自己在别人心目当中是一个什么样的位置，或者别人对我的评价是什么样的？太在意了，才会产生这样极端的情形。有些当干部的，非常在意排名字的顺序，所以有时候我们只能够按姓氏笔画排，万一不按姓氏笔画排的话就很别扭，有时候排的就靠前，有的时候排的就靠后，这些做排名工作的人也很难，因为有的人可能差不多，你到底把谁放在前面谁放在后面？人家说这叫名单学。

所以一方面大家都觉得宠辱无惊这个境界特别好，一个人能做到宠辱无惊：他很镇定，他有定力，他有静力，我自岿然不动。不管你对我今天都说好啊好啊，我还是这样，说他不行了，不行就不行了，我还是我。要是做到这一点是太理想了，但是几乎没有什么人能完全做到这一点。能够控制得稍微好一点就已经是不错了。为什么做不到这一点？都知道宠辱无惊好，没有一个人说：宠应惊，辱应大惊，宠应歇斯底里，辱应满地打滚。没有人发表这样的理论，可是就是做不到宠辱无惊。

大患若身

老子对这个也有一个看法，他说为什么宠辱有惊呢？就是"贵大患若身，吾所以有大患者，为吾有身，及吾无身，吾有何患"。他说为什么宠辱你都会惊呢，你把宠辱看得和你自己的身家性命一样重要，把宠辱就看成了你的身、你的生命的全部，你把什么事都想到自己的身上，这样的话你就是宠也惊辱也惊。如果你能够不想自己，能够忘我，能够不考虑自身，那你还有什么可惊的呢？

老子这话说得特别漂亮、特别精彩，而且还说得特别彻底。你想一想没有我这一身存在，根本就没有这个王某人存在，这样的话谁还宠他呢？谁还辱他呢？可是它漂亮得也让你感到有一点难受，它做不到。他说到终极了："为吾有身"，当然没身就没我，我的身是我生命的下载载体、是我生命的家园、是我生命的依靠，你要把我这个身体给灭了，你上哪儿去找我这个王某人，你找不着了，当然也就既无宠也无辱，其他问题也都没有了，饥饱的问题也没有了，工资的问题也没有了，路线问题也没有了，什么问题都没有了。

这是不是老子的荒谬

关于这个又有一段名言，也是中国人，尤其是中国的读书人相当熟悉的一句话，叫做"人之大患，在有吾身，及吾无身，何患之有"，这个大概中国人读过一点书的、高中以上的都知道这个话，但是对这个话的理解就有很多不同。自古以来就有一些大知识分子、大学问家说老子说得太荒谬了，说你讲得好是好，但是这是荒谬的。为什么是荒谬的？因为人的存在是以身的形式而存在的，他不可能无身，你丢了一条胳膊还有身体，你丢了四肢还有躯干，你不可能完全无身，所以认为这个话是荒谬的。包括钱锺书大师，都曾经在他的笔记当中，引用历代名家对老子的"人之大患，在有吾身"的批评质疑。

但是我很喜欢琢磨这个话，我总觉得这个话有一点弦外之音。老子说得很简单，但"人之大患，在有吾身"对于我一个写小说和读小说的人来说，我觉得这句话相当沉痛，你有没有这个感觉？"人之大患，在有吾身"，就是我这个生命——因为"身"就是生命，我的生命，我的身体给我带来的痛苦太多了，佛家认为人生的痛苦是生老病死，这也是身的痛苦。出生会给你的母亲带来痛苦，你自己一生下来有很多的危险，这是你的痛苦。老了老了，首先你的身体老了，疾病带来痛苦，还有死亡。所以这里头本来是包含着几分沉痛的。在文学当中引用这句话或者表达这一类思想，都是以一种痛苦的呼号这样一种性质来讲这句话。并不是说是通过这个话号召大家：忘了你们自己吧！佛家有，佛家是另外的，要求你忘掉你自己，道家也有，但是文学里也喜欢引用这个话，把它当作一段痛苦的话来引用。

"五四"以后，比如说在郁达夫的作品里边，甚至于在鲁迅的作品里面，尤其是描写一些知识分子的时候都有这样的心情，就是我之所以倒霉，谁让我有这一百多斤呢，这个我也给它弄不好，那个我也给它弄不好，我这么样做也不对，我那么样做也不对，饿了我闹腾得慌，我饱了也撑得难受，我有女朋友，或者一个女生有男朋友，我们之间会发生各种问题，如果我什么朋友都没有，孤独一个人，也都是问题，总有一种沉痛的心情，甚至于是悲观的心态。

消化痛苦，提高人格

最近还有一些文学杂志刊登这一方面的评论，说这叫做中国作家的灵魂突围,说为这个"有吾身",要考虑找到一个解决的办法。但是我们再进一步想老子的意思,还真不是,至少不完全是要在这儿长叹一口气,更不是想在这儿表示:我的妈哟,人生太痛苦了!不是这个,老子不是这种人,这种人小说家可以是,诗人可以是,老子他不是这样的。老子说这个话的意思是什么呢?他承认人的存在,人的自我意识、人的身体的存在带来了许许多多人生的苦恼,其中很突出的表现就是宠辱有惊:宠亦惊、辱亦惊,这是人生一个很大的苦恼。但是老子的特点——不仅仅是老子的特点,是中华文化的特色之一,就是在承认这许许多多的问题以后,有一种方法把它消化掉。问题很多,生老病死、宠辱、饥饱顺逆,他希望你能把这些问题都消化掉,来提高自己的人格,用提高自己的人格、提高自己的境界、自己的智慧的方法把这些问题消化掉,消化掉以后你就达到了一个超凡脱俗的高度。

那么怎么消化掉呢?我们来探讨这个问题:彻底的没有吾身,这是做不到的,除非自杀,自杀以后还得火化,要不火化的话,你那个身还在那儿,还得存在一个时期、腐烂一个时期,所以你不能用那种方法。但是我们对老子的很多主张,可以慢慢地、逐步地、降格以求地、一点一点地去理解,你要一上来就较劲:请问李耳先生,怎么样能够无吾身呢?你给我一把刀,还是一条绳,还是自焚的工具啊?不是这个意思,起码你可以把你自己的小我看得稍微轻一点,不要看得那么大。

老子后边又有话"故贵以身为天下,若可寄天下,爱以身为天下,若可托天下",老子提倡什么呢?就是说如果你把天下看成你的身,在我们今天来说,就是和社会——那时候大概还没有社会这个词,如果你把天下看成你的身,因为你活在这儿,不是你一个人在这儿活着,当时的天下——也还没有国际、世界的意思,当时认为就是中国,有这么一个国家,周围有一点番邦,再不然就是海,四海之内皆兄弟——当时是这样一个看法,无非就是说,你把这个小我跟大我要结合起来,不光把它看成你个人的事情,不光把它看成你自己这一百多斤、这五尺高的事情,而是把它看作一个众人的事情、看作一个大我的事情,你的境界就会恢弘得多。

我们可以从老子谈的这些问题里头知道,要想宠辱少一点惊——完全无惊你可能做不到,我也没做到,我说老实话:我受到表扬、我得了奖我高兴,我受到误解,在网上被人骂一段,我不是那么高兴——生气也不见得,我要真为这生气早就没有我了,但是我不高兴。可是你少一点惊可不可以?可以,怎么做到呢?增加你自己的尊严、提高你的人格、增强你的自信,就是说我对我自己是有一个了解的,我自己要做出最大的努力,这样不管是宠是辱,我还是我,我有一定的自信,我不会跟着别人的话走。在过去的政治运动当中,我也翻过车、我也没过顶,如果要跟着别人说的走,把自己说成大坏蛋,你就真觉得自个儿是大坏蛋,觉得:算了,这么大的坏蛋,你把他灭了算了,为社会除一害,为国家除一害,那你就完了,你就惨了。

另外,得宠也可能是你某个时候符合工作的需要,或者符合社会的需要,符合领导的需要,或者是符合老百姓的需要,这个宠还不要光看成从上头宠,也还有社会和群众的宠爱。这个方面表现在演艺人员身上最多,演艺人员有时候摸不清原因,他忽然就受到宠爱了,他并没有觉得他那次演出特别好,但是他就受到了宠爱。也有时候被喜欢了几次,忽然他也没有觉得自己演得特别差,结果就被骂上了,三年翻不过身来。也有这种事。

以尊严和信心对待宠辱

这个时候,碰到这种无端走运、无故得宠,忽而又是无理受辱、无由倒霉的情况,你如果自己有尊严、自己有信心,就能够做到像《岳阳楼记》中范仲淹所说的"不以物喜,不以己悲",就是不因为外界都说你好——外界,这个"物"指的是外界,不因为外界都说你好,你自个儿就真是乐滋滋的,就飘飘然,你真以为自个儿在天上飞呢,你化成大鸟了。不是!同样也不因为自己受到一些什么议论,甚至于被误解、被冤枉或者被别人给栽了赃,也不因为这个你就显得非常的悲伤。在中国,不管哪一家,不管儒家道家,中华文化非常提倡一个人的始终如一,一个人能够稳住自己,我们经常讲稳定稳定,要想稳定首先你自个儿得稳定,你要自个儿一惊一乍、一东一西、忽左忽右,早晨这么说,晚上又那么说,听到一句好话,立刻就恨不得跟人亲密无间,听到一句坏话,立刻就翻脸、就恨不得跟人家动刀,如果你是这样的一种人,就成就不了什么大事。所以人就是要增加自信和增加尊严。

谦卑与钝感

但是老子也有另一面,整个《老子》五千言里,提倡你要自尊自信的话并不多,相反的,是提倡你要谦虚、你要卑下、你要和最底层的人保持同样的水平。这个事很有意思,你提高自尊可以宠辱无惊,你要是加深你的谦虚,也可以做到宠辱无惊。我在"文革"当中在新疆农村里劳动,我就发现农民是最坦诚的,因为他觉得他没有什么面子可以丢失的。我在新疆的农村里头,见到的农民是各式各样的,有世世代代的农民,有的是当了干部,后来在政治运动当中或者是经济问题上犯了某种错误,甚至于是被开除了公职的,有的是被关过三年五年的、十年的十五年的,我都见过。他们说出来都特别坦然:我当过科长,我就当了三年科长,就给抹下来了,抹下来以后还在哪个劳改队待了六年,回来了,现在我踏实了。他是这么说的。这个一般的知识分子或者干部很难做到。我们会觉得一个人受处分了,或者是人家别人都升了,你没升,你都觉得是很丢面子的事,可是在我接触到的那些农民当中,他们完全没有这个意思。他们觉得人世中,就是有这种起伏、有这种升降、有这种荣辱,这都是人生所无法完全避免的。至少他有这一面,是不是这一面就完全好——你什么都不在乎了,如果说得难听的话:都没皮没脸了,好像也不算是一个很完整的、很理想的人格。但是你要是什么事在乎得太过分,所谓"心细如发",如果一句话、领导的一个眼色,可以让你高兴得半夜睡不着。或者又有哪个领导传来的一句话,让你恐惧得连着三宿不睡觉,那你很快就要发作疾病了。所以我们也需要有这一面,这一面是什么呢?就是我们应该有很好的心理素质。

最近有一个日本人写的书用了一个词,这个词比较新,内容意思并不新,这个词叫"钝感力",和"敏感"相对应的,就是你对有些东西不要太敏感。中国古代有一个说法:明察秋毫,秋毫就是秋天动物身上刚刚长出来的特别细的毛。如果这个毛你都看得清清楚楚,这是不吉祥的,因为"水至清则无鱼,人至察则无徒"(《汉书·东方朔传》),什么一点一滴的屁事,你都看得清清楚楚,长着一副 X 光一样的眼睛,你说这个人谁还愿意跟他合伙、谁能跟他一块说话啊?这个钝感力,实际上就是有些东西要能放下,有些东西能够视而不见,你只能抓大放小,你不可能什么东西都亲自过问。

这个意思老子是有的,所以他讲恍惚,就是有些事你不要太清晰。

多几个世界

加强心理素质,我觉得还有一点非常重要,就是说一个人应该多有几个世界。你有你的工作,你还有你的业余爱好,你还有你自己的探索和学习,你还有你自己的家庭、自己的亲人,你还有自己的朋友,你还有你自己的娱乐、社会交往等等。这样的人也比较经得住宠辱,比如说我在我们单位宠辱无惊，实际上这个偏正词组侧重的还不是宠，侧重的是辱，因为宠了以后你再惊吧，找你丈人打两个嘴巴，你也就治过来了。可是辱了以后你要惊得太大了，你就会想不开，你可能上吊，你可能像晴雯那样得病死亡，所以它更侧重的是辱。但是你要多有几个世界呢，工作上没戏了、评级没戏了，但是我还有另外的世界啊，我家庭仍然过着幸福的生活，不是每一个人都有幸福的家庭啊！你经过那么多曲曲折折、反反复复，但是我的家庭充满了温馨、充满了幸福、充满了关爱，这难道不是人生最大的福气吗！而且我还要读书啊，我可以是做——比如是做经济工作的，我读书探索思考，这没人限制你。我可以研究老子，我可以研究庄子，我可以研究孔子孟子，我可以研究苏格拉底、柏拉图、海德格尔，在读书的精神交流当中，我得到了无限的快乐，扩大了我的心胸，增长了我的才干，在各种知识当中——北极南极太空行星以至于动物植物、古代现代当中，我享受着知识的快乐。你再剥夺你剥夺不了我这个知识的快乐。我的职位很容易就剥夺掉了，不担任这个职位就不当嘛，但是我有这种知识的快乐。再说得干吗一点，您别的都没有了，起码你还有一点个人的爱好吧，你喜欢下象棋，你好好下两盘象棋也能够让你增加钝感力，两盘棋你都赢了，你挑战一个对手、很高的一个对手，你把他赢了。你打桥牌、你喜欢体育、你喜欢打球——这个"宠辱无惊"从积极的方面来想，一个人是完全可以做到的。

对于宠辱都要有准备

要想做到宠辱无惊，还要更深一步地了解老子辩证的思想，用一种智慧来对待宠辱，这更是非常难得的。从老子的学说来说，他认为世界上的事情都不是单方面的，有宠就会有辱，宠了你，在某种意义上就冷淡了另外几个没有得宠的，宠了另外的人很可能就冷淡了你，这是无法两全的、是无法什么都照顾到的。因此，逆、顺、兴、衰、宠、辱、通、蹇——那个字念"蹇"（jiǎn），像赛字似的，底下变成一个足字——这些都是不可避免的。

如果有智慧你就不管做什么事永远有两手的准备，一种是成了，一种是败了，又一种情况可能是大部分成了小部分败了，因为你照顾不完全的。做一个讲座也一样，你讲得非常的通俗，可要是遇到研究生遇到博导，他就会说你讲这些太普通、太一般了。如果你讲的到处是引文，还不断得有中文的引文、英文的引文，还有拉丁文的引文，你这学问上去了，可是没人听了。所以说做任何事情的时候都要有这两手的准备，尤其是在你成功的时候、胜利的时候，你要想：做不好怎么办？用现在股市上的语言就是有风险的准备，那你的智慧和没有风险准备者就应该有很大的不同。这个辩证法一直是贯穿在老子整个的思想当中的，包括之前我们讲到的"无中生有"、"道法自然"，其实都是说事物有自己的规律，你不要一惊一乍的，看着是这样了就认为永远是这样，它是有变化的，它是永远在运动过程当中的。

所以老子这个"宠辱无惊"，你要单独拿出来说，这个问题也许不好解决，但是你要和整个老子相辅相成，和物极必反的这样一个世界观联系起来，你就会觉得这个事情不单纯是一个心态的调整问题，"无惊"是一个心态问题，也是一个世界观的问题。

宠辱无惊与物极必反

老子的这些想法实际上在中华文化中源远流长，甚至于到了《红楼梦》里头，《红楼梦》刚开始不是太久就写秦可卿死了。秦可卿死以前给王熙凤托梦说，世界上的事情都是"月满则亏、水满则溢"——月亮太圆了它也就到了头了，十五十六了，十五的月亮十六圆或者是十五圆，那么十六十七以后它就开始往下亏了。水太满了本来很好，但河水太满成了水灾，流出来失去了很多水，很多水利失去了甚至于变成水害了。秦可卿在梦中——这是小说家的写法了——说了一句话：荣辱自古周而复始，原来这个秦可卿也是一个哲学家，曹雪芹是哲学家，可惜我们没有把秦可卿或者是曹雪芹请来参加咱们这个《中华文明大讲堂》。秦可卿也有这个观念，她不谈宠辱，因为秦可卿既不是大臣也不是丫鬟，所以她不好说宠不宠的问题。但是她说"荣辱"，这个就更有意思，就是有荣有辱，这些东西，往往是互相经常变化的。一个人一个家庭，荣华富贵再加荣华富贵，不可能全是荣华富贵，他或者他们也会碰到屈辱损害，会碰到天生的祸事，俗话叫做天有不测风云，人有旦夕祸福。佛家的说法叫做无常，没有永远的胜利，没有千年的荣华。这点辩证法都没有，他只能是自取灭亡。

宠与辱的两面性

然后我们再讨论一个问题，大家都喜荣喜宠，拒辱厌辱，这是当然的，很自然的。如果不是这样的话，这个国家也没法运转了，如果越光荣我越不干，越耻辱我越干，这个国家完蛋了。但是又能够有一个适当地掌握，就是我们仔细分析一下，宠荣对一个人有多大的好处，有多大的危险；辱、枉——冤枉，辱、耻，对一个人有多大的好处有多大的危险。这个世界上的事还真是很难说，宠和荣对人的好处是鼓励他的信心，使他心情愉快、趾高气扬、得意洋洋、满面笑容、两眼放光，这些当然都是很好。甚至于在这种情况之下，他的地位越来越高、待遇越来越高，在这种情况之下，连择偶征婚对他都有好处。但是它也带来风险，就是你实际上没有达到那一步，一下子各种荣誉、各种宠爱集于你一身，这种情况下，第一有很多人不忿，也有很多人盯着你、找你的毛病。再一个你自己可能有骄傲的情绪，你可能有浮躁的情绪，你可能不愿意细听别人的意见、不同的意见，甚至于你会变得非常的忙碌，你整天的不是在这儿所谓的曝（暴）光，或者是用台湾的念法曝（pù）光，不是在这边曝光，就是在那边接受献花，然后还得参加什么社区——新的社区、小区开幕仪式。你会丢掉你的业务，把特长丢掉。有很多很多这样的危险。我们看到许多许多这样的例子，就是一旦出名以后，一旦得宠得荣以后，反倒生活被打乱了，没法过非常正常、非常平和的日子了。

那么辱呢，辱好不好呢？当然不好，辱会使你抬不起头来，会使你灰心丧气，特别是对于软弱的人来说，你辱他两次他就得病了，他的细胞开始恶化、癌化。他自己把自己的正事、正经的业务丢掉了，这种可能性都有。可是反过来说，辱的时候、一个人失败的时候、遇到挫折的时候，他反倒能够塌下心来，能够好好总结自己的经验。我个人就深深地感觉到，逆境当中是学习的最好机会。一个人在逆境当中，很多事都不能做了，但是他还能够学习。在我处于逆境的时候，有朋友给我一首诗看，这是当年黄山谷的一首诗，他说"外物攻伐人"，就是外界有一种对立面，这种对立面攻击你："外物攻伐人，钟鼓做声气"，又敲锣又打鼓，也搞得有一套气势，也有跟着上的，也有不知就里的，就跟着一块来找你的麻烦，叫做落井下石，叫做墙倒众人推。"待渠弓箭尽"，这"渠"是渠水的渠，但是这个"渠"是代名词，不是说渠水，说等着这些攻伐你的人又开枪又放炮又射箭又打弹弓又扔石头的时候——他有打光的时候，他打光了他的弓箭了，他的喷头的狗血他的抹黑的狗屎都用完了，"我自味无味"，这个时候我自己来体会来咀嚼这件事的味道——无味，就是没有味，就是我要吃那个没有什么滋味的东西。

宠辱的不可预见性

　　这是老子的一个观点，我们后边还可以讲，就是我不追求厚味，而追求无味，"道"本身是无味的，既不甜也不酸也不咸，所以我等这个过程，它总会过去。"外物攻伐人，钟鼓做声气"现在锣也不敲了，鼓也不敲了，弓箭石子都用完了，沙土都用完了，然后我自己看看，我觉得挺可笑的，我品品这滋味，人生原来如此，原来坏人也还有一点表演，原来傻子也还有一点表现，原来跟着起哄的也有一点闹腾。因为我就有这样的经验啊，有这样的人跟着起哄，既可厌，更可怜。他们会在关键时刻说一点对你非常不利的话。做一点操作你的事情，但是他们实际上又嘛目的也没有达到。

　　你可以说你得到了宠、你得到了荣、你得到了爱护，你得到了支持，但是如果你发展得太快了，或者是膨胀得太过分了，或者是时过境迁了，这种时候你又会感觉到，怎么当年的风光不再了，怎么好日子不来了？也会有这种情形。对于我们一般的人来说，其实我们都有这样的经验。但是还有一些行业，这种情况的幅度特别大，而且来得特别快，一个是运动员，一个是演艺人员。你说运动员吧——当然我们都是从新闻报道了解——我们舆论导向强调的就是他得金牌不是偶然的，是他从小就有大志，父母就关心他，党和政府又给了他什么样的条件，然后教练又怎么好，多少勤学苦练，经过了十几年的努力，达到了今天这个成绩。这个话说得对不对呢？当然对，你不可能生下来就是冠军。但是反过来我也要问一个问题：辛辛苦苦锻炼的可不止你一个人，可是金牌就一个啊！好教练也不止一个，党和政府也不是就关心你一个人。一个少年体校里边学员多了、有前途的多了、身体素质好的多了。他上来的这么快，常常是自己没想到的，有时候也是教练没有想到的，甚至于有意栽花花不发，无心插柳柳成荫：原来体委、体育协会押好了说他可能得金牌，他要得不上，另有两人也可能得银牌得铜牌。对不起，结果你定好计划的那个人，没得到金牌，没想到的一个人、勉勉强强上了名单的这个人，他得了金牌了。所以有时候人上来的非常快，一快，一取胜，马上就成了榜样，成了典型，成了人物，一切都不一样了。又是奖金，又是奖牌，又是新的身份身价称号头衔地位，怎么得了！相反的，如果他有几次成绩下降，再赶上什么药检，出一点什么问题，一下子就完了。

有时候群众对一个演艺人的宠，也是很有趣的一个现象。我知道，因为我也接触一些艺术家，有一些演艺人员，无法具体的分析，用一个词叫台缘，就是他有人缘，他一上去，别人不服也不行。如果有人说，他的嗓子，他能唱C、升C3，唱到什么程度，我比他嗓子还高呢！没用，你没这个缘，观众一瞅着你那种趾高气扬的样子，他烦你。有这种事。所以这种宠辱，实际上对于一个人的影响是非常大的。

零心态与从零做起

我们的运动员每次参加比赛的时候，领导都要反复地说，不要背包袱，不要心情紧张，一定要把自己调整在最佳状态，忘掉你过去的成绩，从零做起等等。这可以说是对运动员、对演艺人员的一个宠辱无惊的教导、一个希望。对运动员来说可能更难，因为他毕竟是在运动场上，处于一种高度紧张的竞技状态，所以对运动员的心理素质要求可能要比演艺人员还要高一些，他的成败有时候就是这一瞬间。篮球队赛那么半天，最后差一分半个球，有时候能让你活活窝囊死，你要高兴呢也能让你活活高兴死。在运动的竞技当中，你处在一个兴奋激动的状态，肾上腺激素大量分泌、进行超水平发挥的状态，这是很正常的，但是你对于胜败得失要能够看得很开，看得很豁达，这是我们最提倡的。你做到这一点，不但能做好的运动员，说不定将来还可以当好的体育总局的局长，或者你将来不管是经商或者是做什么事，你都比别人更沉稳，都比别人更理性，有更好的思考。

老子的"宠辱无惊"不容易，即使不容易，我们还得信它，我们还要向往它，它给咱们立了一个目标。

我这一辈子各种宠辱经历的多了，我今天不在这儿说，我并没有做到绝对的宠辱无惊，但是我早就知道，我从十几岁就知道"宠辱无惊"这四个字，我早就喜欢这四个字，我崇拜这四个字，我向往这四个字。这四个字对于我来说，比美女还美丽。遇到我惊了的时候，我怎么办呢？我对自己念几句：宠辱无惊，我已经有一点惊了，但是我宠辱无惊、宠辱无惊。我念到第三遍的时候，就比刚上来那么惊的时候，稍微好了一点，不信你们试一试。你们都是宠辱有惊的人，我不相信在座的就已经做到宠辱无惊了，我不相信，但是你知道这四个字，你把它当做一个信念，多读它几遍，多念它几遍，甚至于你给自己写上"宠辱无惊"四个字，像我说的那个老作家，在这个桌子上，摆在这儿：宠辱无惊。你瞧瞧：你的心态、你的境界跟原来有所不同了。

当然，有时候语言本身是有一种局限性的，用我们的说法，语言有时候给人留下陷阱，因为任何一种说法，在表达某方面意思时不太可能兼顾到其他的方面。比如说宠辱无惊这个话好不好？我说很好，我刚才讲了，我很喜欢这个话，我很佩服这个话，很多人在自己的家里边做所谓座右铭，在自己的案头都写着这一句话。但是另外也有话，也很好，叫"士可杀而不可辱"，就是你作为一个堂堂的读书明理的人、一个准知识分子或知识分子，杀头是可以的，侮辱我是不可以的，爱荣誉胜过生命，为了荣誉我可以不要生命。为什么呢？因为我要：我爱吾师，我更爱真理，我不能够向强权低头，叫做"富贵不能淫，贫贱不能移，威武不能屈"。我想上述所说的这些都是这样。那么遇到外敌入侵的时候，说我宠辱不惊，你谁来谁就来吧，谁愿意统治就统治吧，我到时候听喝就行了。那就太没有出息了，那甚至于会变成坏人了，所以老子所说的"宠辱无惊"有特定的所指，他指的就是春秋战国那个时代，尤其是士人——准知识分子或知识分子，他受到了君王、受到了权力的宠或者辱，我觉得他指得非常清楚，他讲"吾身"也是这样，他讲的是小我的那点宠和辱，他并不是说为了一个民族的尊严，并不是说为了捍卫真理，为了捍卫自己的理念而做出的斗争和牺牲。我觉得这一点我们与其去抠他的字眼，然后挑他这个字眼的毛病，不如从他的所指，从他说话当时的环境，来体会他这些思想当中可供参考的部分、对我们有所帮助的部分。

当然这也是事实，整个通篇的《老子》讲辩证讲得多，讲"退缩"讲得多，讲"无"讲得多，他讲奋力拼搏讲得少，他讲"不争"，不争就是咱们——比如说朋友之间或者一些所谓烦琐的、无所谓的、意气用事的争论，你应该不争，但是你要是上竞技场不争行吗？更高、更快、更强，如果说在奥运会上，因为咱们是产生过老子这么伟大的哲学家、作家的国家，那你们谁爱得什么牌就得什么牌吧，上我这儿领来就行了，我们"不争，莫能与之争"。那就成了笑话了。比如说韩复榘——山东的国民党军阀韩复榘看打篮球，说几个人就争一个球，这么可怜，多买几个球给他们就不争了——我想当然不是这个意思，老子在"不争"里要求一个更高的境界，要求一个所谓"不争一日之短长"。

论万世、高境界

在《汉语词典》里收了"宠辱无惊"四个字，它是怎么解释的？就是不要计较个人得失。这个解释很容易理解，不要过分地计较个人得失，而不是说一概不许计较，会计给你发工资，少发了二十块，那你该计较就要去计较。你买东西找钱，多找给你你也要计较，赶快还给人家，别揣兜里带走了，那对不起自己的良心，也对不起售货员。所以我说他都是有针对性的。老子的"宠辱无惊"还让我特别想起中国一句很有名的话，这句话是宋末元初的学者谢叠山的，但是后来被很多人引用过，他说："大丈夫行事，论是非，不论利害，论顺逆，不论成败，论万世，不论一生。"就是我考虑一个事，我做一件事情，我不在乎这一时的得失成败，我不在乎这一时的收益或损失，我不是做小买卖的，赚两毛我就干。我要考虑万世，就是永远的，我这事做的是顺还是逆，是合乎大道还是大逆不道。他这个气魄太高了，操作起来也难。我老琢磨这个"万世"，万世有多少？一万年还不够一万世呢。要是"一代"，按照西方的说法是把三十年说成一代，那得三十万年。我现在实在无法想象三十万年以后的事，三年以后的事我还敢想，三十年以后的事，我就拒绝多想了，如果三十万年以后的事，我更想不了了。但是他的这个气魄，他这个含义还是很好。后人还有一个解释，说你如果是论一时的，只是论当时的那点得失、成败，那么孔子孟子这一辈子都过得寒寒酸酸，他们不是成功者。按现在所谓的成功者的标准，孔子有什么成功的？教了一点学生，人家送他一点腊肉，然后他到处——所以为什么有一本书从负面来说，当然也有争论——说"丧家狗"，说孔子不过是一个丧家之犬。他没地方待，谁也不听他的，那些君王、那些权力的拥有者都不听他的，孟子也一样。所以说要论万世的话，孔子孟子都是万世之师表，永远有他的精神的光辉，他的精神的资源永远对我们有好处。老子也一样，你要论老子当时他算什么呢？管一点图书馆，图书馆那时候都还是竹简，拿竹子在上头刻字，搬着还挺费劲。后来他提倡一些比较奇怪的理论，没有几个人真听他的，然后骑着一头青牛就出关了，你们看鲁迅的小说《出关》,那个老子的形象甚至带几分滑稽,既可怜又滑稽。但是,万世也还没到,两千多年以后,现在的——因为查不出来,就说两千五六百年的事——在社会主义的中华人民共和国的首都,在BTV讲堂上,我们仍然津津有味地来讨论老子的这些表面看来稀奇古怪,实际上又对人很有助益的学说。所以你如果有了"论万世"这样一个心胸,做不到也没关系,你打个折论五千世,你有一个论五千世的这么一个心胸,那你当然宠辱就无惊了。你惊什么啊,你今天宠我,你明天还能宠我吗,你能宠我一百年,你宠我一百年你也没了、我也没了,谁也宠不了谁了。你今天能辱我,你永远能辱我吗?所以他这样一种心胸、这样一种气魄、这样一种针对性,对我们还是非常有启发意义。

第六讲：
知白守黑

黑格尔盛赞知白守黑

　　老子有许多名言，我们讲过了"宠辱无惊"，同样"知白守黑"也是一句名言。这句名言的普及程度不如宠辱无惊，但是它发挥的影响、它在老子语言的魅力方面处在特别突出的地位。为什么呢？我们可以看到，例如欧洲的哲学家，尤其是黑格尔，他非常陶醉于老子的这句话。他不懂中文，但是他理解什么叫"知白守黑"，就是说我把自己沉浸在无边的黑暗当中，然后我去寻求、我去注视光明。这个实在是很美的一种境界，它让我们想起一个青年诗人诗里的名句："黑夜给了我黑色的眼睛，我却用它来寻找光明。"它也有一种美，当然这个诗人后来自己的经历上,有许多令人遗憾的地方,让人感觉他找了半天,还是没有找到这样一种光明,而是永远沉默在黑暗之中了。

保持温和

老子的原话说"知其雄,守其雌",就是我知道什么样是强有力——过去认为这个"雄"指的是一种非常强有力的雄强——"守其雌",可是我保持温和。在各种典籍当中,我只有在《老子》里看到这个说法。他在另外一章里说,坚强是死的特点,而柔弱是活的特点。他说草木死了以后很坚强,一撅就折,它不能弯的;一根树枝、一棵树都不能弯,但是它活着的时候是能够弯的。老子的思路真是非常奇怪,因为坚强——我们认为这是一个非常美好的品质,非常正面的一个品质,但是老子说坚强——我查了许多辞典与字典,我们现代的汉语把"坚强"完全是当做一个正面的品质来说的,这原因与我们经历过长期的民族斗争和阶级斗争有关。我们提倡的是一种坚强不屈,一个务求彻底胜利的品质。但是在古代的汉语词典里,"坚强"里已经包含了某些强硬,或者是不肯打弯、不肯回旋的意思。另外我又查了英语,英语里的坚强是既包含着很坚决很强盛,也包含着比较执拗、比较偏执这个意思。老子说"知其雄,守其雌",就是我知道怎么样才能表现出我的强烈、厉害,但是我经常不那么强有力,我比较温和。

绅士的风度

有时候我想这是一种风度,温和是一种风度,在英美的语言里,说一个男士很文明很好,就是 gentleman,那么 gentle 是什么意思呢?就是温和的、轻柔的。我八十年代第一次去美国,在一个写作中心里碰到几个法国作家，我当时一下子还不容易接受，因为他说话老是那么细声细气的。我说怎么这法国男人一有学问都跟大姑娘似的。他给你这种感觉，他提倡轻柔。

老子说"知其雄，守其雌，为天下溪"，就是像溪水一样，在低处悄悄地流着，它不是大河，不是大河滔滔，更不是海啸。"知其白，守其黑，为天下式"，就是什么事，我心里都跟明镜似的，但是我自己不必急于跳出来，把什么真相都跟你们揭露、都告诉你们：我可是什么都明白，我告诉你们，他们什么事我可都知道！他不，他不这样。这个"知其白，守其黑"是最抽象的，还不像"知其雄，守其雌"。

摄像镜头的启示

在这儿做节目，我还抓住了一个"知其白，守其黑"的典型例子，是什么？就是咱们的摄像机，你看那摄像机它对着咱们，对着的是白，咱们在灯底下，咱们要沉浸在黑暗当中呢，那这节目它就没法做。但是摄像机必须放在黑的地方，它要放在亮的地方——我这是班门弄斧，孔夫子门前卖三字经——实际上常常还把摄像机藏在观众的座位后头，让大家看不见，你越看不见它，它越把你看得清楚，你说逗不逗。如果它露在外面，大家都看到它——当然这里头有许多理论，有光学的问题，有摄影材料的问题，有数码录像的问题，或者还怕影响大家的情绪——如果这不是"知其白，守其黑"，我就找不着一个"知其白，守其黑"的例子了。下次如果我再出书，我希望能够把这个摄像机的例子弄一个图片，让它黑糊糊的，露出一个摄影机来，对着挺亮的地方，这就叫"知其白，守其黑"。

这句话它还有一个意思，这个白和黑是什么意思？就是把你自己、把认识的和行为的主体置放在一个不太有知识的位置：我这儿没什么光，我这儿没有多少知识，我从头学起，我看你们各位、我听你们各位的。这个摄像机为什么能够有很好的摄像的效果？因为它本身并不想介入我们的讲座，它无意进入讨论。如果这摄像机认为它自身对于讲老子有自己的看法，而这看法又跟我不一样，摄像机就有可能与我们的讲座打上架了。

这个"知其白，守其黑"我觉得还有一个意思就是苏格拉底所说的：我唯一知道的就是我什么都不知道。这话说得有点艺术化了，有点文学化了。你说苏格拉底什么都不知道？这你也别抬杠：苏格拉底什么都不知道，你不知道你爸爸是谁吗？你肚子饿了你不知道吃饭吗、你渴了你不知道喝水吗？那就是故意抬杠，故意抬杠苏格拉底也没辙，他也得认输、投降：行了，我不说话了。完了！但是他说的这个意思是什么呢？就是你面对世界的时候不要把自己当做什么都知道，你什么都知道，你就无法接受信息了。你面对这个世界的时候，我不能说你是一个电脑第一次初始化，但是起码你是关机以后重启。你不能说已经是三年半不关机，你这儿在接受各种的信息、在上网、在下载多媒体图片音乐，内存饱和，那就太困难了。"知其白，守其黑"里包含着这样的意思。它有很多其他的意思，我底下再说。

老子为什么提倡低调

同样在这里还有什么呢？有"知其荣，守其辱，为天下谷"，前边已经说了"宠辱无惊"，但是他又说"知其荣"，就是我知道什么叫出风头，我知道什么叫荣华富贵，我知道什么叫衣锦还乡，但是我"守其辱"，我宁愿把自己放在一个比较卑下的地方、一个比较谦卑的地位，我并不觉得我比你们更能出风头，我也并不觉得我跟你们比，我一定是金牌选手，不一定，也许在座的很多朋友，他们将来得的牌比我还多。

他有这么一种心理，有这么一种认识，宁可做天下空空洞洞的，而且是最底下的那个山谷，我不是山峰。也就是用一种低调的方式处理人生的各种问题。这是不是人生的唯一方式呢？不一定！人生，尤其是西方世界讲竞争，它讲一个人应该彰显自己的本领，应该张扬自己的个性，你应该走到哪儿去都说：我是最好的。这也是事物的一个方面，而且也很应该提倡这种进取精神、创造精神、拼搏精神。

为什么老子偏偏要这样消极地讲说呢？我觉得这有几个原因：一个是老子是生活在春秋战国时期，一片混战、危机四伏、胜负难定，叫春秋无义战，都在那儿争权夺利，没有谁是正义的谁是不正义的区别。所以在这种情况之下，老子看惯了有许多人由于过分的追求、过分的表现自己、过分的高调，最后都没有好下场。商鞅变法那么厉害，最后什么下场？吴起打仗那么厉害，什么下场？太多了这样的故事，庞涓原来压倒孙膑，最后是什么下场？可以找无数的故事，说明越高调你的危险性越大，你越是什么都知道，最后证明你是什么都不知道。所以老子强调这一面比较多，但是我们今人用不着，我讲老子不等于我是老子这一派，我不是这样，我只是从老子那儿得到我能够得到的东西，该争的时候还要争，该明的时候还要明，该痛快淋漓的时候还要痛快淋漓。你想一辈子老是"知其白，守其黑"，那到处都是白就你一个人黑，两眼一抹黑、你心情也是黑的，这一辈子也太窝囊了，该亮堂一回咱们也亮堂一回、该痛快淋漓一番我也挥洒自如一番。也有这一面，所以"勿谓言之不预"，把这话先说到这儿，免得咱们再抬杠，说老是"知其白，守其黑"。

知与守并不统一

这个知什么守什么：知雄守雌、知白守黑、知荣守辱，里边还有一点小小的提醒，也可以说是人生的一个小小的悲哀，就是你的知和你的守，并不能达到统一的水准。你知道的是一切心明眼亮，什么叫"知白"？我心明眼亮，我有各种各样的信息；什么叫"守黑"？我能做的是有限度、受很多条件限制的，因此我用不着到处做一切皆知状，我用不着到处做心明眼亮状，我更不要到处做——毛泽东在《实践论》里边批评过——叫"知识里手"，就是你什么事都内行、万事通、无所不知，你不要做这种状态，这种状态人家别人很烦、很讨厌你，你更不容易把事弄成功，所以就要懂得知和守的区分与距离。

同样的"知雄守雌"也是这样，我知道怎么去争第一，但是我用不着什么事都争第一。比如赛球，我代表我们本单位去赛球，我争一次第一，这我好好争；说吃饭我也争第一、涨工资我也非得争第一不可，抬杠非得把别人压倒，损的别人一句话都不能说了，面红耳赤了，恨你一辈子，恨你八辈子才好，你不要这样。相反你该退让的时候退让、该谦虚的时候谦虚。

"知荣守辱"更是这样，好事多了，都能让你全占上吗？你已经得过一个奖状了，行了，第二个奖状、第三个奖状让人家得吧，你再没完没了的，是奖状都归你，是好事都归你，这样最后的结果常常是不妙的、适得其反的。老子这一点看得比许多人都高，看得比许多人都深，就是"知"可以走在前头、可以超前，但是你做事情、你把握自己——所谓"守"就是把握自己——把握自己你稍微滞后一点、稍微靠后一点，这是老子的人情战略、这就是一个人生战略。你如果说这是处事权术，是老子的处事权术，当然也不能绝对化，也有到时候"行不行先冲上去"的这个时候，你要打仗的时候"知白守黑"，我明明能胜我不往前冲了，我一边找个土丘我趴那儿得了，那当逃兵弄不好给枪毙了，更守不住了，连命都守不住了。所以这个知什么守什么也令人叹息，既令人赞叹又令人叹息。

知白守黑的延伸

"知白守黑"的说法对我们后世的中国人,以至于对于今人都有很大的影响,许多说法都与知白守黑有道理情理相通的地方。为什么呢?我们现在有许许多多的对政治、对社会、对人生的说法,这些说法我们都可以往"知白守黑"上挂靠一下。我举例来说,譬如说毛主席有一个有名的话叫做"卑贱者最聪明,高贵者最愚蠢",这句话是毛主席为辽宁省安东市安东机械厂——它自力更生研制出我国第一台轮式拖拉机——而做出的批示。毛主席说这个话是什么意思呢?就是说——当然这个和毛主席的意识形态有关,毛主席这一生提倡的就是要站在大多数的受压迫受欺负受剥削的工人、贫下中农一边,来和老财、地主、资产阶级,甚至于是和资产阶级知识分子精英们做斗争,这是他的一个意识形态的表示,但同时他讲的也很有道理——有些事就是卑贱者聪明,因为卑贱者比较实际,卑贱者都是直接从事体力劳动的,都是脚踏实地的,他没有忽悠的余地,所以农民是最不信忽悠的,他是最能够什么事都从实际上来考虑的。

一九五八年大跃进的时候,当时我们有一些急性病,农业上要放卫星,某地就报道白薯,说一亩地出了八十万斤白薯。当时我已经在运动里自个儿出了事了,我就在农村劳动,虽然我在农村劳动,这些大跃进的喜讯,我还得给农民念报,还得帮着扫盲,还给宣讲,我就给他们宣讲,我说现在一亩地能打八十万斤的白薯。农民听着他不言语,然后他自个儿在那儿算,算半天告诉我说:老王——其实我当时并不老,人家叫"老"也是表示客气吧——说老王你知道什么叫八十万斤白薯吗?他说一亩地这白薯每一块都跟你一样大,排队,挤在那儿,站在那儿,跟列队一样,都挤在这一亩地里,都不到八十万斤。当然我没去做过实验，它到也好不到也好，反正农民他不信。相反的，大知识分子信、大科学家信，怎么信呢？我就不提了，因为大家都是好心。大领导也有信的，还有写文章的，还有论述为什么白薯能够放卫星的。

卑贱者他比较实际，所谓卑贱者他也比较谨慎，为什么？因为他没有什么本钱，他输不起，如果这个事我要做坏了的话，我家底就这么一点点——当时来说，有的时候一年的结算才几十块钱，那还算不错的，要上百块钱就算不错了，当时当然物价也不一样，我五十年代后期在北京郊区劳动的时候，农村的食堂每个月的伙食费是三块六毛钱，下放干部多交是交七块二毛钱，这跟现在的物价当然不一样了，现在你三块六毛钱、七块二毛钱吃一顿都不行，那时能一个月——所以说农民他没有什么本钱，他不敢胡作非为、胡思乱想，只能够实实在在地一件事一件事往下办。

还有一个，卑贱者也有点"知白守黑"的意思：我这儿的资讯非常少，我这儿也没有多少大道理，我这儿既不举行讲座，也不举行研讨会，我这儿既没有博士、硕士，也没有教授、副教授，因此我看什么东西眼见为实、耳听是虚，而且我是从下往上看，我是最底层的，要现在来说更有新的词了：我是弱势群体，我站在弱势群体这一边来看待那些大的人物、大的事情、大的口号，判断哪件事、哪个口号是好的，是干得通的，是能够给老百姓带来利益的；还有哪些口号、哪些说法，那纯粹忽悠、那是知识分子哄知识分子，你朗诵诗行，真正这么办事不行。我觉得农民有这么一种观点，这在今天来说，就是说我们事事要照顾到大多数，要注意人民的大多数，要注意弱势群体，和这个观点也是一致的。

韬光养晦

其次还有一个说法、还有一个思想，这个思想在我们中国也非常重要,就是"韬光养晦","韬"是剑套,把剑放在套里,不要让它光芒四射、锋芒毕露;"养晦","晦"就是一个相对模糊的状态,"养"是保养也是保持,你保持一个不特别扎眼的状态,你不要做人做得太扎眼,做人做得太刺激了,他就是这么一个意思。当然这个意思我们也可以抬杠:我这一辈子就不兴扎两次眼了?我穿件衣服谁也没有穿过,吸引一回人家的眼球就不行啦?这是另说。我们先研究老子他是怎么想的。韬光养晦这个词不是出自老子,它是后来的故事,我就说老子的这个思想:知雄守雌、知白守黑、知荣守辱,特别符合韬光养晦这个原则。比较著名的韬光养晦的故事,其实还是三国的时候,曹操请刘备吃饭,吃饭的时候问刘备,现在天下有什么英雄——煮酒论英雄——刘备就给他胡扯,刘备就是在韬光养晦、知荣守辱、知雄守雌,他专门说那些不成样子的人:袁绍、袁术,凡是真正的英雄他绝对不提,他提那些最平庸最不成事的人,按照我们老百姓的话说就是揣着明白装糊涂,刘备他就是装糊涂。为什么呢?他怕引起曹操的注意。曹操跟他说,你说的那些都是不值一提的废物,真正英雄就俩人,一个是你一个是我。刘备一听吓得筷子掉地下。曹操说你怎么了?赶得巧正好天上要下雨,反正不是人工增雨,打雷了,刘备趁机说:刚才雷声一响,我害怕了。曹操就想怎么这么胆小怕事,原来说他是个英雄,看来不是,就把他放过了。所以这是最有名的韬光养晦的故事。

另外我们知道在一九八九年底,所谓"苏东波事件"苏联东欧解体的时候,邓小平讲过我们中国在国际上应该韬光养晦,我们不要做出头椽子,什么事我们不要挑头,自己的事情沉着应对,把自己的事情做好。

我跟几个懂英语的人商量,说这个韬光养晦翻译起来比较难,只能讲故事,让那些外国人从这个故事当中自己去领悟,而且韬光养晦讲解起来给人一种不良的印象,让人觉得你特别狡猾、觉得你特别阴,不是实实在在，不是有一说一。所以这个事物也有那一面。

但是中国人为什么有韬光养晦这样一种思想呢？这并不是由于中国人自来性格上有这方面的问题，或者我们的遗传基因、细胞，我们DNA里头有韬光养晦的元素。这主要是由于中国人口太多、政治斗争太复杂了，尤其在春秋战国的时候，各种的谋略、各种的招数，所谓声东击西、指桑骂槐、围魏救赵、欲擒先纵、调虎离山等等，有无数的这种说法，在这种说法之下、在群雄并起的情况之下，你过早地暴露自己的力量、过早地暴露自己的光辉和锐利，往往对你做成一件事并没有什么好处，所以我们有了韬光养晦这种说法。

你想想"知其白，守其黑"难道不是韬光养晦吗？我明明心明眼亮，但是我走到哪儿都表现的是知之不多，这也是为了我真正要学习，另一方面也是为了我自己不成为一个目标。你什么都知道、你什么都懂，有时候我看到听到有些学者——收听或者是收视一些学者的讲话的时候，想给他出一个主意——但是我也不好意思——你千万别什么都知道，你哪怕有一次说：这个事我还闹不太清，我还没听说过。或者：对这个事我还没有什么把握。立马你的公信力就增加了。因为你只有承认你有所不知的时候，别人才能相信你有所知。这个道理就跟假花一样，现在这假花越做越好，有好几次把我骗过去了，为什么？这个假花上它有枯叶，它有开败了的花朵、有长锈的花朵，我一看觉得就是真的，它以假乱真了。如果花摆在这儿，全部叶倍儿鲜、倍儿绿，所有的花都开的一样大小，一点残的坏的损失的招虫的或者枯萎的都没有，你肯定就不相信它是真花。

所以韬光养晦，你表面上看是低调，但是实际上确实是一种智慧是一种聪明，尤其是邓小平讲韬光养晦，当时有这样一种说法，认为苏联解体了，好像中国应该担负起把全世界社会主义的力量、工人运动的力量重整旗鼓，来当全世界的革命的头目。邓小平同志并不赞成这种主张,他认为中国现在不是这样一个时候,中国自己的任务非常的沉重,中国自己不能够提出一些自己做不到的目标,来耗费、来转移我们谋发展这样一个大的目标。

还有一个例子,就是现在全球经济危机,也有一种说法,说中国应该承担,我觉得在这个时候可能韬光养晦对我们也很重要,因为其实中国把自己的事情做好了,就是对世界最大的帮助。所以现在比较相对地来说,我们并不希望我们这牛吹的太大了,你牛吹的太大了,你的力量并没有达到,我们如果按人均收入来说,在世界仍然居于后列,虽然我们总体的经济总量有了非常伟大的发展。所以韬光养晦,这是中国的一个智慧,也是中国的不得已,因为你本来就没有那种雄视一切、普天之下我最牛那样一个实力。这些都是很有意思的一些说法。

磨难是必要的

还有一个民间的说法也很符合"知其白,守其黑"这样一个原则。我们常常说:吃得苦中苦,方为人上人,过去我们常常批判这句话,因为我们把这个人上人,理解成是做官当老爷、当大款,要剥削别人甚至要压迫别人。这"人上人"就看你怎么理解,"人上人"——你的境界比别人更高,你的知识比别人更丰富,这完全是可能的。这种思想还不仅仅老子那儿有,孔孟同样有,孟子也喜欢,他就说"天将降大任于斯人也,必先苦其心志,劳其筋骨,饿其体肤",就是要受很多的苦,才能有点成绩,有点模样。我想这个是符合人生的规律的,你先不必急着吹牛,你先把面对的挑战,能够解决一点算一点,你得积少成多,你得从低向高,你不要一步登天,你不要想不经过任何的奋斗、不承担任何的苦难,就把一件事做成,就能做出成绩,甚至于就想超过别人,这是不可能的。

我觉得老子的"知其白,守其黑"还有一个意思:我从"黑"做起,我从"雌"从温柔做起。当然作为人的风度来说,你即使是已经很伟大的人物了,你也应该柔和一点,谦虚一点,请不要穷横,没有人喜欢穷横的,也就是现在我们说的,不论做什么事,要有一种心态:从零做起。

难得糊涂与愚不可及

"知其荣,守其辱",可以联想到解放以后我们常常有的一个说法,很理想化也并不容易做到的说法:把荣誉让给他人,把困难留给自己。这一点是太难做到了,但是我们知道有这么一个老子的学说,也许碰到荣誉碰到困难的时候,我们在选择上会比别人更高尚一点。还有一个说法、我们中国的一个说法,也能够联系到知白守黑,就是揣着明白装糊涂,这"装"字比较难听,但是中国有一个说法叫"难得糊涂",郑板桥特别写了这几个字。这个"难得糊涂"同样是看你掌握什么分寸,如果这个难得糊涂,你把它理解成什么事一问三不知、不负责任,那就成真糊涂了,成了傻子了、成了弱智了。但是他这个"难得糊涂"里我觉得包含着两个意思,一个意思就是大事聪明小事糊涂,你不可能什么事都聪明,什么事情都计较,你计较的完吗?每一个人,你的对方也好,你看到的人也好:你为什么瞪了我一眼、你为什么眼睛瞟了我一下、你为什么一见我你嘴歪了一下、你为什么刚看见我你把脸转过去了,你如果这样一一地追究起来,这一天你跟别人吵架都吵不完,更不可能有什么成绩了。

难得糊涂,其实往更古代一点的时候来说,不是郑板桥时代,而是在老子孔子的时代,还包含一个意思,就是根据社会的环境来确定自己的选择。在《论语》里边,孔子说过一个人,这个人叫宁武子,说宁武子"邦有道,则知","邦"就是邦国,那个时候中国还没有统一,什么齐楚燕韩赵魏秦,就是这样一些国家,意思是说:赶上这个诸侯国有道,什么事都走上正规了,这个君王也比较讲道理了、比较懂得治国之道了,有点章法了,这种情况之下宁武子就很聪明。所谓聪明是什么意思呢?他可以帮助提出一些治国的策略、一些主意,可以建言献策。而"邦无道,则愚",如果"邦无道"他一下傻了,什么话都没有了、什么都弄不清楚了。说"其知可及也,其愚不可及也",就是你要学他那个聪明劲儿你能学到,什么事他有自己的看法,什么事他能够掂量掂量孰轻孰重、孰是孰非,这个你是可以学得到的;"其愚不可及"是说:可他那个傻劲儿你学不像,你学了像假的、显得狡猾,你越想学这傻劲,你就越显得狡猾、大滑头,你学不了。本来这是孔子的话、是《论语》里边的话,后世给弄错了,我们在"文革"当中整天批林批孔的时候,说是孔子认为劳动人民愚不可及,"愚不可及"的意思就是:傻的都没办法了、傻的没救了、傻的没辙了,但这不是孔子的原意,他那"愚不可及"是认为:他的那个愚比他那个智还有境界,还高明,还难以企及。

你看为什么"邦无道,则愚"呢?"邦无道",你还那儿智个什么劲?你越智不越找麻烦吗?这本来就是无道,本来就是他不讲道理不讲道德、治国无方,他又没事老来找你,说听说你很聪明,这事该怎么办好啊?你给他出了主意他又不听你的,这种情况下你要想保护自己,你要想踏踏实实过日子,只有一个方法:愚化、糊涂,而且这个糊涂是很自然的,一到这时候就糊涂。

当然这同样有中国社会的心计,中华文化的对于心计的讲究,确有一种心计在里头。这个是不是世界上最好的选择,我们另外说,因为我们还可以有另外的说法,就是说我为了国家的利益、为了人民的利益,我不考虑个人的得失。"文死谏,武死战",我作为一个文官,我自个儿该说什么话就说什么话,我为这个付出生命都在所不惜,而作为一个武官,不惜在战争中献出生命。这当然是另外一种选择。

大智若愚

但是这里说的"难得糊涂"、"邦无道,则愚"真是妙极了,和"大智若愚"我觉得也有关系,就是你不那么轻易地来使用你的智慧、不那么轻易地表达你的见解,在很多情况之下不到时候不应该说,很多情况之下别人无法接受,你不必急着提,你要等到一个最合适的时间、地点、方式,既考虑到效果也考虑到实际运作的可能,你再提。所以大智若愚就是:大智是不急于来表达自己。中国人的头脑长得真是挺有意思的,他在这种天下的纷乱和争夺之中,总结了许多的智慧。跟这个还有点类似的有一个中国的说法,叫做:名将不谈兵,名医不谈药。如果我是一个名将、我是元帅、我当过司令、我打过好几个胜仗,相反的我不爱谈论军事的事。为什么呢?因为军事的胜负各种因素千变万化,谁也说不准。在春秋战国时期,有一个赵括谈兵的故事,就是这个人特别喜欢研究军事问题,而且讲得特别好,什么时候讲都头头是道。后来诸侯要任命赵括带兵,他爸爸就急了,说你可别任命他,任命他,他打了败仗你们可别杀我们这些亲属族人,我可是早说了他根本不行,我这小子我不知道吗,他哪里懂打仗,他会说打仗,不等于他能打仗。果然他去打仗,败了、大败,就由于他爸爸先说了这个话了,才不至于株连九族。他爸爸是什么意思呢?他说兵是凶事,是充满着凶险的事情,如果你谈得太多,把它看得太轻率,自以为读过几本书、读过几本兵法,跟什么人讨论过几次战例,你就以为自己当真懂得军事了,那是不行的。

同样名医不谈药,真正的医生,他不随便给人开药方,那是非常慎重的事情,你应该吃什么药,同样一种病,个人和个人情况都不一样——这个我说笑话了,因为我现在也有把年纪了,有些好朋友经常给我提各种养生延长寿命的方法,特点就是越不懂医学的人,越爱提各种方案:有的告诉我应该捶腿的,有的告诉我应该捶腰的、揉手指的,那招儿多极了。可是真正学医的人他不说这些,因为这些没经过鉴定、没经过考证、也没有什么临床记录,比如我先弄两万个人做实验,实验完了以后,说这有效还是无效甚至于反效果——他不说这个,这说明医生是本着高度负责任的态度。无知者无畏,所以不懂得医学的人,可能可以出很多和医学有关的主意。

大雅若俗

为什么大智若愚呢?大智若愚和知白守黑是一样。我们还有类似的话,说大雅若俗:那酸溜溜的人雅不到哪儿去,一张嘴一闭嘴必然就是给你拽点文、拽点你不知道的名词,一张嘴一闭嘴他就是批评这个俗批评那个俗,全世界除了他以外都俗,这样的人你们不要相信他。相反大雅的人他更能够和俗人和百姓和人民通气、沟通、交流、交换信息。所以说大雅若俗。老子也是一个特别典型的例子,他的《道德经》里边,很多的论述其实都是大实话,这些话要是普通人乍一看:这不是废话吗?

我们现在还有一个说法,叫大洋若土。你如果要是像《阿Q正传》里那个钱秀才那样的假洋鬼子,越是真正——我可确实见识过这样的人,譬如说谢冰心她是最早的威尔斯利女子大学毕业的人之一,她长期在国外生活,可你跟这个小老太太在一块,她最不喜欢表示自己有多么洋,相反她就是绝对的一个中国老太太。她热爱自己的祖国,她喜欢中国人的这一套生活方式,但是她也完全了解世界,她不但懂英语,还懂一些其他的语言。其实越是在国外生活久了的人,他保持着中国的传统、生活传统,受到外国人欢迎的程度越高。

和光同尘

这些东西又牵扯到老子的一个命题,刚才从大智若愚、大雅若俗、大洋若土、难得糊涂这些说法当中又牵扯到老子的另一句名言,这句名言就叫"和光同尘"。"和光"是什么意思呢?就是把你身上的光辉柔和化、不要刺眼,"同尘"就是和世人和世俗和红尘贴近一点,现在不是讲三贴近嘛:贴近生活、贴近现实、贴近群众。其实老子他也是主张贴近生活、贴近实际,他提出一个什么样的口号呢?叫"挫其锐",把你的锐气、把你那个针尖麦芒的劲儿磨得钝一点,弄个锉最好给挫两下,不要动不动你一张嘴就扎人、就伤人,别动不动剑拔弩张、动不动就伤人。"解其纷","纷"就是纷争,就是你别那么排他,一听到一句话跟你说的不一样,马上就跟人家争,马上就表达不同的意见。值得讨论的问题你讨论,不值得讨论的东西你不要讨论。"和其光",把你身上的光芒——一个智者、一个道德高尚的人身上是有光芒的,你头顶上是有圆光的,但是你把它盖住,你不要走到哪里都装不下你,你不要走到哪里老是出语惊人、老是吓人一跳、老是让人恨不得趴下、老是放倒别人,不要这样。"同其尘",能够和大众、和百姓、和尘世保持联系,因为不管多么伟大的道理,它都是生活的发现,不是脱离了生活自己面壁思考出来的。老子这些非常神奇的说法,也都是他看到了当时的社会上的各种沉浮、胜败、荣辱、进退后才得出来的结论。

"和光同尘"以后能做到什么呢?他底下说的更玄了,他说"不可得而亲",你用不着跟谁特别的亲近;"不可得而疏",你也用不着跟谁特别的疏远;"不可得而利",你也不要希求从别人身上捞什么好处,别人也不要老是想着从你身上能捞到好处;"不可得而害",你也不要想着能够害谁：你讨厌的人，你打击他一下子，你给他制造点障碍，用不着，不必要。反过来说也没有人能够害你，为什么呢？因为你不是一个惹是生非的人，你是一个凭自己的真本事在这儿劳动、在这儿工作、这儿做事、在这儿为人，你该怎么办就怎么办，该尊敬的你当然都尊敬，该慈爱的你都慈爱，该干活儿该服务的，你就干活儿你就服务。他说"不可得而害，不可得而贵"这样的人你没法再提拔他、再提升他了，他已经很好了，他自己又有理念又有信心、又有学问又有主心骨，不会因为荣辱得失激动，也不会跟别人争辩我白你黑、我是你非，所以"不可得而贵"，他既不可能把别人封官晋爵，也不可能被别人所宠幸而变得更高。他怎么更高？他就是他自己，他的学问就是这么些，他的知识就是这么些，他的为人就是比较清纯、比较朴素，所以"不可得而贵，不可得而贱"，你想再贬低他也不可能了。你怎么贬低他呢？他真本事在这儿呢，他的活儿在这儿呢，他练得出活儿来你练不出来，所以你也不可能贬低他。

  这是老子对人的一个理想的境界：你的知识很高，你的学问很大，你的道理很深，同时你是和光同尘的，你和老百姓有共同的语言，你和弱势群体有共同的语言，你永远知道你自己是老几，既不会过分地膨胀，也不会哆哆嗦嗦、闪闪失失，你能够保持一个最稳定的状态。老子提出来的这样一种对人格、对人际关系、对人在社会中的地位的想象，要做到也非常不容易。正因为不容易，所以它有吸引力，如果人人都做的到，那用不着老子说了。老子并没有说，每天你们都要吃饭，这个大部分人能做到，当然还有饥饿者。老子提出了在我们看来比较神奇的境界，正是这种境界非常有魅力，它让你想，做到了老子的说法，可真是理想。你想是不是？你知白守黑，你知雄守雌、知荣守辱，你能够挫其锐、解其纷或者是解（读 xiè）其纷、和其光、同其尘，而且你能够做到：不可得而亲，不可得而疏，不可得而利，不可得而害，不可得而贵，不可得而贱。

然后老子说——这个老子也很有意思，他说了这么一大堆了，最后说"故为天下贵"，这样的人你看着他很低调，你看着他和光同尘，你看着他丝毫不显摆自己，也不包装自己，可是这样的人才是天下最贵重的人。"贵"是什么意思？最高尚、受人尊敬、值得珍重、值得敬仰的人。老子树立了这么一个目标，"天下之贵"的这么一个目标，这个目标我们心向往之，虽不能至——我们不能说我们做到了这一步，我们在坐的和收看这个讲座的人，我不相信有谁已经做到了这一步，但是同样我们有这样高级的一个目标，我们心里会更加畅快，我们做人会更加踏实，我们和大道的距离更近了一步。

第七讲：
治大国若烹小鲜

中山服与西服并不截然对立

今天我的衣服换成了中山装，有人管它叫立领，有的叫青年服，这衣服算西式的算中式的？其实比较早我看到的是印度人与日本人穿它。按说是与中式的中山装也很接近。但是我有一个发现，你把这领子翻过来看看，成西装了。下回你再穿中山装的时候，也可以一衣两穿。我说这个话是什么意思呢？中国传统文化也是这样，有的你可以从正面看，有的可以从侧面看，有的可以倒着看，有的可以给它翻过来看，你都会有各种各样的发现。有些表面上不一样的东西实际上是一样的，譬如西服和立领中山服，它们是一样的。有些表面上一样的东西它们又是不一样的。如果我们学会用这么一个方法的话，就能够学到更多的东西。

观众朋友当中要说人人都读过老子的《道德经》，这个也不太现实，但是对于老子《道德经》当中一些名言警句，大家可能比较耳熟能详，这应该是现实的，像其中的一句"治大国若烹小鲜"。老子真的不愧为中华文明智慧的最高代表，他的学说当中不仅有很多人生哲理，同时也富含着许多精辟的治国理论。

老子的立言无与伦比

今天我们讨论一个非常有趣的问题，就是"治大国若烹小鲜"。烹小鲜就是熬小鱼，用天津话就是熬（读 nāo）小鱼，它叫"熬"小鱼。这个话非常地奇特，在我很早很早年轻的时候，一看这句话我一惊：哪有这么说话的，怎么治大国成了熬小鱼了——一喜：觉得他说的太好玩了，感觉治大国就跟烹小鱼一样——一愣：不知道什么意思——一赞：觉得这人可真会说话，他怎么琢磨出这么一个话来。中国人讲立言，你有那么大的学问，你写过五千万字也好、一千万字也好、二十万字也好，老子只写过五千字，五千字也好，但是你能留下一句话，这句话让人一惊一喜一愣一赞，让你永远地去回味它、去品尝它、去琢磨它。可以说，老子的"治大国若烹小鲜"，留下了一个立言的范例，至今人们喜欢这句话，有了这一句就可以名垂史册的，有的人写了一辈子书，他还留不下这么一句话。

"治大国若烹小鲜"，我们想一想他是在什么样的背景下提出来的：在那个时期，治国的事情是一个非常严重的事情、是一个非常凶险的事情、是一个非常操劳的事情，甚至于是一件非常血腥的事情。因为春秋战国天下大乱、你争我讨，这是跟外部；每一个诸侯国家的内部呢，又存在着夺权、丧失权利、政变、宫廷阴谋这种危险。在那个时期，治国是相当的阴谋化和血腥化的一种事情，没有谁治国能够如烹小鲜一样那么悠闲自在。那么老子为什么要说出这么一句话来呢，他的意义在哪儿呢？当然了，历史上也有不同的看法，因为对老子的年代有不同的看法，有的说老子年龄非常的大，他是比孔子还要大二十多岁，这样的话老子在开始考虑这些思想的时候，可能还没有赶上那种天下大乱的纷争局面。这个到底是怎么回事，我说不清楚，我可以说的是什么呢，到现在为止，古今中外我们找不到一个治大国若烹小鲜的范例。现在也是一样，不管是美国还是俄罗斯，中国还是法国、德国，哪一个人能治大国若烹小鲜一样？他很辛苦，起码是也很有风险，都是有风险，金融海啸能烹小鲜吗？反恐能烹小鲜吗？反对三种势力能烹小鲜吗？都烹不了小鲜。

他要力挽狂澜

我认为老子这样提出来，可以说是他的一个治国的理想，还可以说是什么呢？我用四个字来形容老子的治国理政观念，叫做"力挽狂澜"。他就是觉得他所设想的治国，应该是舒舒服服的，应该是按照大道来治，应该是顺顺当当的，大家都应该过和平的幸福的生活，而不应该是你争我抢、兵戎相见，甚至于白刀子进红刀子出，以至于还有在宫廷内部父子反目、夫妻仇杀、兄弟屠戮，这样的事情对于老子来说太刺激了，所以他要力挽狂澜。

他提出来治大国若烹小鲜：第一条你不要把这个治国治的神神经经，你应该放松心态，你应该与大道同在，你应该把这个治国的事看得举重若轻，你应该充满信心，你应该按照客观的规律运作，你不要把这个治国的事弄的是一惊一乍，《红楼梦》有一个词叫"蝎蝎螫螫"，《红楼梦》描写这赵姨娘不管碰到什么事都蝎蝎螫螫，就好像让蝎子给螫了一下一样，她老那么闹腾。赵姨娘是一个很好的反面教员。

谁能举重若轻

这是老子的一个——可以说是理想。老子还有一种非常辩证的观念，就是说把大事不妨当小事。做大事也罢，小事也罢，它的道理是一样的。小事有时候也需要当大事做，这样的故事也非常的多。完全"治大国若烹小鲜"做不到，但是举重若轻，降低这个紧张程度，用一种比较从容、比较自然、比较自信的状态来稳定人心、稳定民心，这样的事是做得到的。譬如说李白的诗里边就有："但用东山谢安石，为君谈笑静胡沙。"就是晋朝时候的谢安，他的字叫安石，他和他的弟弟还有他的侄子、他们谢家军有"淝水之战"，淝水之战中谢安石运筹帷幄，他的弟弟和侄子在前线带兵，打败苻坚，有"风声鹤唳，草木皆兵"的典故，把苻坚打得一塌糊涂——苻坚是北方少数民族，有说是匈奴的，有说是叫前秦，它那个国号、朝廷的号叫前秦。苻坚带着很多军队，一直打到了现今的安徽这边，最后彻底地败在了谢安石的手下。而这个谢安石呢，他当时在下着棋，他已经都部署好了，他心情很安静，找个棋友下棋——我考证不出来，恐怕下的还是围棋，比较早的棋，不一定是象棋——下着棋时他听到报告仗打胜了，他笑着说很好嘛、好嘛。他这样一种精神状态，有点"治大国若烹小鲜"的味道。

解放战争当中，咱们也有一位高级的将领，由于我没有找到证实的依据，所以我不提他的名字，据说他也是一个棋迷，也有这样类似的故事：那边打响了，他说下完这盘再说，因为他很有把握、他一切都了如指掌。我说这个话的意思，不是提倡咱们凡是高级领导、高级将领，仗打起来了你先摆一盘棋，你先别管这战争的事，我不是提倡这个。我们说明什么呢,一个人的精神状态要有节奏,一张一弛,有放松的时候,有紧张起来的时候,这个时候他判断问题比较容易有把握。相反你没有节奏,你老很着急,你可能没有把握。

似曾相识燕归来

其实毛泽东主席也有这一手,越是紧张的时候、越是严重的事,他喜欢用一种相对轻松的语言来说。譬如说六十年代初期的中苏论战,那个时候世界上还分社会主义阵营、资本主义阵营,而在社会主义这边,苏联等于是一个头儿,苏联和中国是最大的两个社会主义国家,这两个国家论战交恶,这是一件有风险的事,但是毛主席怎么说呢?他说这就叫"无可奈何花落去,似曾相识燕归来",这是宋词中的诗句。世界的规律就是这样,苏联就好比是那个花,无可奈何花落去,它变成了修正主义了——当然政治上我们不去评价他说的对不对,那是另外的事,我们讲这个风格、讲境界——他说这个就是无可奈何,苏联不行了,"似曾相识燕归来",真正在国际共产主义运动中执牛耳举大旗的燕子又回来了,他指的就是中国。当然现在我们也不提这些事了,这些事本身不必提了,但是毛泽东的这种境界、这些风格、这种潇洒、这种风流——他是一代的伟人。

譬如像林彪出逃,逃到温都尔汗,然后他那三叉戟飞机掉到沙漠里头,这个实际上也是一个很大的事情,而且事实证明这件事情对于毛主席在内的不少人,影响还是很大的。但是毛主席当时把它说得很轻松。他说"折戟沉沙铁未销",这是杜牧的诗,本来说的折戟沉沙和林彪毫无关系,但是毛主席就联想到那里去了,不沾边的一个事:"折戟",三叉戟折了,"沉沙",它沉到沙漠里去了,不沾边的事让他一说,好像这冥冥中已经注定,林彪这飞机非出事不可,非折戟沉沙不可。然后他又说——这都正式传达过的——说毛主席指示说：林彪跑了，天要下雨，鸟要飞，娘要嫁人，随他去吧。这话本身并没有分析这件事情，但是他把它看得自自然然，你要出门可是天下雨怎么办？下吧，你也不能不让它下；鸟要飞：你养了一个鸟，这鸟不愿意在你这儿，它飞了，飞了就飞了吧；娘要嫁人——这还有点中国大众的幽默：本来你这母子相依为命，现在你娘要往前走了，孩子也不好拦着，你就让人家往前走吧。他这么一分析，实际上什么问题都没有说，但是全国的老百姓听了以后，心里头就会好一点。

所以一个领导人、一个大的政治家，你如果是蝎蝎螫螫，你这一国都会跟着蝎蝎螫螫，你如果是歇斯底里，你这一国都会是歇斯底里，如果你是举重若轻、不在话下、信心十足、从容镇定，那么你这一国做什么事，都可以做到这一步。这太理想了，这简直是无法企及的一种境界。

小事有时候要当大事来做

把小事当大事来做，这个也有：我们看过电影《巴顿将军》，《巴顿将军》最精彩的是指挥交通，那个战车都乱成一团了，他下去当交通警了，把交通警轰走，他拿着个棍这样一下、这样一下、这样一下，他当交通警。所以现在我们在北京行车的时候，有时候看着太乱了，指挥无方，司机同志经常说，北京来俩巴顿就好了，就能把这个交通指挥得更好。

我还知道在解放战争当中，我们有一个野战军的司令过河的时候，前边的参谋报告说河水深、过不去。他不信，他拄着一根棍子，自己下去量这个河，然后他怎么一拐弯、一拐弯，摸着石头过河，过去了，然后回过头他说了一句话，叫"粗枝大叶害死人"。就是大事不一定准往大了做，小事也不一定准往小里边看，大和小之间，是互相可以沟通、可以转化的。所以《老子》的第六十三章中提到："是以圣人终不为大，故能成其大。"就是圣人——治国平天下的人，他们并不觉得自己办的事有多么大、多么装不下、哪儿都装不下了，没那事！他觉得这很普通，小菜一碟、小碗两个，正是因为这样，他们才能完成大事业。如果他完成一个大事业以前已经紧张得不得了了，他已经血压升高、心跳加速了，你说他能办得成吗？

下面说的和治大国没有关系，但是让我联想到了，就是北京奥运会上牙买加的短跑名将博尔特，博尔特一个人得了多少块金牌，好几块，好像一百米、二百米，还有接力都有他。博尔特就是艺高人胆大，他比赛等着起跑的时候，脸上显得特别放松，甚至还做一个鬼脸，他能有这种情绪。相反如果你过分地紧张，反倒不能得到最好的发挥。

下知有之最好

所以我说老子是力挽狂澜，他希望在当时你争我夺、你死我活的这种气氛当中，一些君王一些大臣能够有一种相对放松的、相对正常的心态。这里的关键还是老子的"无为而治"的理想，他设想的就是：你说最少的话、管最少的事、干预最少的过程，然后让个人、万物都按照自己的规律正常地发展。老子在第十七章里讲到，一个治国理政的人什么情况下是最理想的呢？他说"太上，下知有之"，什么是最高？上上、太上——最高最高，就是老百姓知道，有你这么一个君王，有这么一个机构，有这么一个各种大臣、各种部门的机构，但是跟你关系并不大——这个我们底下再说，这里很多是老子的幻想，但是他这个思路挺好玩。

他说"其次亲而誉之"，那么二等好、二等理想、中上等，是什么情况呢？就是你这个君王、你这个大臣跟老百姓的关系不错，老百姓愿意和你亲近，而且对你有很多的夸奖，有很多的赞誉，有很多的赞美之词，他认为这是第二等。老百姓亲切，要我们看我们认为这是最好的了，又亲切又赞美。但老子认为这是第二等。为什么，老子没有说，我个人认为：第一，亲而誉之里头可能包含着作伪，亲誉的结果变成阿谀奉承；第二，过分亲而誉之的结果是上面不了解真实情况；第三，亲誉的结果是下面的期望值过高，期望过高过大了反而容易失望，等等。

"其次畏之"，再往下的情况也就是第三等，就是怕你，这个怕也是不可避免的，老子的很多话里都有，这点他很实际，譬如说他在有一章里说"民不畏威，则大威至"——如果你这个管理机构、你这个统治者一点威信都没有、一点威风都没有，那就底下不知道出什么大事，所以他说怕你这是第三等的——我开玩笑：我说这就像开车的人看交通警似的，对交通警，你说我不知道他存在，那不行，我需要知道他存在；亲而誉之也不行，你跟他又是哥们儿又是什么，那都不行；你必须怕他，你不怕他、你不好好地遵守交通规则，他又能罚你还能吊销你的本子，起码扣你的本子又能罚款，再不行还能把你刑事拘留，不叫刑事拘留叫什么其他的拘留。没有严厉的规则，交通警是无法工作的，所以这是畏之。

他说再"其次侮之"，最坏的情况呢，是管事的人你瞧不起老百姓、你轻视老百姓、你说话难听、你污辱老百姓，老百姓也根本不信你那一套，反过来骂你，还想各种的办法出你的洋相。这个侮之我认为是互相污辱，是管理的失败。

大道乌托邦

老子他所设想的理想是什么情况呢？设想的情况就是：管理政权机

构是存在的，但同时又不让人过分地感觉到它的存在。我称老子这样的理想叫做大道乌托邦主义，这实际是一种乌托邦，你不可能完全做到，但是它仍然有启发，从思路上有启发，就是说能够把事干得好到什么程度？好到让人都觉不出好来，这进入了化境，中华文化特别喜欢这一点，不管什么事，让它进入化境。

我不知道大家去没去过重庆那个大足石刻，那大足石刻里头有一幅很有名的画，它是佛教的石刻，但是它吸收了很多中华文化的东西，譬如说尽孝，佛教里没有尽孝这个说法，佛教出家看破红尘，父母妻子都是红尘，都应该看破，但那里要讲尽孝。那一幅很有名的画就是说一个人应该怎么样学佛。怎么学佛呢？这是一个石刻的连环画，四幅画：第一幅画就是一头牛，牛脖子上、鼻子上——我记不清了——拴着一根绳子，一个人拽着牛，这头牛不肯来，非得让它来不可，这就是说通过强制、通过较劲让它皈依佛法。第二、第三幅画我已经记不太清了，第二幅画譬如说把牛圈到一间屋里，你想跑，我不让你跑，把你押在里头；第三幅画，牛开始在这屋里又吃草料又喝水了——我就说这大概的意思，这第二、第三幅画，我说的都不准确——到了第四幅画，是什么时候呢？明月清风，就在旷野上、就在田地之间，一轮明月在那儿照着，这牛悠闲自在地在那儿吃草，它也不跑了、它也不闹了、它也不跟人斗了、它也不跟人较劲了，就是说它已经学得佛法、已经进入了化境。

治国的化境

老子的思想也是这样，说"治大国若烹小鲜"是什么意思呢？就是我的这个治理已经进入了化境，使大家都接受，符合大家的利益，你都觉不出来我在那儿治理，用不着我耳提面命，用不着我用刑、用处罚条例来吓唬你。当然这是一种乌托邦，完全做到这一点并不容易。在这样的管理之下，老百姓自觉、乐于接受这种观点，所以他不自知，他就觉得这是我应该做的，或者说这样做是非常正常的，不是被动的、被强迫的。这作为一个标准，或者作为一个理想，还是非常可爱的。

烹小鲜论

往下咱们再进一步把"烹小鲜"的含义研究一下。自古以来注视老子的人非常多，有很多学者，其中有一个河上公，他是非常有名的，他给"烹小鲜"做了一些具体的说明，他说"烹小鱼不去肠不去鳞不敢挠恐其糜也。治国烦则下乱，治身烦则精散"，原文大概的意思就是说：烹小鲜是什么意思呢？他说第一不必去肠子，咱们一般做鱼都要去掉肠子，但是鱼太小了，你要是去挖肠子，就把鱼弄没了。这也可能解释为抓大放小，宜粗不宜细吧。第二勿去鳞，还有勿挠，"挠"是什么呢，就是对一条鱼，你不要在它的鱼身子上使劲再摩擦它了，因为这本来就一条小鱼，你要在上头刮过来——现在说法就是刮，你要再在它身上刮过来刮过去，去鳞同样是刮，你就给它刮烂了、刮成鱼粥了；不用去它的鱼鳞。另外有人解释，烹小鲜就是在炉火上你不要折腾它，不要来回地翻、别烙饼，本来这一条鱼很容易热就传过去，它是小鲜不是大鱼，大鱼你烤烤这边再烤烤那边，它是一个小鲜，那水咕嘟咕嘟一开——而且是烹不是烤——咕嘟咕嘟一开，热就传得很均匀了，所以用不着来回翻动。先贤们认定，一个是勿挠、一个是勿去鳞、一个是勿频频地动，还有什么不去肠呀什么的。这个意思说的好不好呢？非常的好！我觉得对，其中确实有一个不要频频翻动的意思，也就是现在说的不折腾的意思。这里显现了"治大国若烹小鲜"的另一面。前边我讲了小菜一碟、举重若轻、充满信心、听其自然，这是讲的一面，它还有另一面，什么呢？小心谨慎，不要搞太大的动作，因为国家本来就很大，你一动作太大了以后，一个传一个、一个传一个、一个传一个，这个国家很容易乱，乱了以后你很难管住。

所以说治大国若烹小鲜，就是你要掌握力度、掌握火候，不要搞过大的动作、不要弄得这小鱼受不了，你那一铲子下去，啪，一使劲，碎了！你如果不是烹小鲜，是炒南瓜，这个事好办，一下子下去，啪，就给它翻起来了，可是烹小鲜这样用力就稍微大了一点。还有一条，现在也有人研究出来了，我也非常赞成这个说法，而且我也早想到这个，简单地说：烹小鲜不要大火。你不是烤全羊更不是烤全牛，也不是蒸牛头，你是烹小鲜，就几条小鱼，也就是一拃这么大，即使是烤全羊、烤牛什么的也不能火大了，否则就表面糊了里边还生着呢。所以就是要掌握火候。

本来老子的话不是关于烹调的，他是一个特别形象的比喻，如果我们理解了他这种比喻，我们就知道他说的是什么，知道怎样拿捏这个分寸了。我们想一想"烹"，起码在北京烹不是炒，煎炒烹炸，用不着加很多的作料，它也不是炖，我们一般是指时间比较长的叫炖，要到广东叫煲，煲汤，广东人最喜欢煲汤，跟炼丹似的，汤给我喝的时候，说这个汤已经是煲了七个小时——当然这也是一种文化。烹，相对时间要短的多，它不是炖、不是煲，也不是炸，它不加那么多的作料，就是要用相对简朴的方法、相对不那么费时的方法来推行一个政策。我觉得老子的"烹小鲜"里还有这一面的意思：掌握分寸、掌握节奏，比如说一个国家或者一个社会，政府不提出点任务、不提出什么问题来是不可能的，也是不可行的，但你不断提出新口号、新任务、新方向也让人晕，所以要掌握分寸、掌握节奏、掌握力度、掌握火候。

烹小鲜的美感

我觉得老子用了这个比喻而没有用别的比喻，实在是很有意思的，和老子无为而治的思想是一脉相承的。为什么你力量不用那么特别大呢？因为你在最好的办法之下，可说可不说的话你不要说，你可以不提新的东西——实际上他是倾向于他的无为而治，虽然这个无为而治有空想的成分。我再说一遍，因为我无意认为我们当今能够执行这种方法，说领导人一句话都不用说，每天下棋，你不可能把政府交给棋协来代行职权，不是这个意思。

治大国若烹小鲜，还有一个非常好的地方，就是它有美的感染力，你可以懂这句话，你可以不懂这句话，治大国若烹小鲜，把治国和烹小鲜，这两个最不沾边的事用智慧连接起来，表现出一种把握、一种心胸，这本身就是一种美。我曾经有幸多次到农村劳动，我在劳动当中发现，凡是我们北京的——例如我在北京门头沟斋堂地区桑峪村劳动过——人家称劳动好的人叫"把式"，就是师傅，把式就是师傅的意思，凡是把式，他的劳动姿势相对比较好看，也比较省力，不管是在割麦子、是在用铁锹翻土、是在植树、是在装车卸车，他的各种动作比较匀、他的重心也比较稳，人家一看这姿势就说你是把式、会干活。相反的那些下放干部、那些年轻的又要表现自己非常积极、又要表现自己卖力气，这些人干活那都是瞪着眼、撅着腚、一脑门子的汗、伸着脖子、嘴都累歪了，都是那样子。你一看那么干活的人，你就知道了：行，他态度挺好。给你写鉴定的时候就说劳动努力、学习认真、拥护党的政策，也行了，但是干活的质量较差。治大国若烹小鲜也有这个意思在里头。马克思说：世界要按照美的原则来构建。我们想一想，世界上一切好东西都是美的，在某种意义上说是这样的，一条河如果它流的很好，它是美丽的，一座山是美丽的，各种学问都是美丽的，高级的数学公式、高级的数学的原理，如果你把它画成图、画成几何的图形，它太美丽了！就连最简单的一个道理都非常的美丽。所以"治大国若烹小鲜"，它本身就让你把治国理政变成美的享受。

我就这么想,譬如说如果一个政治家、一个掌权的政治家,用不着他研读老子,用不着他去整天地讨论"勿挠、勿去鳞、勿频频翻动",用不着,他只要在他客厅里头挂一幅字,上边写着"治大国若烹小鲜",如果你要是到他家里头去、被他接见的话,一看这几个字的时候,你有一种轻松感、你有一种得道感、你有一种亲切感。这个"治大国若烹小鲜",我们要善于用审美的角度来看它。

　　刚才说到劳动是这样,体育我觉得也特别明显。我当然体育上什么都不行,但是有时候我也打乒乓球、也打羽毛球、也打保龄球,我就奇怪为什么人家那些乒乓球的运动员,打起球来就显得那么美,不管他是打攻球还是打守球、不管他是横拍还是直拍,起码他的姿势最合理,他的肩、大臂、小臂、手掌、腕子,他的用力是最合理的,它的步伐是最均匀的,为什么他不难看呢?其中很大一条:他重心掌握的好,为抢一个球——羽毛球里最多,有时候都劈叉过去了,有时候人都扑到地上,叫做鱼跃,就在地上这么扑着滑过去,把这个球接过去以后,立刻一跃而起;掌握重心,成为一种美的享受。

连鬼神都不闹腾了

　　所以我觉得"治大国若烹小鲜"和我们中华文明对于美的追求、对于把式的追求、对于老练的追求、对于这样一种风度的追求是结合起来的。老子在第六十章里讲到"治大国若烹小鲜"的时候,底下还有几句话,这几句话你觉得有点愣,也是让你有点愣神,一下子你不太明白它是什么意思。他说什么呢?讲完了"治大国若烹小鲜"以后,他有一个说法,说如果你做到这一步的话,"其鬼不神。非其鬼不神,其神不伤人。非其神不伤人,圣人亦不伤人,夫两不相伤,故德交归焉"。是什么意思呢?就是如果你这个国家、你这个诸侯、你这个地区,治理的比较好，你这儿乱七八糟的邪事就少，遇到这些地方，闹鬼的事都没有。在老子那个时期，鬼神的事是很多很多的。你也不能说一定是有这么回事，你也不能说它没有这么回事，他说遇到这些地方，遇到你能做到"治大国若烹小鲜"了、能做到"无为而治"了、能做到按照大道来治国了，你这个地方既不闹鬼也不闹神，而且鬼神从来不害人，为什么他不害人呢，圣人不害人。圣人不害人是什么意思呢？就是协助君王来管理这个国家的管理层，他从来没有任何伤害人民利益的事情，既然这个管理层没有伤害人民利益的事情，这个地方也就不会说闹出个神来、闹出个鬼来、闹出个女巫来、闹出个神汉来、闹出个跳大神的来、闹出个鬼神附体的人来在这儿捣乱，在这儿破坏你的社会安宁、破坏人们正常的幸福。

反过来说，如果一个社会上频频发生闹神闹鬼、害人害己，甚至惑乱人心、捣乱人心的事件，那么这些事情我们应该从管理层上考虑，管理层本身素素净净——北京人爱说你过得素素净净，贵州人喜欢说（因为我看过贵州人写的小说）平平淡淡，我们写文章的人把平淡当做是一个不好的话，说你文章写得太平淡，本刊不拟用，退稿的时候这样说。但贵州人把平平淡淡作为生活的一个最高的理想，如果你能做到素素净净、平平淡淡，那么你管辖的这个范围之内就较少出现闹鬼闹神，迷信、恐怖、坏人坏事就比较少。老子这个体会应该说也是有他的见识的，也就是说老子提倡在管理、治理一个诸侯国家的时候，能够营造一种邪不压正、戾不侵和——就是乖戾不会压住侵犯和气——假不乱真，这样一种气氛。这样的话才能够达到畅通和正常。

那么老子是不是只有这一面说得好听：你说得多好！"若烹小鲜"，小鱼得熬好了，鬼神也不伤人，谁都碍不着谁的事，该下棋的下棋，该睡觉的睡觉，自个儿过着好日子。这种生活确实很理想，中国很早古诗就有这个说法，所谓"日出而作，日落而息。凿井而饮，耕田而食，帝力于我何有哉"。据说唐尧的时候——当然现在我们无从查证了——就有这样的民歌，说太阳出来了，一切遵循大自然的规律，我也就起来了，太阳落下了我就去休息了，渴了我就凿个井，饿了我该去种田，收获了庄稼我好吃，唐尧不唐尧，跟我没什么多大关系，我自个儿过我自个儿的快乐生活。老子这样一种想法，应该说都是非常美好的。

老子对不良政治的抨击

但老子这人并不是光说这些玄妙的事，他也有另一面，他看到了各个诸侯国家许许多多反面的、失败的，所谓逆天道而行的事，所以老子有些很激烈的话。在他的《道德经》里边最激烈的话，就是说"民不畏死，奈何以死惧之"，这是革命的话，包括我们中国共产党在抗日的时候、在号召起义的时候，都提过这样的话。这话很厉害，说老百姓不怕死，你不要老拿死来吓唬我。这个话可是够可以的，你不是最多把我杀头吗，但是你如果压迫太深，杀头都不在乎、我都不怕，就是咱们《革命烈士诗抄》里都有这个话，夏明翰说是："砍头不要紧，只要主义真。杀了夏明翰，还有后来人。"这是《革命烈士诗抄》里比较脍炙人口的四句诗。"砍头不要紧"，老子说"民不畏死奈何以死惧之"，你不要以为你掌握了生杀予夺的权力，就可以让人家永远怕你。老子这话可是够厉害的。

老子还有一段话那也非常厉害，在深度上比这个话还厉害。他说"天之道，其犹张弓欤"，"天之道"是什么呢？就是好像拉弓射箭一样，"高者抑之，低者举之"，他的意思是说，拉弓最重要的就是力量要平衡，你要左手高了，左手就往下一点，右手低了，右手就往上一点，手指头伸的高了，你就往下降一点，手指头用的劲小了，你就增加一点，因此让它圆圆满满、力量均匀，非常的平衡，老子认为张弓应该是这样，这就叫"天道"。尤其他说要"损有余而补不足"，你这边的力量太大了，譬如说你右手往上拉的力太大了，就要减少，损就是减少，把你的这部分力量，分到你的左手上，让你左手往前拉的力量再大一点，然后让它均匀一点，他是这意思。关键在"损有余而补不足"底下有一句话相当的尖锐、相当的膈应、相当的造反，他说"人之道"则相反，"损不足以奉有余"，他看到了在当时的人间，这个方式恰恰相反，"人间之道"是什么呢？北京有句俗话叫：越穷越吃亏。"人间"就是这些为富不仁的人，老子那个时候为富不仁的人要从人身上压榨，你越穷越要把你的劳动所得献给富人。这是非常厉害的话，就是说"天道是损有余而补不足"，而人间有这么一种人"是损不足以奉有余"，本来就穷，你还要从我这儿刮民脂民膏，他本来就阔，还得往他那儿奉献。老子表达的是对当时社会状态的一种不满，我们自古以来有农民起义，老子并不赞成这种斗争，老子可不是斗争的哲学，但是老子的这段话常常被农民起义者所使用，他们的词就叫"替天行道"。什么叫替天行道呢？就是太不公了，我要实行的是：损有余而补不足，是什么呢？就是要打土豪分田地、杀富济贫。他有这个意思。

而且老子认为，如果诸侯国——当时说的诸侯国，和我们现在说的中华人民共和国的中国不是一个概念——说那个诸侯国如果治理的不好，不是"若烹小鲜"，而是若乱打架、若屠宰场，你这个治国治成屠宰场了，那么这种情况之下，他认为这个责任是应该由管理层负、应该由诸侯负、应该由他的臣子负。

他在第七十五章里特别讲这个，他说"民之饥，以其上食税之多"，老百姓为什么饥饿呢？因为管理层收税收得太多了，吃得太多了，为什么经济搞得不好，因为税太多，因为上边从老百姓那儿搜刮的钱财太多了。这个老子，他替诸侯大臣——所谓圣人——替他们设想应该怎么样管理，但是他也替老百姓说话，说"民之饥，以其上食税之多，是以饥"所以老百姓就饥饿了，他匮乏、他不足；"民之难治，以其上之有为"，为什么老百姓很难治理、不听你的话呢？因为上边干的事太多，他曾说你"为"的太多了，你的威信反倒下降了，说"多言数穷，不如守中"，如果管理层说的话太多，就会感到理屈词穷，你还不如把有些话先留着点，含蓄着点，以后有机会再说，他说"民之难治，以其上之有为"，你上边太有作为了，一会儿一个主意，今天要这样明天要那样，今天这么号召明天那么号召，今天这么一个口号明天那么一个口号，这样的话，老百姓越弄越难治，"是以难治"。"民之轻死，以其上求生之厚"，"求生之厚"这话就更厉害了，老百姓为什么连死都不放在眼里了、不畏死了，因为你活的太厚了、你太奢侈了，这些诸侯、这些大臣，你在那儿挥霍享受、吃喝玩乐，老百姓一看，你是那么活着，你那么活着我这么活着，我还不如死了呢。

你看这老子还有这一面呢，这一面还有点革命性，当然他得出的结论绝对不是让你革命，他得的结论是让你踏实下来。实际上他是希望诸侯国能够汲取国家混乱、政权被推翻，或者被外敌打倒的经验，对待老百姓应该好一点。如果对老百姓不好，结果适得其反，你作为越多，老百姓越难治，你吃的越好，老百姓就越没饭吃。应该说还是很有警示的作用的。我开玩笑：老子对治国有一种诸侯君王问责制的思想萌芽，就是说如果国家治不好，不是老百姓的事，是管理层的事。

民本思想的萌芽

老子有的地方说得挺具体，在另外一章里，他说"朝甚除"，这个朝廷一切弄得都挺好——"甚除"，除就是除法的除，有的解释成朝廷弄得干干净净，我也不明白它是不是当干干净净讲，有的也认为"朝甚除"是指朝廷挺腐化、太过于讲究，朝廷的事弄得挺讲究，咱们就用一个稍微中性一点的词——弄得挺讲究叫"朝甚除";"田甚芜",说田野里一片荒芜,为什么一片荒芜他没讲,应是因为徭役太多,老百姓整天出工,没法给自己种地,也可能由于连年战争,也可能由于天灾人祸,所以田地甚芜,"仓甚虚",仓库里头都空了,后备的预备的粮食、财产都没有了。可是他说:在这种情况之下,还有的君王"佩利剑",还要佩上利剑、还要吃香的喝辣的、还要到处耀武扬威,摆自己的威风。他说,这样的话就离大道太远了,这个诸侯国是非乱不可。

还有好多这一类的话,他讲"圣人常心"或者"常无心,以百姓之心为心",就是说不管怎么样,治国是要以——现在的话就是以民为本、民本。老子的"治大国若烹小鲜"既有和"无为而治"思想相沟通相一致的地方,也有和儒家的要以德治国、以道治国,要实行仁政,而且要"以民为本"这方面的思想相贴近相一致的地方。所以我说"治大国若烹小鲜"是老子的一个亮点、一个精彩之处,虽然不可能完全这么操作,但是从里边可以得出许多有益的借鉴和参考。

老子的三宝

对治大国若烹小鲜的理解,还可以从另外一个角度。我们以老子来解释老子,老子在另外一章里曾经提出了这么一个观念,他说我有三样法宝:第一样是慈,就是慈爱,我有爱心,第一要慈,慈祥的慈;第二样叫做俭,俭省的俭;第三样叫做"不为天下先",就是我不走在天下人前头。这话实际上就是对治大国若烹小鲜的一个解释。其中的第三个法宝最容易引起争论,尤其是以我们今天建设有中国特色的社会主义的观点来看,会对这个话非常的反感,说怎么"不为天下先"呢?不为天下先,还能有发明创造吗?对我们写小说的人来说,你不为天下先,你抄天下的小说,你变成抄袭了,那你还有什么好的作品呢?舞台艺术也一样,不为天下先,怎么会有艺术的发展?自古以来,尤其是在中国进入了社会主义以来,我们经常提的口号叫做"敢为天下先",就是全世界哪里都没有呢,我有这么一招,我敢于用这种方法,我敢于走在大家的前头,我敢探这个路。用鲁迅的话说,就是要赞美、要学习那第一个吃螃蟹的人。他认为谁敢吃螃蟹,这个太了不得了,因为你要没吃过螃蟹的话,看到螃蟹——它还不像别的,不像花生豆、不像麦粒,你拿过来嘴里嚼一嚼还挺好,煮熟了更好吃——螃蟹那个样子挺可怕的,那么多腿,上面那壳子也不好看,所以鲁迅说了,要佩服第一个吃螃蟹的人。解放以后很多的运动当中,经常各级党委也提一个口号:要做那个吃螃蟹的人,就是你敢做试验。我们对"不为天下先"这个话非常容易反感,正因为反感,我就先从这里说起:老子那个时候说的不为天下先,他指的不是科学研究、指的不是文学创作、指的不是书籍出版、指的也不是艺术表演,他指的也不是一个学派的建立,老子讲的不为天下先,仍然是讲的治国理政,他讲的是怎么样把一个诸侯国家治理好,进而能够取得当时所说的"天下"——就是其他的国家、诸侯国家——能够取得他们的信赖,叫做治国平天下。"不为天下先"的说法,我们很容易反感,很容易把它当做一个负面的命题:这老子太没出息了,而且没有创造性,韩国那个最有名的钢铁企业就写:创新是一个企业的灵魂,我们国家也是非常提倡创新,我们甚至提出来过:创新是一个民族的灵魂。没有创新,你还怎么往前发展呢?

但是我给你翻译一下,把他这个"不为天下先"我给翻译一下,就跟刚才我把中式衣服翻成西服一样。他所说的治国理政"不为天下先"的含义,就是别出"幺蛾子",一切都正常地进行:春种夏耘秋收冬藏,他说的就是不要——这说的有一点现代了,加上我的解释——不要破坏环境,不要干力所不能及的事情,尤其是管理者,因为管理者和一个研究者、一个著书者确实还不一样,研究者著书者可以超前一点,可以把没有把握的东西先写出来，都等着有了把握、人家都做成了再写，你的书就没人看了。你敢于提新见解、新设计、新思路，这个是对研究者著书者思想者们的要求，可是管理者呢，要求你慎重、要求你负责，你别老出幺蛾子。这样的经验教训非常之多，有些东西已经是几千年几百年形成的一种生活的方式、一种工作的方式，即使要改你慢慢地改。这个"不为天下先"如果从这一点来理解的话，就会非常好理解了，因为治国的事责任太大、影响太大、易放难收，而且很不容易让它有条不紊地进行，所以他提出来"不为天下先"。

湖南唐浩明写的历史小说，有三部曲，一个是《曾国藩》、一个是《杨度》，还有一个是《张之洞》。张之洞是我的同乡，他是河北省南皮人，叫南皮张氏。他赶考的时候，据说主考官给他出一个上联：南皮县男童九岁——九岁就来考试，然后张之洞做下联说：北京城天子万年。当然这是民间传说，就说他一下子把这个主考官给镇住了。唐浩明的《张之洞》里头就写到张之洞在受到西太后的信任，担任了两湖总督，后来又担任了两广总督，他的职位非常高了，这时候他请教他的一个亲戚，好像就是他的大舅子、他夫人的哥哥，那个人很有学问，但是一生仕途困顿，没当上大官，他就送给张之洞四句话，我不全说了，他后边有两句话让你也是一愣，让你觉得中华文化绝了：力行新政——因为张之洞也是改革者啊，起码他是洋务派，被称为中国近代冶金工业的奠基人，我们拍过电视连续剧《张之洞》，就讲他在建立汉冶萍钢铁厂的时候，对我们国家工业发展的贡献——所以要"力行新政"，可是后边的一句话，我说得夸张一点：你打死我我也想不出来，这四个字你猜是什么：不悖旧章，说你又要力行新政，又要不悖旧章，他这个辩证的也可以，他这个大舅子道行也够深的了。你要力行新政，你要推动你的新政，但是你改旧的东西，要很小心，因为你改旧的东西，它会出现振荡、会出现反抗、会出现阻力、会把好事让你干不成，所以既要力行新政,又不悖旧章。"不悖旧章"是什么意思?"不为天下先",我即使已经为"天下先了",我都还要用旧的语言、旧的章程来加以包装,来加以解释,说我这么干是符合老祖宗的遗训的、是符合周公孔圣人的指导的、是符合中华民族——有说四千年的,五千年的,六千年、八千年的——我都没违背,你就这么干就好了。所以这确实是中国的一种为政的思想——不为天下先。

咱们倒着解释,倒数第二就是俭,俭省的俭,这个俭指的是一个全面的俭,而不光是金钱上、财富上、资源上的俭,你话也要俭——我就很抱歉,因为我在这儿讲话,时间不够我还得往上补,我想俭也俭不了——你要俭,你说话要俭、你行政要俭、你条文要俭、你会议要俭,你能俭的你就不再往上再摞,往上再增加。简单回过头来说,还是精兵简政那句话,要精简,所以俭。老子在另外的地方说"道莫若啬",啬就是吝啬的啬,也是简单的意思,就是他要求的政治是含蓄的政治、是精简的政治,是节省时间、节省民力的政治,不要搞劳民伤财的政治。

要这么解释,我想我们对这个"俭"字也会有一个好感,甚至于我们对"啬"字也会有好感,还有慈,慈就很简单了:你要爱民,仁者爱人,你要实行仁政,你对于你所有治下的、在你的权力之下的这些人,要爱护他们,你要心疼他们、你要怜惜他们。你不能够对他们的痛苦、民间疾苦不闻不问,你更不能在"朝甚除,田甚芜,仓甚虚"的情况下养尊处优、耀武扬威、奢侈浪费,他说这是三个法宝,这三个法宝做到了,就能做到"治大国若烹小鲜"了。

第八讲：
老子会怎样用兵

老子其人

在讲用兵之道之前，先说一点历史上对老子的记载。真正可靠的记载非常的少，所以现在怎么说的都有，说老子比孔子岁数大很多的也有，还有说他生下来头发胡须都是白的，所以他叫"老子"。这个我就不是特别相信，因为从妇产科的医学角度看不大可能，这就有一点文学化了，就像说贾宝玉一生下来嘴里含着一块玉一样。胡适就老是批评说，嘴里怎么能含着玉呢，不可能。我也觉得老子不可能生下来就白头发。但是《史记》上面有一点记载，说是孔子去见老子，回来以后，就向他的弟子谈对老子的印象，说老子这人太神了，说——这是书上的原话：如果是一个鸟吧，我知道它在天上飞，如果是一条鱼吧，我知道它在水里游，如果它是一只鹿或者是一个走兽吧，我知道它在陆地上跑，我抓得着它；在天上飞的，我可以用箭来射——现在更可以了，有各种各样的步枪、高射炮，当然用不着高射炮打鸟——如果是鱼的话，我可以下钓竿钓，不管它在水里有多深，可以把它钓上来，如果它是走兽的话，我可以放猎狗或者骑上马追。我想孔子的意思不是说想把老子吃了，像烹小鲜，然后烹老子，不是这个意思。他的意思是说，你能抓得着这些，抓得住、摸得着、看得见；可是老子呢，他觉得像一条龙又像一条蛇，他能伸能屈，他一会儿挺长，一会儿一缩，没了，像龙一样变化莫测。他说老子这个人太神奇了，他一会儿这样，一会儿那样，你根本抓不着他。你也不知道他是在天上、是在地下、是在水里。有这么一段，大意不是念原文，原文大家可以查书去。

老子的神奇兵法

老子对兵法的论述就充分显现了他这种"神龙见首不见尾"，你永远摸不着底，他到底是什么意思，他不给你说全了，以少胜多，以无胜有，那么几句话他就论述出来了。我要讲的主要一段话，就是《老子》第三十六章所说"将欲歙之"，"歙"就是关上、合上，"必固张之"，把它打开，我要想把它关上，得先把它打开；"将欲弱之，必固强之"，我要削弱它，就先把它加强、增强；"将欲废之，必固兴之"，我想灭了它，要先让它发展起来、兴旺发达起来；"将欲夺之，必固与之"，想从他那里拿东西，我得先给他东西。他这几句话，可以说是很神奇的，也是非常有争议的。宋朝的大理学家朱熹就说：老子之心最毒。朱熹是站在维护正统儒家观念上讨伐异端，所以他就抓住了这几句话，说老子的话太毒了，用现在的话是：这个人太阴了，他要灭你，先夸你，把你夸得头脑发胀；本来他要跟你借钱的，但他不——他先借给你钱，我借给你两次，你不好意思了，我下一次来一把狠的，我先一次借给你五千，下一次我向你借，一张口二十万。这人多阴啊，阴损阴损的。所以朱熹有这种说法。

老子不是军事家，没有人说他带过兵。但是自古以来，就有人认为《老子》通篇主要是讲兵法的，讲谋略讲兵法。还有讲中国古代哲学史的人把黄、孙、老——《黄帝内经》、《孙子兵法》和老子《道德经》相提并论。我个人不是特别喜欢这种说法，因为老子讲得深刻的多、全面的多。它里头有许许多多东西是讲兵法的，还有许许多多不是专门讲兵法的，但是可以用到兵法上来。

老子是不是阴谋家

我们现在一个一个来解释。"将欲歙之，必固张之"，这到底是什么意思？我想举一个实际的例子，我想来想去，想了一个最没劲的例子，因为我想不出大的例子来，我就说坐汽车，车门没关好，就有一个灯亮了，提示司机师傅门没关好，你想在已经是半关半开的情况下，你想把它关紧太难了，所以要先开开。为什么呢？开开以后才有重新操作的余地，开开以后它才有惯性，你就拉一下，这一下我们假设它用的是四分之一秒钟，你拉的时候力气不大，车的运行速度就要有一个加速的过程，可能是那个时候、你刚开始拉的那个时候的前第百分之一秒的时候，它的运动速度是一分钟一厘米，第百分之二秒的时候，它已经是一分钟二十厘米了，到你关那一下的时候，啪啦一下——尤其是过去苏联的"嘎斯六九"，要关的时候，没有大劲是关不上的，你得开得大大的，啪，一下才能关上，它有那个加速度才能关得上。

我讲这个例子和军事没有什么关系，但是它告诉你，做什么事你得先预留出一个操作的空间,要有一个加速的可能,这就有一点意思。我们还可以从另一个例子上来讲,毛泽东讲自己的军事思想举过这样的例子,就是说你要往前跑,得先往后蹬一下,田径赛跑的项目都有的,起跑器就是要让你的后腿能够蹬的上,蹬的劲越大,往前冲的劲越大,你门开得越大关的劲也就越大。这个既是兵法也是自然规律。如果说老子太阴险的话,那这不是老子阴险,自然规律就是那样。加速度要有一个过程,操作要有一个过程,而且作用力等于反作用力,这是牛顿的古典力学三大定律之一。所以如果说老子是阴谋,那咱们的物理学是阴谋吗?大自然是阴谋吗?大自然它就是辩证的啊!我就在想,老子太会观察生活了,其实那时候没有这些理论、没有这些定律,他怎么得出这样的结论的?所以他一定是一个<u>特别善于观察的人,才能总结出这样的经验和规律,然后用在生活当中,或者是军事和战争当中。</u>

他特别能体会<u>相反相成</u>的理论,"将欲弱之,必固强之",这样的事例、这样的故事就非常多。比如说春秋战国的时候,越国被吴国给灭了,就是"<u>会稽之耻</u>"——现在的<u>绍兴</u>一带,说是整个被打得一塌糊涂。在这种情况之下,越王勾践运用阴谋,欺骗吴王夫差,整天给吴王夫差灌迷汤,整天恭维整天说好话,不但给他说好话,甚至于还把西施、把越国的美女送到吴王夫差那里,让他骄奢淫逸、使他丧失警惕,使吴国越来越变成了一个吃喝玩乐、<u>骄奢淫逸</u>、不思进取、没有忧患意识的诸侯国,最后把它灭了。那就是"将欲弱之,必固强之",这一类的例子特别多。我就不明白这个道理,以后可以请军事专家来研究:许多战争,都是强国并没有取得胜利,而恰恰是战争开始时弱的那一方取得了胜利,最有名的楚汉相争,项羽和刘邦相比,是项羽强,经常打的刘邦望风披靡、<u>逃之夭夭</u>,刘邦经常是这样子。项羽自个儿得意的不得了、得意洋洋,但是最后是强的一方失败了。

第二次世界大战当中更是如此,比如说原来希特勒发动对苏联战争的时候，是先欺骗了苏联，可以说是"将欲废之，必固兴之"，为什么呢？他先和苏联签订了互不侵犯条约，斯大林的错误之一，是他过分相信了希特勒的不侵犯苏联。因为当时西方有一些国家等着看笑话，让希特勒先打苏联；苏联也想看笑话，让希特勒打西方这些国家，所以就签订了这样一个互不侵犯条约，结果希特勒背信弃义，突然发动一场对苏战争。这个是"将欲废之，必固兴之"，希特勒定那个条约的目的就是要把这个条约撕破，他就是骗一下苏联，然后把苏联一口吞下去，先迷惑它一下。希特勒进攻苏联，他认为是以强凌弱，因为当时苏联的军事装备、武器等等，都落在希特勒发动闪电战的机械化部队的后面，所以按照希特勒的理论，有那么几个月的时间就可以把苏联全部占领。当时他已经做了各种各样的分割苏联、瓜分苏联的计划。但是其结果也是强国败在了相对比它弱一点的国家的手下。

[手写批注：这结论不对，当时德国是同很多个国家在打，如果是单同苏联打，那结果一定不一样！！]

弱也可能胜强

为什么强了反倒会暴露弱点呢？军事上的事，我就大胆说一句，因为强有强的好处，也有弱点；强的好处是力量大，打起仗来我的武器强、你的武器弱，我把你就灭了；但是强也有强的弱点，因为强的战线长，苏联是防守，德国是进攻。另外强的这一边往往缺少持久战的准备，有许多战争的失败就是因为没有持久战的准备。当时德国发动这场战争甚至认为在入冬前就可以结束，偏偏苏联人跟他坚持周旋，不惜以重大的伤亡为代价拖住了他，使他进不得退不得，就光一个"冷"字，就让希特勒的法西斯军队受到了大量的损失。这是重蹈了拿破仑的覆辙，拿破仑也干过这事，他打莫斯科是库图佐夫在那里守卫——所以后来苏联定过规矩，就是进攻的时候——有一个进攻的将军苏沃洛夫，就设了一个苏沃洛夫勋章，奖励进攻的军人；守的时候了如果立了功，就发库图佐夫勋章——库图佐夫坚壁清野,莫斯科放了大火,烧了几天几夜,让拿破仑占领了一座空城,要吃的没吃的,要喝的没喝的。天寒冷下来后,库图佐夫来一个大反攻。他也是"将欲弱之,必固强之",让你充分地呈现你的强势。我不懂军事,但是我看过好多这方面的电影,包括打败拿破仑、讲库图佐夫的,柴可夫斯基的《1812胜利进行曲》,也是表现这一段战争的。

《斯大林格勒》大血战,那是讲第二次世界大战的。它们有一个共同的特点,就是俄罗斯或者苏联这一方,绝不把自己的后备力量暴露出来,打坚守战、阻击战,这些人太惨了,有时候真是赤手空拳地和德国鬼子搏斗,有时候伤亡的比例非常之大。但是决策者当时有大量的军队在树林里面捡蘑菇,我就是不露,我就逗着你,让对方把你的全部力量拿出来、把你最强的力量都拿出来,你拿出来在这儿拼,我这儿也跟你拼,拼拼拼,拼到你那儿快不行了,我这儿后备力量才上。

这个,中国自古以来的军事思想都有过,曹刿论战也是这样,敲第一通鼓,我不往前进攻,敲第二通鼓,我还不往前进攻,我让你把你那个热劲儿都提起来,但是我不动,第三次鸣鼓进攻了,你的劲儿过了,我这儿才进攻。这是"将欲弱之,必固强之;将欲废之,必固兴之",这是有一点毒。

利用对手的弱点

这一类的故事——我们当故事讲好了,据说民国时期,有一个很有名的军阀,整人有一招,他讨厌谁就把谁封成司务长,司务长就是管总务管钱财管行政这一摊的,财务都归他管,一般的给你封上那么两年以后,开始查你的账,抓住问题枪毙。这个是损招,我把你封成司务长,你对我没有什么警惕、没有什么防备,觉得你最信任我,钱财、各种好东西，都由我管，这种情况之下你会有不慎重的地方、你会有漏洞，抓住漏洞我狠狠地整你，这也是"将欲废之，必固兴之"。

这里我要插一段话，什么话呢？从老子的这些话里可以看出，跟对手周旋的时候，或者是作战的时候，你要充分利用人性的弱点。人性的弱点是什么呢？就是胜则骄，败则馁；人性的弱点是什么呢？就是有贪欲：愿意自己强、愿意自己兴、愿意自己大出风头，而不愿意踏踏实实、稳稳重重的。我就把你这一点让你做足了，你不是要出风头吗？你出！你不是要胜利吗？你胜！最后真正到了时候——不到火候不揭锅——到了时候的时候，我再灭你。应该说，老子兵法的思想里如果说有狠招、有损招，那也可以这么说。

王熙凤是怎样灭尤二姐的

"将欲废之，必固兴之"，还有一个例子，这个例子也是有一点阴损，但是我很喜欢这个例子，就是王熙凤灭尤二姐：贾琏在外边置了一处不大的房子，在那里他还不是包二奶，是包三奶包四奶，他包的是谁呢，是尤二姐。王熙凤事先连知道都不知道，后来这个也好玩，赶得巧，她是从谁那儿知道的呢，是从给贾琏服务的兴儿，就是这个"兴"字，"将欲废之，必固兴之"这个兴字。她审问兴儿，知道了这些情况，然后她就直接去找尤二姐，表示多么地欢迎，欢迎一二三四五六七八奶，全欢迎。我给你腾出正式的房子来、我给你高宅大院、我给你好好地伺候，一切按大奶待遇等等。这个王熙凤她厉害了，她能忍住气、她能忍住酸、她能变成一个真正的笑面虎。她把尤二姐接进去，接到贾府以后，对不起，你可就是在王熙凤的权力系统、管理系统也是服务系统——整个在这个系统之中了。你是喝酒啦、吃饭啦，你是想吃面啦、还是想吃米啦，你吃甜的啦、还是吃辣的啦，你是失眠还是蒙头大睡，我一概了如指掌，而且全体服务人员都听我王熙凤的，不可能听你尤二姐的。所以尤二姐就活活地被王熙凤给折磨死了。可以说这也是"将欲废之，必固兴之"。

欲取先予

"将欲夺之，必固与之"。这个容易理解，不管大事小事，它不是单方面的，你老从人家那里夺，人家不干。毛泽东早在苏区的时候，就写过一篇文章，叫做《关心群众生活，注意工作方法》，提出来一个什么口号呢？说你要用百分之九十的力量，去给老百姓东西，然后用百分之十的力量，跟老百姓要东西，要东西——我要他交粮、让他当兵、让他帮着修工事，他说你有百分之九十的力量帮他打土豪、分田地，组织生产、组织医疗、识字课本、教唱歌，你天天都在为他服务，然后到时候你说咱们该交公粮了，一家交多少，他就容易接受。如果你只是在勒索，只是搜刮，你就站在了人们的对立面了，所以"将欲夺之，必固与之"是比较容易理解的。

相反相成

从上述的这些话，我们可以看到两点：第一点就是相反相成，尤其是在对敌斗争中，在战争中要充分利用对方的弱点，或者换一个说法，就是要引导对方犯错误，要等着对方露出破绽；再有一点就是，这并不是由于老子生性阴谋诡计多，而是由于老子懂得天道，天道就是如此，就是相反相成、物极必反，什么事达到了顶端的时候，就自然会走向自己的反面。所以我不赞成把老子当成一个阴谋家，因为老子他讲的是天道，并不是仅仅讲手法。有人会认为老子是阴谋家，非常不喜欢这几句话，那就看你用在什么地方，如果你把这个用在和敌国的交兵上，那你这样做当然对，你不骗敌国行吗？你不可能先开开大门，说咱们都是君子一言，咱们掰腕子，掰三下，谁赢了就算谁的，不许犯规——这个是在对敌作战、是战争、是军事，就没有问题。

可是你要把这一套招数用在自己人身上，你如果把这一套招数，用在甚至于家庭内部，说我想从你这里搜刮一点什么，我先得向你示好，先把你骗过来，这当然就非常的差。所以问题在于，谁来使用这个东西和用这个来对付谁。我想起克雷洛夫的寓言里有这么一段话，而鲁迅最喜欢引用这个话，说鹰可以和鸡飞的一样低，但是鸡永远不可能和鹰飞的一样高。老子的理论里边有一部分表面上看，跟阴谋诡计有一点相像，但是阴谋诡计者他永远掌握不了老子大道的境界，他永远掌握不了天道，因为违法乱纪本身就是不符合天道的。用在大是大非上，就能体现大智大勇，如果用在小事情上，就体现出小阴谋，就体现出的是阴险狠毒，像王熙凤似的阴险狠毒狡诈，就变成了一个完全负面的东西。

老子的反战思想

我不赞成说老子是阴谋家，还因为在《道德经》里，老子多次地表达过他非战的立场，他是反对战争的，现在海内外都有人特别捧墨子，就认为墨子是非战的，其实老子也是非战的。老子关于这方面的话也挺多。在《老子》第三十一章里说"兵者不祥之器，物或恶之"，"恶"就是厌恶，他说的"兵"就是军事手段：刀对刀——那时候当然还没有现在的枪——刀对刀、矛对矛的杀人。这个很不祥的，它带来的是血腥的死亡。这个世界，"物"就指外界世界，其实人们都是讨厌战争的，没有人特别好战的，"故有道者不处"，真正有道的人，不会整天研究战争、那么好战——我不得已而打仗，但是我不好战。这方面老子讲得很多，现在听起来挺遥远的。

平常"君子居"，你在家里的时候，"贵左"，左面是上座，可在军中要坐在右面，为什么呢？这不是什么好事，不是请客吃饭，要坐在右面，才表示这是丧事，"以丧礼处之"，打胜的话，应该像办丧事一样，胜不可以喜；兵者"非君子之器，不得已而用之，恬淡为上"，就是把它看得淡一点，"胜而不美"，就是胜了，你别美滋滋的，因为你不愿意打仗，不得已才打仗，打胜了也不能得意洋洋、美滋滋的。"而美之者，是乐杀人。夫乐杀人者，则不可以得志与天下矣"，如果你打一个胜仗就美得不行，说明你很喜欢杀人，喜欢杀人的人，希望你不要有志于天下；天下别归你管，要归你管，你动不动就老想打仗。

这虽然有理想主义的成分，解决不了实际的问题，也制止不了战争，但是起码我们可以知道，老子对战争的无可奈何，同时他从心里不喜欢战争。他在另外一个地方说——这也变成了名言，和我们前面说的宠辱无惊、知白守黑、治大国若烹小鲜一样，变成了名言警句——叫做"大军之后必有凶年"，他认为战争是很不吉祥的事情、是违反天意的事情，因此在一个大的军事行动之后，必然会有天灾，不是旱灾就是水灾，要不就是其他别的灾——"大军之后必有凶年"。从老子本身来说，他是不赞成动辄打仗的。

老子还在另外的地方说"天下有道，却走马以粪"，"走马以粪"也有各种解释：说天下有道，大家都按天道办事，就没有什么战争，实现了和平，用不了这么多的战马，就把马赶到农村，农村里就粪多。是不是这个意思？我不知道，反正那个意思要让我解释，我就解释的很简单，就是这些战马，随它自个儿拉屎去吧！就完了，没有多大的用。"天下无道，戎马生于郊"，天下无道的时候，到处打仗，天下大乱，这时候到处看见的都是战马，战马都出来了。这些地方都可以看出来，老子虽然讨论兵法，也深通兵法里面辩证的要领——不是说真会打仗，因为咱们也没听说过老子带兵打仗的任何实践，至少从理论上，他知道战争是辩证的。

毛泽东的军事思想

在兵法上、兵法的辩证法上，老子的思想和毛泽东的军事思想有特别相近的地方，毛泽东的《中国革命战争的战略问题》讲的许多道理就是这个。他讲的是以战争来消灭战争，就是我们的目的不是为了不停地打下去，而是为了消灭战争。毛泽东还讲"后发制人"，有一句成语叫"先发制人"——争取主动，但是毛泽东那个时候的农民起义或者工人起义，军力是很弱小的。用弱小的军力，去抵抗强大的对立面的军队——国民党政权军队的时候，是处在弱势，处在弱势要后发制人。"后发制人"是什么意思呢？就是我不暴露自己的力量，毛泽东提出来关于游击战争的思想，常听到的有"敌进我退，敌驻我扰，敌疲我打，敌退我追"——你不是气势汹汹吗，武器也好、人也多，你来了以后我就退，那没办法，我打不过你。毛泽东在另外一个场合也讲过，说什么叫军事，打得赢就打，打不赢就跑，这是大实话。"敌进我退，敌驻我扰"，你进来了、你想在这里长期驻下来，对不起，我跟你捣蛋，我不能让你舒服了，我让你一天都睡不上一个踏实觉，今天这儿给你爆炸一下子，明天那儿给你点击一个，就是"敌驻我扰"。等到你那儿烦了——因为毛泽东主张的是人民战争，他是靠老百姓，他的革命口号，全部都是针对下层的，所以老百姓想跟你捣乱，那你老没有好日子过、你没有好果子吃。然后"敌疲我打、敌退我追"，等你打不过我的时候，对不起，我就要追着你打了。所以他的这些军事思想，非常受老子思想的影响。

哀兵必胜

这个也是中国特有的一种弱者的军事思想，就是我们在军事上不要当强者，我们是弱者，这样能够有一种道义的优势。军事上是这样，非常强的军力——当然我们也希望我们国家有很强的军力，但是过强的军力有时候会失去道义上的优势：你横啊，你壮啊——比如说咱们路上看见两个人打架，一个是又高又大又壮，手里头还拿着棍子或者是拿着什么武器，另外一个瘦小枯干或者是年老体弱，大家的同情心会非常自然地就同情弱者。所以老子又有一个思想，叫做"哀兵必胜"，就是：我是不得已的，是你要侵略我、是你要想压迫我、是你要消灭我，你不让我活着、你不让我诸侯国家存在、你不让我这个民族存在、你要实行民族灭绝，我现在到了最危险的时候，现在我已经快气死了、我已经窝囊死了、我太悲哀了，这种情况之下，我只能够跟你决一死战——取得了道义上的优势、取得了情感上的优势，你充满了悲情、你悲愤欲绝，在这种情况下，你打仗容易胜利，所以这也是老子特别有名的话。他的"哀兵必胜"的思想以后也完全被咱们中国人所接受了。

所以你看似策略的问题，比如说"将欲歙之，必固张之；将欲弱之，必固强之"，除了策略上的考虑以外，让我们试着探讨一下，这里边是不是也有道义上、士气上、民心上、外界舆论上的考虑，就是说：我不是那个狠的，我不狠、我不比你强大，我所以奋起抗争是因为你骑脖子拉屎，逼的我没有办法了。老子他很讲究这个，这个是弱者的武器：我武器不如你，现在是你欺负我，不是我欺负你——这样一种军事的思想，为什么起义者、革命者很容易接受？因为起义者革命者，在开始的时候都是处于弱势的。

弱者的智慧

也有人把这种说法称之为什么呢？这个就不如"哀兵必胜"好听了，称之为是无奈的智慧，迫不得已而为之，因为你处于弱势、你处于劣势，所以有些东西你要忍耐，有些地方你要让步，有些时候明明他已经骑脖子拉屎了，你还得往后退。所以我觉得这个就是老子的用兵策略：将欲怎么着，必固怎么着。你心里这么想，你还做不到，这里头也有无奈的成分，也有在道德上为自己争取支持、争取民心的成分。毛泽东在解放战争中运用的也是这个方法，他特别提出来运动战，叫大踏步地后退，就是我敢撤我敢退，我快撤是拉长你的补给线，让你进入革命根据地，让你进入四面都是敌情的包围之中，进入一个你不熟悉的环境里边；另一方面他用这种撤退、后退来表明我奋起应战是不得已，你是侵略者、你是内战的发动者、你是罪有应得。所以在解放战争当中，甚至连延安都放弃了，延安是一个标志、是一个符号，当时革命根据地的中心是延安，但是延安都放弃了，我继续在陕北跟你周旋，毛泽东他也没走，直到解放战争全胜的前夕，他才东渡黄河，进入山西再到了河北平山。

所以，我觉得他除了军事的考虑以外，同样也有政治的考虑、也有道义上的考虑。在讲到必欲怎么样、必欲怎么样的时候，老子在底下还有一些话，他说"是谓微明"，"微明"这两个字，要从现在的汉语来说就是有一点点光亮，按专家教授们的解释，就说这是一种非常微妙的智慧。我愿意把它解释成两面都有，第一就是说我的智慧是很微弱的，是不得已的智慧、是无奈的智慧，我不是强悍，我并不把自己打扮成一个强者，是很微小的、低微的、卑微的智慧，老子这么说的同时，又是非常微妙的，非常妙，让你抓不住、摸不着、学不会，这也绝了。毛泽东在《目前形势和我们的任务》这篇文章里也曾经说过：我们这些军事战略都不是秘密，国民党都知道，他就是学不成。这个牵扯到中国的历史，不仔细说了。"是谓微明"，就是你要有这么一点光辉，又有一点亮，也有一点黑，也有一点知白守黑的意思，你要有这种智慧。

老子还说"柔弱胜刚强"，他又提出这么一个命题，就是在战争当中，越是柔弱的越往往能战胜刚强，因为柔弱者是正义的，因为柔弱者有较多的弹性，因为柔弱者最讲实惠，因为柔弱者我不会去挑衅、我不会自找倒霉，所以柔弱常常能够胜刚强。老子也说过"以柔克刚"，他底下又说"鱼不可脱于渊，国之利器不可以示人"，"示"就是给别人看的意思，展示。他说鱼不可以从水里头拿出来，"国之利器"，一个诸侯国、一个国家，它的最厉害的利器，不展示给别人，如果我把利器展示给别人，就像把鱼从水里捞出来：你看我这条鱼养得好不好？你从水里捞出来给人家看，人家看完了以后，你的鱼再放回去，它不游了、它死了，是这个意思。这个国之利器，说得挺有意思的，一般的解读者认为国之利器，指的就是前边说的这套最厉害的招儿，就是"将欲歙之，必固张之；将欲弱之，必固强之"，这个也是不能告诉人的。当然了，如果那个军阀任命谁当司务长的时候，告诉他说：小张，你小心一点啊，老子要收拾你了，我先让你当两年司务长，估计两年以后，我不枪毙你也得把你揍一顿，我也脱你一层皮。那谁敢干？

要不要秘密武器

但是你也可以从更广泛的角度上来考虑，就是你总要有些东西、总要有些秘密武器、总要有些制胜的法宝——过去体育比赛里也讲这个，有时候说谁谁谁是咱们的秘密武器，她一直不上场，女排比赛她一直不上场，她练了一手特别绝的发球，等僵持不下的时候，就剩最后那么三五个球了,忽然把她换上场,她发几个球,对方摸不着她的规律,她从来不上场、从来不参加国际比赛,三个球一发,完了,对方失败,她胜利了。你这么理解也行,这当然也对。

"国之利器不可以示人",你的最秘密的武器、你的最厉害的武器,并不想让别人知道,这就像杀手锏一样,你都给人家看了,那它失去它的作用了。当然用现代的政治观点来看,这也有片面的地方,因为现在讲究透明度,又讲究知情权,有一些东西还不能够说什么都掖着都藏着,可我相信不管怎么透明,总还有一部分透不了明的,总还有一部分要深藏、要含而不露。这里我又发挥出去——整个的中华文化,提倡的是谦虚是含蓄,是不要把什么事做得太淋漓尽致,要不为己甚,不要把事情做得太过了。尤其在老子那里,我们可以通过他的"国之利器不可以示人",看出来他提倡的是从风度上相对比较含蓄,不必什么事都要做到百分之百,更不要做到百分之一百二十、百分之一百五十。你适可而止,留有余地、留下空间、留下发挥的可能,这个是老子的想法。

当然就是这些想法,也可以变成阴谋,中国社会上也有这种说法,说"逢人只说三分话,未可全剖一片心",这个话同样看你怎么理解,如果你认为他是提倡阴谋诡计,认为他是作伪提倡虚假,这有可能,就是弄好了成佛道,弄坏了进魔道,走火入魔,学老子学的走火入魔了,这个也是完全可能的。老子所提倡的,就看你用在什么事情上,你说你一个人保持适当的含蓄,这个还是完全正确的。

以正治国以奇用兵

老子在刚才说的这段话后还有一段话,可以做这一段的解释和补充。他在五十七章里说,按照大道应该"以正治国,以奇用兵,以无事取天下",就是执政要非常正派,按照正道走,是什么就是什么,该说

157

什么就说什么，一切都是按照正常正派正路正式的方式来走，要正；但是用兵要奇、要出人不意、要出怪招，要敢于出怪招；"奇"另外一个音就是"奇"（读jī），就是说它是独一无二的东西，你能够用这种和别人的方法、兵法完全不一样的方法——人家那么做我偏偏这么做，"以奇用兵"。老子的这个思想、这个观念，我们可以认为也完全是被毛泽东主席所接受的，他打的很多仗都是与众不同的、和别人的想法完全不一样的。但是老子最后又归结到"以无事取天下"，我以不折腾人、不出幺蛾子，以普普通通正正派派平平淡淡的方法，来治理这个国家，取得天下的信任。我觉得老子的说法，帮助我们理解：可以以奇用兵，但是不能以奇治国。以奇治国，是拿老百姓开涮了。他是"以正治国，以奇用兵，以无事治天下"。

老子在另外的地方还有一些对军事的说法，也奇奇怪怪让你半懂半不懂，你是越不懂越想懂，越想懂，越不懂，最后你对他更产生兴趣，所以我说它训练智慧，不是咱们学完这个或者是听完这个以后，咱们都会用兵了，回去以后都可以当团长营长了，这不可能，但是他对于智慧是一个操练。比如他说："用兵有言：'吾不敢为主而为客，不敢进寸而退尺。'是谓行无行，攘无臂，扔无敌，执无兵。"什么意思呢？是说，我要用兵的话，我不敢采取攻势——就是为主、采取攻势——我不敢采取攻势，我不敢挑起这场战争，而我宁可采取守势，因为采取守势，我可以避免伤亡、我可以观察情况、我可以寻找对我有利的战机；"不敢进寸"，我不敢轻易地随随便便地往前进一寸，因为进一寸，就进入了敌方的阵营了，谁知道敌方的情况——天时不知道、地利也不知道、埋伏也不知道，你都不知道，很危险，"而退尺"，我可以退一尺我也不进这一寸。这也有一点刚才说的大踏步后退、大踏步前进的这种观点。

他底下说的有一点意思，我想来想去有一点游击战的意思，"行无行"，就是行军的时候，我不排成队，我排成队多傻啊、多容易被对方发现啊，我不用排队，"攘无臂"，我把武器弄出去，我让你看不见我胳膊，"臂"就是胳膊，就是我发射武器的时候，或者我使出武器来的时候，我让你找不着我的胳膊在哪儿，你没看见我的胳膊在哪里那一射子弹已经从嗓子眼穿过去了，你已经玩儿完了，神奇不露痕迹；"扔无敌"，"扔"就是指对抗，去对抗的时候找不着对手，所以我说，他有一点游击战的思想——可以用游击战的思想来解释它，不是说他真有游击战的思想，他那个年代也没有游击战这个词，但是他所设想的神龙见首不见尾、不露痕迹的战争，"让你找不着我"的用兵思想，在中国，从孙子兵法一直到毛泽东讲军事，都有类似的话，就是你打的时候让你找不着我，你永远找不着我的主力在哪里，而我打的时候，我想怎么打就怎么打，我按我的方法，我找着你以后——因为你动作很大，你是强者、你是机械化部队、你又是坦克又是战车，运输也都是大卡，我就这两条腿——所以我就要做到：我看得见你，你看不见我，你在明处我在暗处，我也是知白守黑。

善战者不怒

老子对于战争，是用这种神龙见首不见尾、不留痕迹、让对方抓不着自己的这种方法来考虑战争。在第六十八章里他还提到"善为士者不武"，"士"指的已经不是读书人了，指的是武士，就是搞军事的，军官也好、军人也好，我"不武"，我不那么威风，我干吗那么威风凛凛的，威风凛凛的不更暴露自己了？你走到哪里都威风凛凛、都有一副要压倒别人的气概，你干吗？"善为士者不武"底下说的一句话，尤其被中国的传统文明非常看中，叫做"善战者不怒"，就是我不怒气冲冲的，我保持清醒保持冷静。但是"善战者不怒"和"哀兵必胜"有一点矛盾：哀兵已经是很哀了，悲哀悲愤，但哀兵是兵，他还要必胜、他还要打仗的，不是说我悲哀了，我就光在那儿抽泣，这不是林黛玉的悲哀，要是林黛玉的那个悲哀行了，林黛玉也是哀兵，但是她是必不胜，而老子讲的不是林黛玉的悲哀，是整个的一个军队、一个诸侯国、一个民族的悲哀，那么你悲哀了以后你会必胜。可是他又提出这么一条"善战者不怒"来——语言表达事情，表达精深的道理，常常无能为力，常常会有漏洞：你说了一，你忽略了二，你说了二，你忽略了三，你要一二三都说了，你等于什么都没说。

有时候我们经常在语言上会发现这一点，比如说别人问我：这个主持人怎么样，我说主持人聪明极了，然后底下我又赶紧补充，她聪明是聪明，可是她有时候也冒傻气，后来我觉得说冒傻气不对，我说她虽然又聪明又冒傻气，有时候她也不冒傻气，也不显特别聪明，你如果这三句话都说了呢，你等于什么都没说，因为这话用到谁身上都可以，所以说话是非常困难的。

但是老子的"善战者不怒"已经被中华文化所接受了，很多名人、很多大人物——我上次说过他们有座右铭叫做"宠辱无惊"，还有很多大人物，据说林则徐有一个座右铭是"制怒"，就是你别生气。年轻的时候尤其重要，年轻的时候，很多自找倒霉的事、很多傻事都是因为一怒而生的：由于一怒，说出不应该说的话；由于一怒，做出不应该做的事；由于一怒，得罪了不应该得罪的人；由于一怒，没有能做一个最稳当最妥帖最巧妙的决定。如果善战者易怒的话，打仗是一个历史的任务、一个军事的任务，并不是个人的匹夫之勇、个人的突然一生气，就打起来了，不是这个意思。

它提出"善战者不怒；善胜敌者不与"，"不与"是什么意思？"与"就是不露空子，我不留空子给你，不把破绽露给别人看，不把自己最虚弱的地方、所谓软肋暴露出去。老子有这样的观点，他说"善用人者为之下。是谓不争之德，是谓用人之力，是谓配天，古之极"，他指的就是：你是管理者，他是被管理者，我"为之下"，我要做的是自己要比那个被使用的人更谦卑；他说这是用人之道，他说这是不争之德、用人之力，是配天之极。他把它看得非常重，说你能够用别人的话，你要跟天一样有道行，你和天的高度一样，你越要支配他、越要使用他、越要领导他、越要管理他，你越要把自己放在下面。他这里本来是讲军事的，最后讲起用人来了，这个也挺有意思的。一个是不怒——制怒，一个是用人的时候能够"为之下"。

从军事说到用人

中国这个社会，在老子那个时期已经有很多人讨论用人的问题，孟子就说过："君之视臣如手足，则臣视君如腹心，君之视臣如犬马，则臣视君如国人，君之视臣如土芥，则臣视君如寇仇。"什么意思呢？侯王拿我当手足、当兄弟一样看待，那我看你就是我的主心骨，你就是我的心腹——"心腹"在当时认为是人最重要的——当时还不知道大脑的支配作用，他说你如果拿我当手足来看待，情同手足，咱们感情这么好，而且你跟我平等，我就拿你当腹心来看待，如果你要是待我如犬马，跟你养的一匹马一只狗一样，我视你如国人，就跟一般人一样，咱们就是：你有用得着我的时候，我也有用得着你的时候，就完了；你把我看成土芥，就像土里边的小草、野生植物，或者是什么乱七八糟小菜一样，如果你拿我不当人看，我就拿你当寇仇（仇人）看。中国文化也挺有意思，中华文化是长期封建专制的，都是自上而下，什么事都得听皇帝的、听国王的、听诸侯的，但是它又从"道"上来补充、来限制，甚至于来监督你，臣应该忠君，所有的中国古代文化都是这样讲的，但是它又提出"如果你视我为粪土草芥，我就视你为仇人"，给出了这样一个警告。

骄兵必败

老子在其他的方面又讲过"祸莫大于轻敌",这很实在,你又会觉得老子不那么玄妙了,他有非常玄妙、非常神奇、非常的——就是说他进入化境,有那种"谈笑静胡沙"、有那种对什么事都看作小菜一碟的一面,但是他又有非常谨慎、非常实际的一面。"祸莫大于轻敌",这也是已经被中华文明所接受的一个理念,就是骄兵必败——谁骄傲、谁粗枝大叶、谁麻痹轻敌,就必然失败。从这个意义上我们又可以理解,老子前边说的那些被认为是阴谋的东西,中心的中心、重点的重点就是引导敌人骄傲:我什么事都让着你、我什么事都往后退,好好好,我把这个路给你敞开,这样你会越来越骄傲,你越骄傲离失败越近,我越谦虚离胜利就越近。这些东西以后就变成了中国的谋略,比如说我们讲"欲擒故纵",多少有一点放长线、钓大鱼的意思,就是我为了抓住你、为了控制你,我故意把岗哨先撤了,我麻痹你,这样我放长线才能钓到大鱼。有许多东西都是和老子的这些思想相一致的,谋略是不可能没有的,谋略里边也有许许多多的诡计,许许多多的这种所谓"诱敌深入",这也是毛泽东爱讲的军事术语。有很多这样的东西,包括在政治上,一九四九年以后的历次政治运动当中——这些政治运动本身,我这里就不评价了——总说牛鬼蛇神都要一个一个地跳出来,这些都是欲擒故纵。我们的目的是打败你、我们的目的是消灭你、我们的目的是把你管制起来——当然政治上的是非,我这里不谈,就从策略上来说,我先让你有一个暴露的过程,先让你有一个放肆的过程,先让你有留下你的空子、你的辫子的一个过程。中国讲谋略的这个方面,在全世界鲜有其匹。但是老子不光是谋略,如果光把老子看成是一个谋略家,那就是你看到鹰飞到鸡窝上,就认为它是鸡了,老子还讲世界观,他还讲大道、他还讲非战、他还讲和平，所以如果我们把这些东西全面地理解了，我相信：说由于读了《老子》，变成了阴谋家了，这样的可能性微乎其微；由于读了《老子》而变得更聪明了、更有智慧了、更沉稳了、更含蓄了，这种可能性我想是有的。

第九讲：
老子的养生理论

中华文化中的养生问题

今天讨论一个和每个人都最有关系的问题，就是老子的摄生。摄生，在庄子那里就是养生，现在"养生"这个词，已经被普遍地接受了，但是摄生是老子最早提出来的，要是查《词源》，它解释"摄生"就是"养生"，但是我觉得从词义上，略略有一点不同。摄生的"摄"有汲取的意思：摄取、提取，还有聚拢、凝聚、聚集的意思，还有珍重、保护的意思：善自珍摄。所以在重点上有点不太一样。

我们现在很讲究养生，书店里也出好多这类书，但有一段时期，我们把养生当一个反面的词嘲笑它。现在年轻人不知道了，在文化大革命当中，有一个电影叫《春苗》，是写一个赤脚医生的故事，它写医院里有一个修正主义分子，他怎么修正主义呢？就是整天弄一帮人在那里研究"养身疗法"，他倒没说是"养生"，他说是"养身"，把身体养起来。从某种极端意义上来说，养身就是养尊处优，就是不去奉献、不思进取、整天养着，你说这不是剥削阶级、不是坏蛋、不是周扒皮？要不就是南霸天——从那个角度来说。可是老子与庄子非常注重摄生、养生。我还要说，道家、道教讲究摄生养生，这正是这一派一教的一个亮点，是它们的魅力所在之一。

有趣的是摄生也好，养生也好，爱护自己的生命、延长自己的生命、维持健康也好，在西方绝对是一个生理卫生学的问题，是一个医学的问题，是一个和营养、医药、居住、环境、空气、睡眠、心肝脾胃肾、细胞——是跟这些东西联系起来的，属于科学的范畴。

但是在中国呢——也不是没有道理——把它看成一个修养的东西、一个修身的问题、一个精神境界的问题、一个道行的问题，或者说得俗一点，如果你很有道行，你的境界很高、学问很深，那么你这套方法就干什么都行：你可以治国平天下，你也可以用来调理你个人的生命现象、生命体征。这个是非常有趣的非常中国式的思想方法，也是典型的老子式的思维方式。

中国人、中国的传统文化老追求最根本的最整体的东西，我称之为整体主义。最好是一通百通、一顺百顺，掌握这个以后干什么都行，放之四海而皆准。中国还有一个说法，说"不为良相便为良医"，因为这都是救人。你不当总理、当不了好总理、没有机会去当总理，你就好好地当一个好医生，你好好地去救那些病人。你要当总理，你救一国的人，你要当医生呢，你救上你这里来门诊的病人。

这种思路外国人无法理解，因为良相和良医是两码事。良相，你得学政治、公共管理、法律,你要是当良医呢,医学那且得啃,六年七年八年的都有,把人啃老了的都有,要啃生理、病理、解剖、细菌、病毒、遗传、药理、药物、有机无机化学还有各种检验仪器……是非常专门的学问。它与中国人的修身养生是两种思路。但是中国要求统一性,所以底下讲的老子对摄生的理论,我们会觉得很有意思,他也不给你讲维生素,也不给你讲睡眠几小时,也不讲你爱护心脏、注意血压,这些东西他都不讲,相反的,他讲的是一个大概念、讲的是一个整体的人的境界。

生命与大道合一

按照老子的理论,生的要义就在于:使个体的生命与大道能够连接起来、能够合二为一,叫做"与天地同在、与日月齐辉",这样的话就没有死地了。具体的、个人的、我们平常日常说的:谁出生了,或者谁去世了,这只是一个具体的表现,老子认为:如果和大道放在一块,那么你的出生也只是大道的一个表象。大道——我说是一个下载,就是大道是总的数据库,而且是总的驱动程序,你出生了只是一个下载,你死亡了,也只不过是对这个具体文件的一个关闭,大道本身并没有变化。

所以从根本上来说,人是没有死地的。这个说得是相当的玄了。老子在另外的一个地方讲到"死而不亡者寿",就是这人虽然死了,但是他的一切并没有从此消失,所以是真正的长寿。这些话说得稍微空了一点。我们再往下说,生和死的问题,可以说是人的精神上的一个死结,因为讨论这个你不好办,起码你找不着一个死过几次的人来给你谈谈死后他有什么体会、有什么感觉;人最多是假死,这有可能,或者说是心脏停了几秒钟又救回来了,这个是有的,但死后到底怎么样,你无从论证,除了宗教可以给你一个说法,那就是你信就信,你不信,那个说法对你也没有约束的力量。所以可以说，这是人的精神、生活、学问、哲学、艺术当中的一个死结。越是死结人越追求，越想给它一个说法，越想能使自己心安一点，所以自古以来就有各种各样对于生和死的说法，比如说希腊的哲学家伊壁鸠鲁就说死的问题不存在，死了的人不可能再关心这个问题，而活着的人也无须关心死不死，活着的人应该关心的是如何活，这说得也很合乎逻辑，与孔子讲的"未知生焉知死"道理相通。但是人类仍然惦记这个事：一个人去世了，是不是他就什么都不知道了，是不是就没有任何痕迹了？这在今天仍然有各种不同的理解。

达·芬奇论生与死

达·芬奇我们都知道，是意大利文艺复兴时候的代表人物，还有一个电影叫《达·芬奇密码》，《蒙娜丽莎》是他画的，达·芬奇说：就像劳累的一天带来愉快的睡眠一样，勤劳的生命带来愉快的死亡。说得非常感人，你只要勤劳——用勤劳来解释一切——只要你的一生都是非常勤劳的，那么你该休息了、你该长眠了，所以仍然是愉快的。当然这愉快——真做到愉快的死亡也非常难，你让他的家属、让他的朋友那么愉快地接受他的死亡也不是很容易的事。有些人无法从学理上解释生和死的问题，但是他可以从艺术上、从文学上、从语言上——譬如说一篇很好的悼词——从政治上或者从文学上解释，可以起一个什么作用呢？就是把死亡看得更大而化之，能够从整体上看你的一生对社会对人群所做的贡献。我就常常想，比如说柴可夫斯基的第六交响乐，就是《悲怆》，它的主题就是死亡，而且在《悲怆》演出以后不久，柴可夫斯基就去世了，对他的去世，有各种八卦的说法，我在这儿就不谈了——当人们不能够用逻辑、用知识、用学问来解释死亡的时候，还可以用感情，可以用艺术、用精神的向上升华和逼近的情感，来体验一下死亡对人生的意义。用艺术用交响乐来解释死亡、来探讨死亡，应该说这也是人们给自己的精神找一个出路。

苏东坡话生死与寿命

文学里当然就更有，譬如说我们耳熟能详的苏东坡的《赤壁赋》，实际上也谈到这个问题，他在《前赤壁赋》里讲到"驾一叶之扁舟，举匏樽以相属，寄蜉蝣与天地，渺沧海之一粟"，我不仔细念了，就说他想到了，天地是怎么样的宏大永久，而自己像蜉蝣一样、像一个小虫一样、像水上能飞的小飞虫一样，小飞虫大概就是两三天四五天的寿命，它当幼虫的时候，寿命还有好几年，变成了成虫，像咱们养蚕似的，变成了蛾子，几天就死了——这里他表示的是对人生的悲哀。

但是苏东坡又说："客亦知夫水与月乎？逝者如斯，而未尝往也；盈虚者如彼，而卒莫消长也。"就是说：你像水整天在那里流，水流了半天还有水，这水仍然存在，水并没有走，水永远在我们的面前；月亮有时候是圆的，有时候是亏的、是缺的、是剩的，有时候就剩一牙儿，可月亮也并没有增长、也并没有消失。水虽然流，但是水永在；月亮虽然一会儿亏了，一会儿圆了，但是月亮永在。他用这个来比喻自然是无穷的、大道是无穷的。

所以苏东坡说"自其变者而观之，则天地曾不能以一瞬"，就是一切都在变化，天地也不过是瞬间的事——现在的银河系也有自己的寿命，虽然我们说不清，它到底有多少这样的寿命。可是"自其不变者而观之"，就是从大道来看，我们每一个人的人生，"物与我皆无尽也"，就是说这个世界永远是无尽的，因为任何东西，都不可能绝对地消失，作为总的存在，它的能量、它的元素都不可能消失，同时它也不可能增长。恩格斯也说过类似的话：世界以铁的必然性会毁灭，同时又以铁的必然性会产生。所以这都是从最根本上来讨论人生、讨论生死。为什么要先讲一些很抽象的大道理呢？有这样一些大道理做参考，你的心情会豁达得多，你不会老抠那一点，说谁谁谁死了怎么办、我爹死了怎么办、我死了怎么办？他不会抠字眼，而是看到了这是一个总的、由大道来主宰的宇宙生生灭灭的过程。

三个十有三

我们再稍微具体点：老子谈到生和死，最主要的是他的第五十章，他说"出生入死。生之徒十有三，死之徒十有三，人之生，动之于死地亦十有三"，就是十分之三、百分之三十。很多老师学者解释说"生之徒十有三"，就是长寿的人有百分之三十；"死之徒十有三"，就是短命的人有百分之三十。我这方面的学问并不行，但是我不太能接受这种观点，这比例有点高了，尤其是在老子当年那种医疗条件，那种卫生、营养的条件，年年的战乱，长寿的不可能有百分之三十，长寿的不会有那么高的比例，夭折的倒可能比例高，因为越是到古代，妇产科的医疗条件就越特别的差，看过去的小说，把女性生育是看做鬼门关的，弄不好的话连孩子带母亲全都能够出事。

所以我愿意把它解释——我无法寻找一个确切的证据，只是我个人的愿望，我个人的解释——就是在宇宙当中，有利于生的元素、有利于生的因子有百分之三十，会促使你提前死亡的这种因子、这种元素也有百分之三十；老子最有趣的说法，说由于"人之生，动之于死地亦十有三"，你特别希望自己活得长，你特别给自己效劳，想让自己活得好，其结果是你没有变成生的因素，而变成了死的因素了，这还有百分之三十，就是适得其反的也有百分之三十。这可就了不得了，死的因素有百分之三十，想生，最后把自己搞死了的因素又有百分之三十，那成百分之六十了，要是按百分比，三十三十三十，这三三制，是百分之九十了。还有百分之十老子没说，也可能就是这百分之十是看你怎么办了，如果要是把它办坏了、要是演变成死的因素了，就是百分之六十再加百分之十，百分七十要玩儿完。这情况就更严重了。相反的，如果把这百分之十的个人的人生的安排、人生的处理，包括你的社会生活、你的家庭生活能够做得合理，使这百分之十变成生的因素，那就是有前边那个生的因素三十，这边又加一个十，就变成百分之四十了。你如果有百分之四十的生的因素，那再处理得好一点，应该说还是有点希望的。

日月之精华

但是你要很警惕，其中最警惕的应该就是：生，反倒进入了死地。下边我们再说说这三成生的因素。按照我的理解，咱们既然三就三它一下，咱们试着这么说说，姑妄言之——这个符合老子通篇的精神，但是老子并没有这么具体说过——三成生的因素，我觉得第一个因素就是自然，因为生命本身就是从自然产生的，而且"道法自然"，自然世界本身就提供着生的因素，它给你提供了植物，经过种植可以变成粮食、蔬菜、水果，提供了食品。外国有感恩节，感恩节就是当年新的移民到了美洲，没吃没喝了，结果看到了野生的火鸡，他们认为这是上天给他们的食品，所以永远要感恩，要在这一天吃火鸡。大自然的日月——日给你能量，月亮在夜间可以给你照明，而且日月的循环才造成了植物生长、动物成长等等。大自然又给你各种的东西，使你有栖息的地点等等。所以第一个生的因素，应该是自然。

凡是中国的、甚至于外国的注意养生的人都注意把自己放在大自然里面。我们中国很好玩，我小时候特别有兴趣看练功，练各种的功，武功、功夫什么的，其中甚至说狐狸也练功、蛇也练功，练什么功呢？叫吸日月之精华。我当年上小学的时候，受这影响，月亮圆的时候我就要上院里头去，看着月亮练蹲裆骑马步，就半蹲在那里，当然没有坚持下来，要坚持下来，我现在也不知道是什么情景。我最感兴趣的就是"吸日月之精华"，太阳你不敢看它，你可以晒太阳、日光浴，我们现在也都懂这个，但是照得太厉害了也不好，还能造成皮肤癌，这是新的观念；那么月亮呢，如果你对着月亮练功，你能够吸收日月之精华，其实这也是一种比喻的说法，但是这是一个很美的说法，认为生命能够从日月吸收到精华，你说这个有多牛，说我身上有日月之精华，就这个话一说出去，自个儿连活的信心都增加了，哪怕查出来你有这病那病，你都增加信心。我们看《白蛇传》，说白蛇也是吸收日月之精华，它变成美女了；《聊斋》里那些狐狸为什么那么可爱？它吸收日月之精华了，狐狸变成情人，情人节咱们都去给狐狸献花，这也是非常可爱的一种想法。所以生的第一个因素是自然。

循大道而养生

第二个因素就比自然更升华一步、更抽象一步，就是大道，你相信道、你理解道、你感受到道——说不太清楚没关系，但是你感受"道"；比世界更永久、比世界更抽象、比世界更概括的是什么呢？是"道"。有了道以后，就有了无穷的广大，也有了无限的永恒，人应该为自己的智力、为自己的悟性而感到骄傲，虽然你摸不着，你也看不见，你也不能装在口袋、你也不能打包，但是你感觉到这个世界上，除了这些零零碎碎的小的利益、小的道理、小的规律以外，还有一个无所不包无所不能无所不有的大道；你虽然很渺小，就跟苏东坡说的一样，你虽然往小了看只不过是一个蜉蝣，只是一个小虫，只有三五天的寿命，但是往大了看呢，不管以什么方式，你都是大道里的一个因子、你都是大道的一个下载、你都是大道的一个表现、你都是大道的一个证明。老子的《道德经》本身，就说明人的智力能够达到那么一个超乎一般的阶段，所以一个人和大道能够结合在一块儿，他就可以做到我们前边所说的宠辱无惊、他就可以做到无为而无不为、他就可以做到永远的存在和永远的胜利。

生命的自我调整

第三个生的因素我认为仍然是自然的观点，就是生命。自然具有的维护生命的能力，生命自己就能调整自己的问题、就能解决自己的问题。这和中医的观点也特别接近，中医认为主要就是要扶正祛邪。"正"是什么呢？就是生命本身有一种来治疗疾病、来克服困难的能力，能够自我调整、自愈——这说起来其实也很简单，比如你有两三天睡得不好，在正常情况之下，几天睡得不好以后一定会有一两天睡得特别香，因为你已经很疲倦了，你那个抑制作用已经起来了；譬如说你感冒了，你好好睡两觉、喝点水，衣服穿合适了，你就会好——要相信生命本身有这样一种自我调整的力量。

我老说老子的很多说法带有理想主义，因为他鼓吹"道"，所以他就认为道可以解决一切问题，但是实际上道归道，各种具体的技术、具体的规律、具体的科学——它还要解决各种具体问题，比如你头发有问题，用"道"来解决就隔得实在是太远，你用假发也好、还是染发也好、还是吃什么药也好，你只能够用具体的方法去解决。但是老子所设想的这里头有信仰的成分，也可以说有空想的成分，他希望通过"道"把什么问题都解决了。老子的魅力也在这里，老子有时候的缺乏可操作性也在这里，譬如说你现在闹寄生虫，你可以吃点药，把寄生虫打下去就好了，你不给他吃药，让他学习《道德经》，让他好好听咱们

BTV 的讲座，这对他解决寄生虫的问题很难发挥具体的作用，但是对他也没有坏处，他多知道一些事、他的精神境界高一点，起码他心情好一点。

西方有这种心理疗法，把维护好自己的心态当做养生、当做长寿、当做治病的头一条。我最近还看到一些这样的材料，在美国在欧洲都有这种理论。中国的这些理论实际上源远流长，中国人相对来讲，重视人和自然的协调，譬如说我们到一个什么地方去，回来以后闹点小病，就说这是水土不服。"自然"无非天地和四时、四季，水土不服是从地理上来说，从天时来说呢，有时候说时令杂症，就是说到了春天了容易有春瘟，到了秋天了会有秋燥，秋天会感觉到比较干燥等等。这样的思路都是非常东方化的。

日本人注意人事与季节的配合

日本比这个还厉害，日本吃饭都特别注意和季节配合。春天的时候、草发芽的时候他就要吃"新绿"、"浅草"一类的食品，这个汉字是非常美的一个词，叫新绿呀、浅草呀什么的，花开了，小点心就做成桃红色的。有时候你要吃它，最后那小点心叫小不点、小点，它是浅绿色；等到各种花开的时候吃的那点心，是粉红色的等等。他非常注意，人的一切，他的起、居、作、息、饮、食、行、止，都要和地点和季节和自然的条件有一种呼应、有一种配合，这作为一种思路，我觉得非常的可爱。川端康成还专门著文讲述日本人对于季节的敏感与重视，也许可以说是对于四季的崇拜与醉迷。虽然我们无法证明早春的时候吃绿色食品——这个绿色不是指自然了，是指那颜色发绿的——是不是对人有很大的好处，或者是开花季节，桃花、樱花，花都开的时候，吃那小点心染成粉红色，是不是对你有多大的好处，我不知道，但是他这种思路非常可爱的,至少是很和谐的,反正你不讨厌它,它不会让你烦。

贪欲、有为与宠辱催人灭亡

再说死的因素,这三成死的因素,我们也从三方面来分析,一个就是贪欲,老子有许多地方讲这个,他说你越贪欲你就越容易走向死地,最近我看到咱们一位医师洪昭光先生有一个很好玩的说法,他说贪官都短命,不是说抓起来枪毙——那当然更短命了——他说的就是由于这种贪欲之心,他时时刻刻处在一种焦虑之中、处在一种恐惧之中,而且又永远处在不满足之中,不满足加焦虑再加恐惧,你还想好好地活着?太难了。这是老子的观点,他说"祸莫大于不知足",他认为贪欲就是把生往死上推。

老子还有一个观点,就是"有为",过分的有为——你想做的事情太多,也是一个死亡的因素,你太累了,你做许许多多平庸的、无效的、穷折腾的、自己跟自己过不去的、既不利于别人也不利于自己的事情。当然这个观点,我们今天不可能完全接受,他说的"有为"也不是我们所说的"青年有为"有作为的意思——我们当然要提倡有为、有作为——老子说的这个"有为"是那种刻意的过分的甚至于可以说是胡作非为、不自量力、达不到目的的,或者是蝇营狗苟的、追名逐利的、低级下流的、假冒伪劣的这样一些"为",这样的"为"只能给自己带来最消极最负面的后果。

《老子》里反复讲的死的因素,实际上就是"宠辱"——是人对宠辱的计较。一个人把自己看得很低下,因而把宠辱看得非常重要,一点小事:被抚摸了一下或者被青睐了一下,就忘乎所以;一点小事:自以为是被冷淡了一下,或者是一个什么浮名浮利没有得到,有些只是鼠目寸光、眼皮子底下的那点蝇头小利没有得到,就感到受辱、就感觉受不了了——我不愿意说了,因为我有很好的朋友,最后、不能说完全是这个原因,但是和这个有关系,譬如说他希望评一个什么职称,没有评上,结果因为这个心情越来越坏,以至于得了不治之症,去世了。去世后他的家属就来说:我的先生因为没有得到职称,忧郁成疾去世了,有关领导或者有关的机构能不能追认我先生这个职称?哎呀,我听了以后真是非常地难过,我觉得这人跟自个儿太过不去了——咱活着的时候,想得一个什么头衔没得到、想当博士没当上、有个博士论文没通过、后来因为这个得病死了,那么他的弟弟妹妹来了,说你们这么残酷啊,人都死了,你们还不承认他是博士,你说这个事怎么办呢?

所以老子非常地强调人对宠辱应该置之度外,人对宠辱应该用一种更高的眼光来看它。那么,三成因为生而促进了死亡的这个因素——我觉得这个讲得太好了,因为所有的人都是珍惜自己的生命的,没有说是盼着自个儿早点死的,所以人往往会采取许多措施,希望自个儿能活得好活得长,但是有很多措施也会变成了一种过犹不及,过分了以后,生的因素变成了死的因素。

过度的营养、医疗与锻炼修为

什么叫过分、或者过度呢?我指的就是过度的营养、过度的医疗保健、过度的锻炼修为。这样的事情我见到的也太多了,我们是一个伟大的、历史古老的民族,但我们又是一个饥饿的民族。我们长期、有很多年代处于饥饿或者半饥饿状态,现在情况好一些了,温饱问题绝大多数地方都解决了,甚至于进入全面小康的程度了,可是这种情况之下,营养过剩、营养过度非常严重。我有一个同学做内科大夫,他也叹息说,从前他看病经常看的是贫血、肝炎、缺钙、佝偻病,都跟营养不足有关,当然更严重的还有浮肿,营养不够会产生浮肿、免疫力减退等等;他说现在最多的问题是血压高、血脂高、脂肪肝、肥胖,就是吃太多、吃太好。

我有一个玩笑的话,不知道能不能够拿到台面上来说,我说人生有时候面临两个大问题,一个问题是由于吃不饱产生的,还有一个问题,是因为吃得过饱产生的。吃不饱的时候、饥饿的状态下,容易产生愚昧、犯罪、绝望、极端的行为;而在吃得过饱的情况下,容易产生颓废、奢侈、吸毒、麻醉等等这一类的问题。所以说,由于保养自己而把自己往死路上推这样的傻事,我们人类实在是做了很多。

过分的医疗也是这样,任何病——对于有些人来说,看病的条件比较方便、比较不错,有时候我就觉得,真是不知道这是一个什么标准;也有我很好的朋友拿了药就跟我说,今天我这药可是好药,这是中央领导用的药。我说吃药应该在乎药本身,而不是在乎它的成本价钱,或者它的级别。药本身没有级别,对症就好。如果两毛钱的药就能治好病,你别买两块钱的药。这种过度的医疗和自我保护,有时候违反医学的规则。现在讲医疗改革,我有些从事医药工作的朋友也说,强调服务意识、服务精神,他们非常地赞成,但是他们又害怕有时候一些患者没有医学方面的知识,他就会去求你给开好药、开贵药,有这样对自己不利的行为。

再比如说由于企图养生而练各种邪门歪道的功,有人练功练得进了精神病院,叫做走火入魔。我的好朋友里有不止一个人锻炼过度,每天早晨跑长跑,至少我有两个朋友,都是在跑了十五圈以后,突然心脏病犯了,结果就这么不幸去世了。这样的事情也有,由于太重自己的养生,反倒走向反面。

养生的诀窍在于不养生

我想起八十年代,那时候我有机会见到全国人大的副委员长、也是一个学者、复旦大学的教授、好像还做过毛泽东主席的老师,就是周谷城,周谷城那时候已经九十多岁了,我说您给我介绍一下您的养生之道,他说:王蒙,我要给你讲这养生之道,好多人不相信,他说我仨字——"不养生"。他说,我从来不专门考虑:吃这顿饭我能多活两年,吃那顿饭就能少活两年,我自自然然的,饿了自然要吃,饱了我自然就要放下,有病就看,小病能忍的我就忍了,有大病我看,看了医生,吃了药有效我继续吃,无效我请他再给我换一样药,累了我休息。我觉得他的说法很高级,有点沾老子的意思了。

无死地最重要

今天我们说的老子关于生与死的论述,是不是也可以总结为三三论,因为刚才说三成这样三成那样,其实他说的也不仅仅是具体如何生活、如何养生,他还是说的一种精神境界,只不过是用这样的一种阐述方式,帮助我们来理解关于大道的境界。他说"无死地",我觉得最重要的是两个方面,一个方面就是你把自己跟大道放在一块儿,你不必那么去焦虑和惧怕死亡,因为那是大自然的规律、是一个过程,这个过程也不归你管、也不归任何一个人间的机构来管,这是大道在那里做主的,大道该怎么样,自有道理。既然你已经出生了、你已经存在了、你已经做了一些自己认为应该做的事情了、你已经来过北京电视台了、你已经说过话了,说明你活得很好,因此在你来说"无死地",用不着考虑死地不死地的问题,那些东西大道自有道理。

更重要的是,"死地"指的就是你的弱点,一个没有弱点的人怎么会有死地呢?为什么我说它是指弱点呢?因为《老子》的第五十章里有这么一段话,这段话也特别好玩,说"盖闻善摄生者",听说真正能够善于自己聚拢和爱护自己的生命的人,"陆行不遇兕虎",走到路上不会碰到犀牛——这说明中国当年还有很多犀牛呢,那时候气候跟现在也不一样,现在是非洲有犀牛,我去喀麦隆的时候看到犀牛、看到河马在水里边,野生的——他说"陆行不遇兕虎,入军不被甲兵",参加战斗,那些武器跟你没关系,刀枪不入,刀也砍不到你身上,枪也刺不到你身上,说"兕无所投其角",就是犀牛见了你,它没有地儿下犄角,犀牛是独角,那个独角估计谁也受不了,要是挨一犄角,那是可以刺穿你的心脏,但是它无所投其角,它不知道把犄角往哪顶;"虎无所用其爪",老虎是靠爪子搏斗的,但是由于你是一个无死地的人、你是一个通了大道的人,老虎见了你它没地儿动爪子、爪子不知往哪儿拍;"兵无所容其刃","利刃",一把尖刀,尖刀没地儿可扎;他说"夫何故",什么原因,犀牛见了你犄角无处顶、老虎见了你爪子无处拍、士兵见了你拿着小刀没地儿捅,这什么原因呢?因为你无死地(以其无死地),你没有弱点,你没有软肋,你没有可以下犄角下爪子下刀的地方。他说得多好,就跟我小时候看武侠小说的金钟罩、铁布衫,一枪扎过去扎不动,当年义和团也想练这个,就是有点像硬气功,但是它是在很多条件下的,你到处乱扎那受不了,真正实战也不行。

  咱不讨论气功了,回过头来说,老子说的这个是什么意思呢?他是不是要提倡你去练某种功,或者身上带某种盔甲,购买某种作战的服装、战袍呢?我想不是这个意思,老子所说的"无死地",就是你没有那种致命的弱点——小弱点你有,有时候也吹吹牛,有时候喝点酒,有时候也发发牢骚,但是你没有致命的弱点;致命的弱点是什么?像贪官就有致命的弱点。再譬如说骄傲有时候就变成致命的弱点,可以回过头来看历史上的一些例子,有很多人的下场非常悲惨。譬如说商鞅曾帮助秦孝公变法,把秦国搞得很强盛,但是他就有死地,他为什么有死地呢?因为他太严厉了,而且他仗着秦孝公对他的宠爱,要处罚秦孝公的太子,认为太子违背了他的变法,非给他治罪不可,这样就是叫做结怨甚多，也是死地。譬如韩信那么大的功劳，但是最后的下场非常的惨，因为韩信的才智非常的高，曾经跟刘邦讨论，说你能指挥多少人：刘邦你不过是指挥那么数量有限的几百个人几千个人，我是多多益善——"多多益善"这词就从这儿来的——就是说打起仗来，他的指挥能力是无限的。但是刘邦也会问，说既然你指挥比我指挥得好，为什么现在你接受我的指挥？韩信也很会回答，说得刘邦也很舒服的，就是说：因为我能指挥的是兵，您能指挥的是将，所以将得听您的、兵听我的。这是智者的对话。但是韩信有另一面，他喜欢出风头、他喜欢得益，而且他犹豫不决，他既跟随着刘邦，有时候又对刘邦有所不满、又有不忠的想法，甚至有造反叛乱的想法，他又不敢真造反真叛乱，就这么犹豫不决、左右摇摆，又不断地小有成就以后得意得不得了，又整天在那儿吹乎；就是好出风头，出到了极点，这也是死地。

贪官就更甭说了，那种贪欲，不管是从科学的角度、道德的角度、法律的角度、纪律的角度、管理学的角度，这种贪污渎职的人，浑身都是死地，你抓住他一条辫子，他就没有活路。老子提出了一个非常有趣的标准，尤其是给那些大官、那些所谓有大智的人，甚至是给君王给侯王、诸侯们讲的：你们都愿意活得好、都愿意摄生、都愿意养生、都愿意长命百岁，那么你们想一想，你们自己有哪些弱点、有哪些致命弱点，如果每个人能够认真地想一想自己有些什么致命的弱点，然后对自己这个致命弱点有所控制、有所克服、有所减弱，哪怕说好出风头人人都有——这不可能没有，这我不可能完全做到，但是至少你能够掌控一下，你不要让它恶性爆发了，你不要做到天怒人怨、结怨甚多、死地到处都是，你别到这个程度应该是可以的、是做得到的。老子的这个说法说起来好像很严重，但是实际上启发还非常的大，应该说是不难多少做到一些的。

以恬淡养生

老子底下又有一个说法，用恬淡来求摄生。他提出"要味无味"，就是要吃那些——这也是一个比喻——吃那些味道并不太过于吸引人的东西、要吃那些比较平淡的东西、要过那种比较平淡的生活。他还说"多藏必厚亡。知足不辱，知止不殆"，说你收集的东西、得到的东西越多，你离死或离丢失那些东西就越快；他说你知足就不会受侮辱，因为你没有那些贪欲。

与摄生有关的是老子讲"功遂身退"，《老子》第九章说得好："持而盈之，不如其已；揣而锐之，不可长保；金玉满堂，莫之能守；富贵而骄，自遗其咎。功遂身退，天之道也。"这就叫做急流勇退的道理。保持一个满满堂堂，且赶不上早早罢手。揣在怀里，锋芒毕露，气焰嚣张，这样的事情是长久不了的。金玉满堂，谁也守护不住，早晚归了旁人。因为富贵荣华就猖狂万状，你那是自找倒霉！事情办成了，赶紧退下来，这才是符合大道的最高明的选择啊！

《史记》上讲了不少功遂身退（现在一般讲"功成身退"）、急流勇退的道理。为什么又叫急流勇退呢？因为社会生活、政治生活就像急流猛浪，它推着你卷着你滚滚向前，你常常会感到身不由己，想脱身退下谈何容易！《史记》中蔡泽动员范雎下台那一段话，讲得极漂亮。讲这个讲出了很多故事，一看就是司马迁的文风，讲得洋洋洒洒，就是讲这些例子：到时候该退他不退，造成了一个个不好的干脆说是惨烈已极的后果。

当然也有好的例子，最好的功成身退的模范的就是范蠡。范蠡当年辅佐越王勾践，把西施送给吴王夫差的美人计都是范蠡的主意。但越王勾践战胜了吴王夫差以后，范蠡马上就把西施带上经商去了，最后他的名字叫陶朱公。旧社会、我小时候每到春节前夕，就有送财神爷的，财神爷就是范蠡的标准像。范蠡功成以后不恋栈不掌权，进入民间系统，当了财神爷、当了陶朱公，经商有极好的效益，还把西施接收了，他的生活多么聪明、多么愉快！当然这只是传说而已。还有张良，没有他这么浪漫，又是美女又是到湖上遨游，远洋大概没有去过，但是起码是水乡，经常在船上生活，挺有趣的——张良也是比较能够保护自己，他虽然出了那么多的主意、立了那么大的功，成功以后他就不问政事、他不揽权、他不到处伸手。

我觉得中国人的这种思想也是非常有趣的，也有很惨烈的教训在里边，当然现在解决这个问题，不是说用你学老子的方法，现在有任期制，你到时候恋栈也不让你恋栈了，你该退就退，现在有制度保障，这是非常合理的。功成身退作为一种精神境界来说，说得俗一点，就是四个字：见好就收——在你最好的情况之下，你最好申请退役，留下一个永远美好的印象；别等到你已经都很吃力了，甚至于走到反面了，不要到那个时候再狼狈地下来。老子的这些想法虽然不完全是讲养生的，但是和前边讲的养生的道理也是相通的。当然老子讲的是一面的理，我多次说过：不是世界上只有这一个道理，也有另外的许多说法，譬如说"鞠躬尽瘁，死而后已"、譬如说"发挥余热"、譬如说"小车不倒只管推"等等的这一类说法，表达一种"知其不可为而为之"，表达一种完全忘我的奉献精神，我们也应该给予很高的评价。但是老子说的功成身退，并不是指从这种精神上"身退"，而主要的是从名、利、权上退下来，我们要那么理解就更全面了。

第十讲:
老子为什么求愚非智

为什么老子喜欢愚

今天我们要讲解的是老子的求愚思想和知识论。在老子的《道德经》中有很多涉及求愚思想的论述,也就是大智若愚或者是反智主义。这是今天的人们比较难接受的一个观点,但在老子的书里反复出现。

他把"愚",就是我们现在说的愚蠢、愚傻当做一个非常正面的词来解释,最突出的是在第六十五章里,他说"古之善为道者",古代的这些能够掌握了大道的人,"非以明民",并不是教导老百姓越来越聪明,而是"将以愚之",是要让老百姓愚傻一点才好。"民之难治,以其智多",老百姓智谋太多就不好管了、管不好了、不听你的话了，故"以知治国，国之贼"，如果要是用智谋来治理国家，你就是自己要把自己的国家搞垮，你等于是这个国家的一个蠹贼，你破坏了这个国家。"不以智治国，国之福"，你不以智谋来治国，才是国之福。像这样的话让人非常反感，尤其是在我们现在提倡开启民智、提倡人民当家做主的情况下，说把老百姓弄得都傻傻的、呆呆的，这个简直太反动了、太不能够解释了。所以自古以来就有对老子这个方面非常激烈的批判，因为他提倡愚民。

但还有一些学者解释说，老子那个时候讲的"愚"跟今天说的愚蠢和傻、愚傻，并不完全一样。那时候的"愚"实际上主要是"朴素"的意思，就是提倡人要淳朴。因为我也没有在几千年前生活过，所以我也判断不出来这样说对不对，可是我觉得因为老子另外还在大量的地方讲"朴"，所以"朴"和"愚"并不完全一样，要是完全一样，他讲"朴实"就完了，但他讲的是"愚"，所以这个愚的问题还是值得我们来考虑的。但有一条我觉得容易判断：你让老百姓愚，我认为这是不可原谅的、不可接受的，但是对老百姓你别耍心眼、你别耍花招，对老百姓你不要弄很多的智谋，让老百姓摸不着你的底、让老百姓永远处于一个被动的地位，我觉得这个道理是对的。

因为各国都是上行下效，如果你上边空谈，这一国都喜欢空谈。这我可是见过。如果你上边喜欢锻炼身体，这一国就都喜欢锻炼身体，比如拉美国家喜欢踢足球，有的拉美国家甚至规定竞选总统的候选人必须踢过足球、当过足球运动员，证明你的品质、你的身体健康、你的气概够得上总统。就像吴王好细腰，喜欢减肥，宫女都要饿死，为了减肥都一个个饿死了一样。上边喜欢空谈，底下全都空谈，这样的例子太多了。当年苏联的时候，我到乌兹别克斯坦、到塔什干参观一个博物馆，那儿有看车的，有两个看车的小伙子，因为没有几辆车在那儿，所以他们很寂寞，我因为在新疆学会维语——维语和乌兹别克语就像天津话和北京话一样接近，我就跟他们聊了两句，我一聊他可来精神了，不让走了，他跟我聊、跟我谈起世界形势了：我们热爱和平、我们不喜欢战争，但是美国要把战争加在我们身上。我心想他看车的，跟我聊这个干吗？这是一个风气。所以上边不要好智谋，什么事本来能够两句话实话实说，就可以办完的事，你弄很多的花招，这样的话，你的老百姓也会变成这样。从这个意义上说，老子讲的我们今天的人容易接受。

还有一个问题就比较复杂，他说"民之难治，以其智多"，就是说老百姓的智谋越多，你越难以管住。有这种想法的人还不仅仅是老子，全世界古今中外都有这样的想法，愚民的思想也是源远流长的。民国时期有一个军阀，他治军的主要经验就是不能够让兵闲着，没事你就给我跑步，没事你就给我正步走。为什么？一闲着就容易出思想问题了。

我去过南非，我见过黑人领袖纳尔逊·曼德拉，他坐过监狱，他在监狱里头一件很重要的事，就是来回地搬石头，今天要你把石头搬到那儿去，搬了仨月搬过去了，然后从第四个月开始，让你把石头再从那儿搬回来。你说是为了锻炼身体吗？客观上起锻炼身体的作用——放风、锻炼身体，但是其中有一条就是不让你闲着，让你头脑越简单越好，所以说这种愚民思想确实是有它的道理。但是愚民思想也给很多社会、很多民族带来许多不幸的教训，因为愚民的结果是各个方面，尤其是科学技术上、国防技术上、生产管理上、企业管理上，都跟不上人家，你老处在一个落后的地步。

我们本来是不能够接受这种愚民的说法的，但是我们可以讨论一个问题，这个问题在老子那里更麻烦，因为古代中国这个"智"字，就是矢、口、日，和"知"字，矢、口，不带日的，是同一个字，所以有的时候它是讲"智"，有的时候它是讲"知"，老子主张你不要把过多的力量放在求知上，更不要用过多的力量去玩弄手段，而回过头来就是还是让老百姓自自然然地生活，该打鱼的打鱼、该捉虾的捉虾、该种瓜的种瓜、该养牛的养牛，他认为这个是最理想的生活。相反，如果你在国内耍很多的智谋，然后整天把大家教得都在那儿动心眼，这个不是好事。你不能说这话完全没有道理，看你怎么掌握这个分寸了。

可是现在又有这么一种说法：中国的哲学——中华的文明，它的特点是比较早熟，就在欧洲和美国当时的文明还没有怎么形成的时候，中国的文明已经形成了自己的一套，所以非智或者反智，从后现代的观点来看，多少沾点边儿叫"文化批判主义"，这是种"后现代"思潮，就是质疑文化给人带来的是不是都是幸福？文明给人带来的是不是都是幸福？

现在有一批学者从负面的观点上来看文化带来的东西，这种说法已经很普遍，在座的一些朋友也许都听到过，说现在的人身体健康已经不如古人了，因为现在生活条件太好了，尤其家里有空调冬天不冷、夏天不热，适应自然环境的能力大大不如古人。在无菌少菌的环境下生活习惯了，人的免疫力会大大降低，我们有时候碰到这种情况，在某一个卫生条件特别好的地方生活了三年五年，等到回到故乡那个卫生条件稍微差一点的地方，很快就得病了，确实免疫力不如过去了。另外，城市的生活、高科技含量高的生活也带来了各种各样的污染，这种精打细算的生活也造成了人的思想品质中某种负面的东西。甚至于还有这种数字：我看一个材料说，英国由于电脑的流行，很多儿童缺少户外活动、缺少阳光照射，因为阳光照射可以帮助人把胆固醇分解成维生素D，缺少维生素D，身体、四肢的锻炼也不够，许多的病就此产生，这个数字触目惊心。还有研究人员说由于城市生活的各种条件和由于竞争激烈紧张，现在许多男性的精液里边精子的含量已经越来越低了，要这样下去再过个三五十年，人类就快绝种了。

这可能是比较夸张的说法，但说明我们看到了生产力的发展、科技的发展、文明的发展、文化的发展，给我们带来了无限的可能性，同时我们也看到发展、技术、科学会不会也带来一些麻烦、带来污染？再譬如说像"克隆"这样的知识，有一些人文学者对"克隆"就深恶痛绝。当然这个问题我们今天无法在这里讲清楚，这也不是我的知识所能达到的。有一些人认为克隆的结果就是知识发展的结果——"国之贼"也！这种克隆的技术将来会带来不知道多少问题，会带来伦理上的问题、会带来生命上的问题。所以有时候大家又觉得老子的说法有道理，看从什么角度上讲，如果说你已经非常现代化了，你的科技知识普及得不得了，你什么事都用电脑，那么你要回过头来反思一下这些科学、这些技术、这些工具、这些电脑，对人类造成了哪些损伤、哪些伤害？我们应该怎么样留其利而防其害？也许这样的反思是必要的，是对人类有益处的。

至于说批评电脑，到现在对电脑的争论仍然非常多。当然这是一个教训：当年美国开始研究电脑的时候，苏联说这是伪科学、是反动，说是因为用机械来模仿人脑的思维活动，从理论上说就是资产阶级反动派的主张。这个说法显然是站不住的，是把科学技术意识形态化了，是自己封闭了自己。所以苏联当时不允许研究电脑，这是当年苏联办的傻事，我们不能够赞成这个。但是至今电脑对人是有好处还是有坏处，仍然有争执。在美国有一些左翼人士就告诉我，一见着电脑就说"我最恨它们，我最讨厌的就是电脑"。他认为电脑把人的生活弄得非常的无趣。中国的电脑科学技术发展是比较晚的，但是中国的写作人用电脑的比例非常大，相反，日本的电脑非常发达，有一次有一批日本的作家——日中文化交流协会的，像什么井上靖、水上勉一大批人，我们一块儿聚会说起电脑来，他们就说日本是电脑很发达的一个国家，但是他们这批作家谁都不用电脑，这是对电脑争论的一个例子。

对汽车的争论也是，西方世界至今都有人反对汽车。我还认识一位很有名的学者，他因为前两年批评中国的文学都是垃圾而著名，就是德国汉学家顾彬，他不开车，他到哪儿都尽量步行。有一次他邀请我们到他家里去吃饭,在波恩,他步行我还凑合小跑能跟上,我老伴简直已经快不行了。那次走的距离我想起码有八站到十几站这么一个距离。如果要按老子的思路,跟这些思想就暗合,就是发展那么多技术干什么?掌握那么多知识干什么?人本来在天地之下是生活得非常愉快的,你搞那么多新鲜花招干吗?

有些人嘲笑科学和技术,认为这些科学和技术的发达从另一面来说减少了人的身体功能。毛泽东主席年轻的时候信奉一个口号,就是"文明其头脑,野蛮其体魄"——头脑应该文明,但是体魄——你的胳膊腿应该向野蛮人看齐:你敢于跳到冰水里头,你也不怕冷,大太阳底下你也不怕热,找着好吃的了你足吃,饿三天也不害怕。毛主席年轻的时候信这个。所以老子对愚和智的问题虽然有许多论断不可接受,但是我们还是感觉到他有他的那一部分道理。这一部分道理如果我们能掌握,对于我们今天正确地对待现代化、正确地对待科学和技术,重视我们自身体能和体质的锻炼,重视那些最原生、最朴素的文化成果,是有好处的。

不出户,知天下

《老子》里有一段话,引起的争议会更大。《老子》第四十七章里说得非常玄乎:"不出户,知天下",就是你连门都不用出,就在屋里头,天下事就都知道了。"不窥牖"——牖就是窗户——"见天道",我连窗户都不打开,我不从窗户里头看天,但是我就知道天、知道天道,我就知道"天道"是什么,用不着我打开窗户去看,我有直觉的视觉的反应。"其出弥远",出门你走得越远,"其知"或者是"其智弥少",你走得越远,你见的东西越多,你就越傻。"是以圣人不行而知,不见而明,不为而成",又是一种极端理想主义的玄妙,圣人不亲自去看,我们说耳闻不如目见,他说用不着,不用亲自去看,你就知道了或者你就有智慧了。"不见而明",我眼睛并没有看见,但是我就明白你是怎么回事。"不为而成",我也没说我一定要干什么,但是这事办成了。

这个说法是不是有点神乎其神?有点难以接受?和常人、常识、常理是相违背的,所以更看到了这种反智主义或者非智主义的源远流长。要表面上看,这些话我们就可以很快把它否定掉,因为不符合唯物主义,唯物主义认为人的认识是对客观世界的反映,你越了解这个客观世界,越介入这个客观世界,你对这个客观世界知道的也就越多,你也就更聪明更明白,你也更有见识。我们说见多识广,读万卷书行万里路,而你把自己绑在一个房间里头,连窗户都不开,这样的人他能有什么知识呢?

但是我们要细细地想老子那个时代,他立论的那个时候,诸子百家、治国平天下,讲的都是舌灿莲花、天花乱坠。这个时候老子要立论也要讲点儿绝门,要讲点儿与众不同,要讲点儿刺激的,所以他这话说得非常的极端。但是从这个最极端的说法里他涉及一个问题,就是智慧和知识并不完全是一回事,智慧是一个综合的能力,知识是可以量化的。比如说:我知道这个、我知道那个——这只是知识,智慧是一个综合的处理。知识越多智慧准就越高吗?你知识多,你走了万里路,你知道很多远处的知识,你拿来能被本土所消化、所使用吗?究竟是从万里之外趸来的知识有用,还是你当地的土法上马更有用呢?这个问题可就深了。

人常常会在常识上犯错误

有些大人物之所以犯错误,恰恰不是由于哪个稀奇古怪的知识他没有,或者哪个最高深的知识、离他最远的那个知识他没有,恰恰是那个最简单、最常识、最大实话的知识他没有。我们知道当年毛泽东主席对王明有许多的批评，对所谓左倾机会主义——现在我们不大谈这个人了，因为这个人物早期的——这些党的活动家到底怎么评价是另外的问题，但是毛泽东当时批评王明讲得很有趣，我找不出原文来念，大概的意思是说王明其实也没有什么，就是有三件事他不知道：第一，他不知道打仗会死人；第二，他不知道人要吃饭；第三，他不知道要是转移阵地的话要行军、要走路。因为相对毛泽东来说，王明接受了更多的苏式教育，王明看列宁的著作是从俄文、从原文来看的，所以他是非常苏式的，他是按苏联、共产国际的那一套来要求中国共产党。而毛泽东主席跟他相比，是更多地根据中国的实际情况。跟毛泽东相比，王明是非常洋的，是非常的苏式，而毛泽东更多的是按照中国的实际情况来弄，所以王明闹了半天和中国的实际情况并不一致。

毛泽东主席在五十年代的时候还曾经和一部分年轻人讲话，他问年轻人什么叫经济、什么叫政治、什么叫军事？年轻人当然不敢在毛泽东面前妄言了，就说我们说不好，请主席给讲一讲。毛主席怎么讲经济我忘了，但他说：什么叫政治，政治就是你团结的人越多越好，让反对你的人越少越好。什么叫军事，他回答的更是大实话，他说军事很简单，简单说起来就是打得赢就打、打不赢就跑。都是大实话。当然了，你别说军事，就是街上打架也是一样，一个坏人你明明打不过，让你去打你要牺牲，所以他说打得赢我就打，打不赢我就跑，吃亏的事我不干，这才是军事。

要本土化而不能过分远洋化

他就是用这种土的道理、用这种人民群众的经验、用本地的这些经验来取代那些大的来自远方的进口原则。毛泽东在延安许许多多次讲这个,他讽刺那些言必称希腊的教条主义者。

这里是有这个问题,比如说我们中国确实有许许多多名人不但出了户——那些人当然也有他们的可爱之处,到了国外有的变成了苏联派、有的变成了美国派,认为把苏联的那一套或者把美国的那一套拿到中国来一实行,中国就会强盛起来,人民就会幸福起来,中国就能做到现代化。但是事实证明真理恰恰要在本地做起,关键是要把你的学问实际化、本土化。所以老子的话表面上看非常的荒谬:"不出户,知天下。不窥牖,见天道。其出弥远,其知弥少。""不行而知,不见而明,不为而成。"这个道理就是说:我们一切的知识、一切的智慧,要从你脚下的土地做起,要从常识做起,要从最实际的长短利害得失考虑起,所以毛泽东把军事解释成打得赢就打,打不赢就走。

我觉得老子话里的意思要从这方面理解,他是有他的可贵之处的。老子的这些话就是让我们不要被洋教条唬住,你不要被万里之外的十万里之外的一个什么新鲜的说法吓倒,你要把它消化,要讲本土化、民族化。

不应该是无知的本土化而是学贯中西又立足本土

如果从这个角度上来考虑问题,老子一点也不过时,但是他说得太夸张了,我们今天希望的是一个人能够对世界高端的知识有所了解,不但要知道几大洋几大洲而且要知道外层空间,还要知道上古、知道白垩纪、奥陶纪,你还要知道海水的深处,知识越多越好。同时操作任何事,要实事求是,要从脚底下的土地做起,要三贴近:贴近生活、贴近实际、贴近群众。要是我们这样来理解,就不会简单地把老子这篇话当做一段胡说,或者把这段话当做是纯然的反动。

我们平常的一些常识和老子非智、反智的某些说法是有共鸣的,起码不是完全相违背的,当然我可以再次强调我们不全面接受老子的非智思想,相反我们还要说科技兴国,还要重视教育,要启迪民智。我们中国人绝不是嫌自己太聪明了,而是嫌自己的知识还不够,还不符合现代化的要求。

牛顿挖两个猫洞

我们平常说"大智若愚",在老子的书里没有这四个字,但是它有另外的一些词非常像"大智若愚"。他讲"大成若缺",就是大的完成、大的成果,好像总缺点什么。"其用不弊",虽然它若缺,但是你用起来它是没有完的,它永远能够对你有意义、永远能发挥它的生命力。"大盈若冲,其用不穷",大的充实反倒显得虚空,反倒这也空了、那儿也空了。"大直若屈",你最大的直爽、直率、道德——直字在古文里头和"德"字是相通的——反而显得有点曲里拐弯,显得还有点不够耿直。"大巧若拙",大的巧好像是笨。"大辩若讷",特别善于辩论的人,别人听起来他的口才并不好。

然后就有了我们今天所说的"大智若愚",要想找大智若愚的例子特别的多,这也怪了!连牛顿都有流传说他养了两只猫,一个大猫一个小猫,他就在窗户上给猫挖猫洞,咱们养猫的人都干过这个,他挖了一个大洞挖了一个小洞,他的朋友来了说:你这干吗呢?他说,我这儿挖猫洞呢,朋友问:你干吗挖俩洞?他说大猫走大洞小猫走小洞,朋友说一个洞不就行了嘛,他说大猫走小洞它过不去。他就忘了这小猫可以走大洞,他只是想到大猫不能走小洞了。这我听着都有点不信,好像就连我三五岁的孙子都不会犯这个错误,这牛顿真大智若愚了。

还有一个牛顿大智若愚的例子,那个时候可能还没有这种什么瑞士表、日本精工表,没有这些东西,那时候是用怀表,据说牛顿煮鸡蛋,把怀表当鸡蛋放在锅里头,当然这表也就坏了。这个例子容易理解,他太专心了,在研究什么问题,恰恰鸡蛋旁边有一个怀表,怀表捏起来也是圆形的,他以为这是鸡蛋,就给煮到锅里去了。前一个例子,我觉得从这个意义上来理解,正好"大智若愚"就是"大成若缺",牛顿的智慧是"大成",他研究的是宇宙的几个定律,关于运动的定律、关于惯性的定律、关于作用与反作用的定律,他的脑子在这儿呢,至于挖俩猫洞,是不是还有什么审美的因素?或者他习惯于秩序,认为这是车行车的道、人行人的道,各行其道,按照交通警的那个规则:大猫你走这洞,小猫你走那洞,省得它们俩挤在那儿怎么办呢?牛顿一定有特别可爱的思想,他认为就应该给猫挖两个洞。

反过来我要是跟牛顿套套瓷,我说他老人家好奇我这里挖俩洞,我这个窗户大,我挖八个洞都没关系,我再弄两个更小的洞给黄鼠狼留着,这就没有大的关系。其实很多大学者、大学问家、大科学家,他们在日常生活琐事当中都不是太灵光的,有很多这类的故事,说爱因斯坦吃完饭打的,人家问他:您上哪儿啊?他不知道他家的住址是什么,他说这我得问问,他赶紧借一个电话,那时候还没手机,他借一个电话找着了自己的秘书,说你告诉我爱因斯坦的家在哪儿?那个秘书说:对不起先生,爱因斯坦家保密。他说我就是爱因斯坦,你不知道吗,你跟我还要保密。这种事并不新鲜,我看过很多这样的人,一个人说不准自己的楼号和层号还有地址,甚至于说不准自己的电话号码,而且表示因为我很少给我自己打电话,我都是给别人打电话。

智者的放弃

所以这种大智若愚和大成若缺的人,一定要有所放弃,不能大事小事一律精明、一律门儿清,不要认为人什么都能明白。从这个意义上,老子讲的非智、反智又有它的好处，就是在知识和智力的问题上永远要谦虚，哪怕是爱因斯坦、哪怕是牛顿也有犯迷糊、犯糊涂的时候，也有无知的时候。

"大成若缺"还有另一面的道理就是小的成果，越小的成果越容易完美无缺。比如说做一个日本人最喜欢的俳句，它是五、七、五，十七个字，噔噔噔噔噔，噔噔噔噔噔噔噔，噔噔噔噔噔，它就十七个字，你可以做得完美无缺，有许多著名的俳句诗人。现在日本有些地方还专门有一个邮箱，这个邮箱就是让你把你写的俳句放进去，然后每个月评奖，评奖以后弄好了你还能得个几万日元奖品或者奖金。这个你可以做到完美无缺。但是一个几百万字的长篇小说，就不可能完美无缺了，就是《红楼梦》也有许多所谓硬伤，有人统计过，譬如说书里边的年龄不对，生日不对，这样的例子也非常多。所以老子讲知识永远不是完全的，也不是万能的，智慧也永远不是完全的，你必然会有顾此失彼所谓抓了东边就误了西边的这种现象。这也是我们理解老子关于非智思想的一个途径。

学然后知不足

老子在第四十一章里头还说"明道若昧，进道若退，夷道若颣，上德若谷"，我就不一一地念，因为它太多了，这一类同样的造句的方式，他说的是什么意思呢？就是你越明白，越显得有点昏暗，学问特别大的人，就不会显出你学问特别大，你知道的事越多，就越知道你所不知道的东西很多，那么当你认为自己有许许多多的东西不知道的时候，你就牛不起来了，你就不会到处显摆你自己了。这样的论点对人的意义也非常大，而且古今中外都有过这一类的论点，这也有一种辩证的思想在里边。

在《礼记》上就已经有这话,"是故学然后知不足",现在在我们这里也变成一句成语了,我们说"学而后知不足"《礼记》上的原文是说"学然后知不足",因为你越学就越知道知识的大海有多么广大,而你知道的那点东西实际上微乎其微。

孔子也有类似的论述,我们都是耳熟能详的,孔子说"知之为知之,不知为不知,是知也"。这个话说起来也很简单,就是你不知道的事千万别假充内行,你千万别冒充知道,你冒充知道你就开始丢人,你的公信力就会降低,你办的事就可能办砸,你如果是在封建社会给皇上当差的话,你不知道却说知道,这就叫"欺君之罪",耽误事,弄不好能掉脑袋。

所以最知道的人、真正有知识的人,就是我知道什么就是知道什么,我不知道什么就是不知道什么,尤其是承认自己有所不知。

同样的话,到了老子这儿又有另外的一些说法,他说"知不知上,不知知病",什么叫"知不知",就是知道许多东西自己并不行,自己并没有那个知识,千万不要以为自己什么都懂,这是不可能的。这样的是最上等的选择,这是一个人的精神境界比较靠上、比较高尚的一种表现,就是知道自己有许多东西不知道。而"不知知病",是你没有知道多少,我们所说的一瓶子不满半瓶子晃荡,这种情况之下你还要表示你什么都知道,这是一种病、是性格上的弱点,甚至于是你身上的一个病灶,弄不好变成一个致命的弱点、变成一个死地,这都有可能。

老子始终反对一个人什么事都往前冲,他是主张该退的时候退、该收缩的时候收缩、该低调的时候低调,所以也可以说老子的哲学在很多地方是一个低调的哲学。在"知"的问题上他也是特别提倡低调,他认为过于高调的人很可能要自取其辱、很可能要自找倒霉。

以啬治天下

老子在第五十六章里还说"知者"或者是"智者不言",就是我知道的事我就不多说了,我越是知道就越不多说了。"言者不智",说的过多的人不够聪明、不够智慧,或者是说的过多的人对所说的事其实不懂,他并不知道。这个说法也很有意思,这里不但对人的"知"或"智"希望有所控制,低调一些,希望适当泼一点冷水:你千万别以为你什么都知道,他对"言"也控制,就是你说话、你讲话、你发表见解应该保持慎重的态度,越是有知识有智慧的人越不会过于随便地胡说八道,你应该把你的话语减少到最少的程度。

老子在另外一个地方讲"治天下莫若啬","啬"就是吝啬,所以在说说这个问题上也应该比较吝啬。在英语语言文化里边也有类似的说法,比如说"沉默是金",这个也是指在许多情况之下多言是不智的。

所以在第五十二章里老子又讲一个道理说:"塞其兑,闭其门,终身不勤。开其兑,济其事,终身不救。""兑"就是指人的五官,他说得又非常夸张,让我们不见得那么容易接受,他说你把你的五官带口的地方都堵上,然后把你的门闭上,这个门户你可以解释为心灵的门户,就是说我不随便接受外界的有害信息,我自我进行封闭式管理,这样的话"终身不勤",这个"勤"不是勤奋而是不尽的意思,你的精力你的学问就永远用不完,因为你不滥用、你自我进行封闭式管理、你把眼睛闭上了、你把耳朵堵上了,即使不堵也不那么有心去收听外界的信号。这个在特定的情况下也是有意义的,比如说"非典"流行那时候,我们戴口罩这也是"塞其兑",把嘴和鼻子起码先堵上点儿,让它隔离一点儿,所以"塞其兑,闭其门,终身不勤",这个在特定的情况下也有它的道理。"开其兑,济其事,终身不救",你什么信息都接收、什么刺激都吸取,然后你办什么事还要往上加码,这种情况之下"终身不救",反而不可救药了。

抵御有害信息

我想在老子那个时代,虽然既没有上网也没有电脑也没有很多现在这些信息的来源,但是那个时候天下大乱,诸子百家谈什么的、提倡什么的都有,每个人都在那儿吹,就跟一个小市一样,就跟一个自由市场一样,都在那儿兜售自己的货色,如果你什么都听、什么都信,你变成了大傻子了。

所以自古以来,我们有一种像老子这样虽然偏向于消极、虽然不能够全部地接受下来,但是有这么一种类型让你保护自己、让你少接受有害信息、让你不要随随便便地跟着别人的屁股走、让你能够把什么事从常识从实际从脚下做起、让你低调地处理一些问题、让你说话也少说一点,我觉得这毕竟是老子的一种智慧,也是老子大智若愚的地方。

当我们谈到老子有的时候对智力对知识有一些贬低的时候,这个问题和我们国人及中国的古人对待问题的思路是有关系的,我们的文化传统比较重视的是整体、是根本、是本质、是品质——有的叫素质,重视的是品格,相对来说,我们不太重视具体的、分科的东西,这点和西方的文化非常不一样。西方文化喜欢的就是把什么事弄得非常具体非常明确,譬如说医学,西医分得非常清楚,不但有内科、外科,然后内科里头现在还又分了属于泌尿系统的、属于循环系统的,就是心脏也还专门有看血液科的大夫……分得非常的复杂非常的具体。而中医更喜欢说阴阳二气,阴阳五行的相生相克,所谓从根本上解决问题,强调全身调理,不是说你头疼了就给你吃点去痛片。

传统文化中的非智基因

对知识的问题也是这样，我们民间也有这种东西，一个就是把知识看得比较具体，所谓什么演算、农桑都是非常具体的东西，认为知识多一点少一点不影响这个大局，而人的精神境界、人的品质、人的和大道融通的程度，这个是解决根本问题的，如果你掌握了大道，这点事自然迎刃而解。所以这种求学的思路确实也非常有趣，我们今天只能说各有长处，各有各的优点。

我们有一种把智力和人的德行、人的品格对立起来的情形，我们在民间故事里头也常常听到这种故事，比如说一家有两个儿子，老大傻、老二坏。傻人都是好人，傻人都是不会说瞎话、不算计别人、不会动心眼的，老吃亏，又肯吃亏又诚实，这样的人当然就是好人。而那个老二心眼特别多，什么好处他都想揽到自己的手里，这样的老二结果聪明反被聪明误。这也是非常有中国特色的一种故事，虽然在国外也不见得没有，就是把智力和智慧、品质在某些时候对立起来。

但是反过来说这个话，又说不通了，因为老子两千多年前写的《道德经》就是大智的产物，当我们说大智若愚的时候，可是没有说只有、必须愚，方为大智。大智若愚表面上看，有大智慧的不会事事显出自己的精明，甚至于有些时候他宁可放弃、宁可不过问、宁可退让，这个是可能的，大智若愚不是愚了才能大智，不是这个意思，那么解释不行。

这种只抓根本的思路有很大的好处，起码在思维上能给你一种满足感，就是说我通过研究大道、研究大德、研究什么"修齐治平"，我找到了、我抓到了牛鼻子，我能够解决世界上的一切问题。它给你一种非常大的满足感，但是也耽误事，因为有些事情是很具体的事情，用抽象的笼统的道理解决不了。

你把智用到了什么地方

老子那个时候所以提倡"愚",老是讥笑嘲笑甚至于贬低"智",还有一个原因就是由于当时春秋战国互相争霸的局面,使老百姓没法过上正常的日子,也就是说离和谐越来越远,离纷争越来越近,所以他看到人的智力都用在什么地方上了呢?都是用到了纷争上,我要害你、你要害我、我要骗你、你要骗我、我要让你上我的当、你要让我上你的当,老子看到的太实际了,他觉得人还不如傻一点呢,你说一就是一、说二就是二、说吃咱就吃、说喝就是喝。如果是一个和谐的正常的社会,大家安居乐业,而且大家为了求更好的生活而去想一些好的技巧,想多得到一点知识,把知识和技巧放到发展生产上、放到改善生活上、放到提高人民的生活质量上,那个时候这个"智"就是非常可贵的。

在中国的古代历史上,"智"往往会和阴谋混淆起来,这其实不是一般的"智",他所说的这个智那个智就是阴谋,相反他没有别的智。我们在历史上看到的是:我们缺少那种真正为老百姓谋福利的"智"、怎么样发展生产的"智"、怎样改良人们的医疗状况为人治病的那个"智",这种"智"不被提倡,而提倡的是一种阴谋的"智"。老子对这种带有阴谋家色彩的"智"深恶痛绝,他简直是愤怒极了,所以他为了和这种阴谋家的"智"作对,就提出一个相反的概念"愚",但是实际上有许多地方又不是用愚能够解释的,譬如他说的"大成",他说的"大直",还说了一个"大巧"。"大巧"跟"愚"是完全矛盾的,说"大巧"反倒显得像拙笨——平常我们说词有"小巧玲珑",小的东西我们容易说它巧,我们说一个人长得个儿不太高也说是小巧玲珑,这个是可以的,相反的我们没有"大巧"这个词,好像大了就应该笨一点才显得有大气。大了又非常巧,显然你就并不大。

中国是一个喜欢"大"的民族,我们是泱泱大国,我们讲究大方、大气、大度,所以我们对这种"巧"的东西有时候抱怀疑的态度,但是老子承认"大巧若拙",说明他并不一味地提倡"愚"。

第十一讲：
小国寡民的乌托邦

老子的非大国主义

今天我们讨论的问题在老子的书里也特别有名，"小国寡民"这四个字今天看来，有点出乎意外，因为今天我们不知不觉地趋向于追求大国、强国，追求进步、现代化、国际地位等等。小国寡民，岂不是国微言轻，自我贬损？尤其他后边说的"鸡犬相闻，老死不相往来"，就是我能听见你们家狗叫，你能听见我们家鸡打鸣，但是我们直到老死，互相没有什么来往。他这个说法挺有趣，也挺怪。怎么可能过互不往来的寂寞清冷的生活呢？

老子在第八十章里说"小国寡民。使有什伯之器而不用"，就是说我有各式各样的、成十成百的各种器具各种机器，我不用。这一听又有点怪，这什么意思呀，不用工具、不用机器？这个在《老子》里写得不够充分，但是庄子编了一段故事：说子贡看见一个老头浇菜地，浇地的时候挖一条路，往下挖，他抱着一个大瓮，就是一个大罐子，口小肚子大的罐子，下去打上一瓮水，然后抱上来浇在地里。子贡就说，你干吗不用桔槔？桔槔就是一个简单的杠杆，一头粗一头细，粗的这头很重，细的这头弄一个水桶，把它往下一拉，把水舀上来，然后一倒，最简单的一个机器；因为那边比较重，你一放手，它就轻轻地上来了，就这么个东西。这个老农就说，这个我知道，"吾闻之吾师"，我老师告诉我，这很容易做。但是你用了机械，就有个"机事"，比较动脑筋的一些事，有这机事，就必有机心，这样的话你心眼就复杂了，心眼要复杂了，"纯白不备"，你不纯洁了，你这人就不天真、不纯洁了。他说，我宁愿慢慢地就这么一瓮一瓮的、一罐子一罐子地浇水，我也不用机械。

这个说法在今天人看来是相当怪异的，也有的学者、有的朋友们说：中国为什么古代有很好的文明，但是咱们科学技术不发达，到了近代我们就显得非常落后，就因为我们有这个思想——说各种稀奇古怪的机器用多了，人的心眼越弄越多，社会就不淳朴了、就不天真可爱了。

效率与标准化的悖论

这个说法你今天会觉得它非常的荒谬，但是就是荒谬的东西当中，也有可以探讨的东西，今天仍然有，尤其是在西方发达国家，有新的左派、左翼，他们对现代化、对大规模的机械机器的采用所产生的负面影响，仍然有考虑。

什么都用了机械以后，人就丧失了个性，譬如过去没电视，一台一台的节目都是活人在那儿演。现在有电视，一下子几十万人、几百万人、几千万人——我今儿早上还看新闻说，美国奥斯卡奖收视率统计，今年增加了百分之六，三千四百万人收看了奥斯卡颁奖典礼，加上外国那就更多，几千万人几亿人同时看一个节目、同时议论一个节目。一方面它是极其强有力的传播手段，另一方面它就好像丧失了好多的多样性。

类似的事情还非常多。我碰到过一个问题，就是在西方发达国家的超市里边，它那面包分得特别细，而且都是用电脑控制批量生产出来的，都是按最佳值：里边加水多少，加鸡蛋或者不加鸡蛋，面粉里头麸子含多少、面筋含多少、淀粉含多少，都是最佳值，各种配料极其精确，火候也是由电脑掌握烤多长时间，出来以后全是这一个味儿，如果说有四十五种面包，那就一共是四十五种味，再不会增加了。但是你要是个人自己烤面包呢，这次烤的多点，那次烤的火稍微大了点，四千五百种味都可能，有不确定性，火大了点有火大了点的滋味，你别太焦太煳，火浅一点有火浅一点的滋味。所以对机械机器的大规模使用、对最佳值，有些学者对它们抱质疑的态度。

但是你挡不住这个，我也明确地说，你质疑归你的质疑，他这么干照旧这么干。因为对于经济来说，它又有效率又能够标准化，又能够生产出好产品来，又能节约大量的人力，所以任何人想阻挡也挡不住。但是提出这个问题来，说我有机器我不用，老子够超前的，他几千年以前就提出这么一个奇怪的论点，这个论点值得咱们琢磨。

老子的非发展观

你照搬不行，你别说老子不能照搬，搞什么都不能教条，革命导师教导你都不能教条，更不用说老子了。所以咱们就是琢磨他讲的这个道理。

老子下面接着说:"使民重死而不远徙;虽有舟舆,无所乘之;虽有甲兵,无所陈之。"他说老百姓"重死",重死的意思就是对自己的生命特别能保护,所以他不愿意上远处去,你有船、有轿或者是有车,轿车——这"舆"我还没弄清楚一定是指轿还是指轿车——但是我不用,我坐车干吗,挺远的地方,挺累得慌的,水土又不服;"虽有甲兵",虽然有武器,我不把它拿出来,不把它陈列出来,那甲兵就是收在仓库里、百年不用的东西。

这又是他的一个幻想,这个幻想里,咱们从缺点上来说,它显得咱们老祖宗也够保守的,他没有开拓精神了,他也不能发展生产了,他和咱们现在讲发展是硬道理就对不上茬了。但是咱们如果硬要从这里头找点好的地方,起码有一条,咱们中国自古没有殖民主义倾向,咱们"安土重迁"。哪儿好?就是我家乡好!咱们中国人真是,现在你到任何地方,所有人都向我宣传"我这儿最好",说是:老王你买个房,住在我那儿,不行我们给你买去都行。所以他不开拓,他不殖民,同时他也不打仗。这是理想的,其实在西方传统思想当中,也有类似的谚语,比如说金窝银窝不如自家的草窝。

老子又说"使人复结绳而用之",我们知道古代没有文字的时候,是结绳记事,现在咱们回过头来提倡结绳,就走不通了。但是我们也想一想,现在西方尤其是发达国家,也在讨论一个问题:信息爆炸、知识爆炸,爆炸了以后你什么都知道了,最后就等于你什么都不知道。任何一件事都有一百六十七种,或者一千六百种看法、一千六百种说法,你知道得越多,你就越什么都不知道。

复杂能不能变成简单

所以让我们研究"结绳而用之",现在要从社会管理上来说,这是荒谬绝伦的，说我们国家教育部发一通知，从今以后也不用电脑了，也不用毛笔了，也不用铅笔了，咱们大家上学就学系扣，一天多少事，咱们系几个大扣。这荒谬绝伦，但是你要从它的哲学意味上来说，你不能说它毫无可思考之处。什么意思呢？就是世界上最重要的东西是简单的、是朴素的，真正的学问在于把复杂的问题能够适当地简单化。也有一种学问，就是把简单的问题复杂化。我也常常想要把简单的问题复杂化，这可也真是学问，我们经常蒸馒头，馒头熟了，大家都知道什么叫"熟了"，没有一个人对这个有疑义，但是如果要一个学者定义什么叫熟了，他说馒头得吸收热度，吸收热量多少多少才算熟，咬的时候不粘牙，或者是一点牙不粘也不可能，如果你唾液多了，在千分之一毫克唾液的情况下，它的黏合度低于多少多少度才算熟。你要那么一研究，最后你自个儿姓什么你都解释不了了。你怎么解释？我姓王，为什么我姓王，我爸爸姓王，爸爸为什么姓王，我也不知道了，我爷爷姓王，那么爷爷为什么姓王呢，他万一要是当时改一个别的姓呢？

老子提倡的不是把生活复杂化，不是把知识复杂化，而是提倡用最少的信息，来解决最多的问题，用最简单的思维方法，来解决你面对的那些复杂的挑战。这个想法至少有可爱之处，不见得都行得通，本来这事就挺复杂的，但有可借鉴的地方。

紧缩人际关系

老子底下又接着说："甘其食，美其服，安其居，乐其俗，邻国相望，鸡犬之声相闻，民至老死，不相往来。"每个人安贫乐道，都对自个儿的生活挺满意，吃东西吃得挺香，穿衣服穿得挺美，住的那个地方住得挺踏实，从这些风俗里头都能得到快乐，这样的话，我们互相往来什么呢？

说人和人之间不相往来,这又是一个荒谬的思想,怎么不相往来呢?不相往来社会怎么发展呢?不相往来的话,社会一切活动都没有了,教育也没有了、经济也没有了、公安也没有了,嘛都没了。

但是人和人的关系怎么样能够保持一个最佳的状态?至少我们可以从另一个角度说:君子之交淡如水、亲戚远来香,国与国也是这样。国与国之间,譬如说中苏关系,像五十年代那样,简直就是——称苏联我们都不称苏联,称老大哥,这准是好事吗?这国与国之间,该保持距离还得保持距离,人和人之间,该保持距离还得保持距离。老子他发现了这点,他提出了这么一些想法,虽然他说的方法比较极端,但是对我们仍然有启发。

当代的反全球化思潮

这里我稍微拉扯一点,因为老子的这些想法是两千多年以前的,他是针对当时的情况,就是原来的西周到了东周,一个统一的国家,相对来说过着比较简朴的生活,后来诸侯坐大、天下纷争、莫衷一是,各种怪招迭起,诸子百家学问也越来越多。在这种情况之下,老子觉得还不如回去、还不如生活过得简单一点更好。老子是这么想,可是他这个思想,和我们现今二十一世纪和二十世纪末的那个反全球化、反现代或者批判现代性的思潮,又有可以互相比衬的地方。我不能说老子反现代化,老子那时候哪有现代化这词呀!他没有这词,但是他这种思想说明,不管怎么发展、怎么变化,人老是碰到一些不变的问题:发展好还是不发展好?是增加智力好还是适当地适可而止好?是不断地满足欲望好,还是你把自个儿的欲望压着点,别太放肆了好?这种问题,古往今来永远存在着。所以现今也有这种思潮,就是:人是不是要不断地发展?但中国现在还没有权利谈这个问题,中国的发展程度还远远不够,我们还是发展中国家,但是西方已经有这样的思想家、有这样的学者提这个问题。

我们也知道每年像开什么八国首脑会议、开一些大的会的时候,甚至于是WTO的会议的时候,都会遭到那些反全球化人士的反对,斗得凶着呢,意大利还死了一个人,有一年在意大利开八国、七国首脑会议,他们闹得特别厉害,还死了人。夸张一点说,如果世界上的大人物,多学一点老子,会不会总的形势会好一些呢?

什么样的发展才算得上科学

另外,我们从一些小的问题上——"发展",我们现在说GDP,它是不是就能解决一切的问题?现在有很多稀奇古怪的说法,我也没有能力来判断它。譬如说你要是单纯从人均的收入来说,那么最好的国家是海湾国家,石油太多了,阿联酋、卡塔尔、沙特阿拉伯,它们是最好的,那么这些国家是不是发展的极致呢?

如果说不发达国家,在中国西藏的南部,从喜马拉雅山翻过去,有一个很小的国家,过去是印度的保护国,现在基本独立了,还没有完全独立,就是不丹。不丹的外交事务仍然由印度负责掌握。不丹的国民收入比中国低得多,可能是一半或者还低,但是它的幸福指数,有说是全世界第一的,也有的统计说它是全世界第二的。那个地方的老百姓生活得真是非常的自在,也没有什么其他的要求,那个地方连狗都绝对不咬人的,因为狗是公有化的狗,街上都是狗,从来不叫。狗怎么公有?就是没有任何人养狗,狗是全民都养,都喜欢狗,见了狗就给吃的,所以对狗没有私有观念。你走到大街上——我都碰到这种情况,满街都是狗,我是非常小心,因为我小时候被狗咬过两次,我怕狗,但是我也没办法,大家都在那儿走,我一脚踩到狗尾巴尖了,它"嗷"这么一声,我赶紧把脚抬起来，它连睁眼都不睁，它对人没有任何的恶意。原来连狗叫、狗龇牙这个现象，它都会跟着社会环境的变化而变化。所以有人说它那儿是全世界最幸福的。

或者还有人说：也不是特别大的国家——瑞士是全世界最幸福的国家。当然了，什么叫幸福，什么叫幸福指数，幸福指数可靠不可靠，不能说是大家都是同一个看法。

我们再拉扯一下——这个"小国寡民"的说法，帮助我们从一个侧面理解科学发展观，就是说发展不是单纯地看数字，你要单纯看数字，中国从人均收入上说，想赶上发达国家，在可以预见的未来看不见，但是我们不能因为这个就灰心丧气，因为毕竟我们还有我们自己的文化，我们有我们自己生活的方式。所以这"小国寡民"虽没有太足够的可操作性，但是有思辨的价值、有补充的价值。

人类能不能返璞归真

类似的这种对小国寡民的幻想，还不仅仅是在老子那个时代有，从来在中国，乃至于在外国都有这么一种想法，就叫做返璞归真，就是希望回到人类文明早期的那个状态，而不要弄得社会管理、科学技术、从住房到穿衣都这么复杂。其中比较有名的在中国就是对"桃花源"的幻想，晋朝的时候，大诗人、也是归隐田园的陶潜——陶渊明，他写了一个《桃花源记》脍炙人口，至今人们仍然为之神往。他说一个武陵人捕鱼为业，顺着小溪走，忘了路之远近，看到了桃花林，看到的地方这么漂亮、这么好，走进了桃花林以后，看到一个山，山有良田、美池、桑竹之属，阡陌交通、鸡犬相闻——这个很有意思，"鸡犬相闻"，陶渊明也用了鸡犬相闻这四个字，和老子说的一样，可能是受了老子的影响吧；男女衣着悉如古人，他们穿得还都是最古老的那种服装，见渔人大惊,说你是从哪儿来的?然后招待这个渔人,又杀鸡作食,设酒——酒宴,他们都是自己酿的酒,绝对不可能是XO,也不可能是茅台了。然后告诉渔人,说他们当时是在战争中避秦时乱,就是为了躲避秦朝时候的乱局——他指的是秦始皇的暴政,还是秦朝统一中国所付出的那个代价,这我就说不清楚了——所以他们就跑到这儿来了。"不知有汉",他们说不知道秦已经结束了,已经有了汉朝了,"何况魏晋",更不知道还有什么魏晋南北朝这些了。渔人觉得这地方特别可爱,渔人离开了以后又有很多人去找,再也找不着了,所以有世外桃源之说。世外桃源令人向往。

譬如说我们现在都知道一个词"香格里拉",现在北京阜成门再往西边走,海淀区有香格里拉饭店,世界各地都有香格里拉饭店。这香格里拉据考证说最早是藏语,它的含义好像是美丽的月亮,现在云南还有一个县正式申请而且得到国务院的批准——它也有它的根据——把它那儿命名为香格里拉县。这地方比较远,那儿的一些风俗习惯、衣食住行都保持着一个前现代的状况。现代人特别喜欢这种地方,而香格里拉这个词之所以能出来,是一九三六年一个英国人在小说中用了这个词。我们还知道有一首歌《那美丽的香格里拉》,就好像是世界上有一个和这世界没有关系、和现代化没有关系、和全球化没有关系、和战争没有关系、和外交没有关系、和邪教没有关系、和金融海啸也没有关系的那么一个远远的山里边,那里的人就知道唱歌跳舞,树上结了果就吃,地里粮食收了就吃,男的女的一见面相爱就结合。多棒啊!有点像伊甸园。

我想起美国有一个作家叫梭罗,他写了《瓦尔登湖》,这《瓦尔登湖》迷住了许多许多的人,梭罗住到瓦尔登湖边上跨过了两个年头,他是夏、秋、冬、春整整四个季节,自己一个人在那儿生活。他提出来人的欲望——我下边还要讲成为人的重负——他提出来对城市的批判,很有点跟老子也能对接得住,有点"大道废,有仁义;六亲不和,有孝慈"的那个劲儿。他说城市到处都散发着一种恶劣的空气,他说人最可怜的就是自己活了一辈子都不知道什么叫活,他说他到了瓦尔登湖边上才开始明白什么叫活。中国有一个年轻的诗人海子还专门为《瓦尔登湖》的作者写过一首诗,这本书在中国也非常的畅销。所以说,这种对于小国寡民的幻想,它是不是也和对于世外桃源、对于古朴的生活的幻想是相通的?

不幸的是,也有人说梭罗是由于自己的行为找上了清教徒道德上的麻烦,才躲到瓦尔登湖那边去的。

欲望的满足与控制

美国这个作家提出了一个问题,这个问题实际上是中国的学者、中国的古人提的,就是"欲望"的问题,这个问题全世界的学者都研究:人是有欲望的,没有欲望,这人就死了。可是这些欲望到底带给人的是快乐多还是痛苦多?我们中国的传统文化倾向于对欲望多加批评、多加责备,希望每个人都控制自己的欲望,甚至于到宋朝还提出了"存天理,灭人欲"的主张。当然对"灭人欲"也有不同的解释,但是不管怎么解释,"灭人欲"这仨字让你一看也有点肝儿颤,因为你想吃好的,这也是人欲,你见到了异性多看两眼,这也是人欲。所以人有欲望,好像天性。但是宋儒就把天性和人欲对立起来,他说天理就是圣人讲的那些道理,那才是天性,而你的欲望是破坏天理的。

老子也讲了很多这方面的道理,他说"我无为而民自化,我好静而民自正,我无事而民自富,我无欲而民自朴",就是我什么事都不干才好。这样的话,老百姓就自然而然走上被教化的、很自然而然的、淳朴可爱的道路。"我好静",我不折腾,我不出事,老百姓就各归各位,该干什么干什么,我不去干预,老百姓自富,因为每个老百姓都愿意自己富足。这和前边说的又有点矛盾了，但是那意思是你管的越少就越富足。

"我无欲"，从圣人来说，从上边来说，你不要有很多的贪欲，这样民风会变得越来越淳朴。这也是老子的一个想法，他说"夫亦将无欲。不欲以静，天下将自定"，他在另一章里说如果你无欲，天下自然而然就比较安定，如果你又想干这个又想干那个，想很多你干不了的事，你这不是就乱起来了？这是他比较有名的一句话。

他在第十二章里说"五色令人目盲"，说人的眼睛是怎么瞎了的——目盲不一定指生理瞎了，就是你的视觉能力是怎么下降的？因为五色缤纷颜色太多了，晃来晃去，越晃越傻、越晃越糊涂、越晃越晕，你晕菜，挑花眼了，看东西太多了不知道选哪个。

甭说看东西挑花眼了，咱们在这儿做电视节目，我有时候会想，比如说我在新疆的时候，一九七五年我买的第一台电视机，那时全自治区就一套节目，那时候看什么看得可有意思了，《春苗》我起码看过六遍，《决裂》我看过八遍，《寂静的群山》要不就是《动荡的群山》，我已经忘了，我看了也有个六七遍，而且我们那儿看着看着就停电了，过一会儿来电了，上边写上"停电"俩字，有时候看着看着忽然没了，又过上十分钟又出来了，写"故障"俩字。那时候我闺女还没上小学呢，她最早学会的四个字：一个是"停电"、一个是"故障"。有时候想起来那么看电视，好像也有一种乐趣。现在电视好像六七十个频道，噼里啪啦在那儿找，最后这一晚上光剩下找电视了，没看电视。

遥控器是不是灾难

我们对这个还不算认真，美国有专门研究这个的，研究这控制板、摇控器 Remote。美国人把这个上纲，他上得邪，他说这 Remote 使得一些青年人见异思迁,没有耐性,没有责任感,说这种Remote习惯甚至于影响到他不重视婚姻、不重视家庭、不重视父母,他什么都来回换,他一分钟可以换三次,回头找对象,也是一分钟——换不了三次,他三天换一次,这你也受不了。不仅如此,一个调查说:常看电视真的会影响小孩的注意力,因为即使你不来回换频道,就看一个频道,电视节目画面也是变化得太快。你到了课堂上,看来看去就是老师一个人,对老师讲的东西就容易走神,影响注意力的集中。美国有的学者甚至认为控制板会毁坏一代人。

饶了吧,音乐

所以老子说"五色令人目盲,五音令人耳聋",这种事现在更多,现在那什么MP3、MP4的,都有MP5了,你是骑着自行车也好、上了电车也好,甚至于开着车也好,"随身听"音量弄得非常大,对耳朵确实有损伤。在最新的《读者》上,我看到台湾诗人余光中有一篇文章叫《饶了吧,音乐》,他也说台湾现在到处都是音乐,你上出租车,车上声音弄得非常大,他说台湾有一个著名的音乐家上去以后,就请出租车上"的爷"、"的哥"把音乐音量给捻小一点儿,的哥就不屑地说:原来你不喜欢音乐。他是音乐家,是真正的音乐家,是作曲家,但是音乐变成了噪音。

"五味令人口爽"这个"爽"字好像不是按现在的意思,现在这个爽是褒义,是好,是舒服的意思,他说的"五味令人口爽"是不是让你长口疮?至少是让你味觉麻木,反正不是好事。

简朴永远是美德

老子讲了很多很多这一类的事,对于今天的人也是有意义的,因为你不要一味地追求起来没完没了，真正有文化、有身份、有地位的人，他们生活的另一方面是相当的俭朴。现在相反，要吃也得往邪了吃、往怪了吃，要听也要把声音、要把高音喇叭、要把那大贝斯（低音）都拧到最高处，要让人知道我们家就跟摇滚乐、就跟迪厅一样，我们天天蹦迪，那绝对不是真正——那是暴发户，那是要学问没学问、要资历没资历、要修养没修养的人——其实也像老子所说：这个也不可能长久。

所以老子就说"祸莫大于不知足，咎莫大于欲得"，最大的祸害就是你不知足，你最大的错处、最大的毛病就是你老想得到什么东西，你本来是挺好的一个人，你要一想得到什么东西，你就得降低了你自己，你就要低三下四，你就要曲意地去逢迎别人，你就保持不住自己的纯真。

老子所以说"咎莫大于欲得，故知足之足，常足矣"。这些说法，我觉得在今天是有意义的，特别对于咱们进行反贪倡廉的教育，是有好处的。我们想想那些被枪决了的贪官，他们很多人本来是贫苦出身，在他们的少年时代、年轻时代受过清苦，经过苦学也有相当好的表现，但是一旦升到一定的位置以后，他们可真是"五色令人目盲"，五色让他们眼睛都瞎了；"五音令人耳聋"，各种视听的享受使他们耳朵都聋了；"五味令人口爽"，各种的味道，让他们吃什么都吃不出味儿来，都走了味儿了。这样的例子真是太多了。

学会掂量，学会舍弃

所以老子又说"名与身孰亲，身与货孰多，得与亡孰病"，他说你应该考虑考虑这个"名"和你自己的本身，究竟哪个更重要，哪个对你更亲，你不要太求名了，你太求名了，你又丢人你又出事。你要想一想身与货，你自己的身体、你自己的人，跟那个物质财富，哪个对你来说更重要、更值钱、更有价值。"得与亡孰病",你得到这一点,可是你为了得到这一点丢掉了自己的人格,你丢掉了自己的尊严,你丢掉了自己的自由、乐趣、快乐,这样的得失相较,你自己为什么不考虑考虑呢?所以老子说的这些话,尤其这一段的话,给人一种历久弥新的感觉。

类似的话梭罗的书里边也有。另外,印度在这方面也会给我们很多启发。印度甘地的坟上有一个石碑,石碑上写着他的两句名言:"high thinking, simple living."——高深的思想,简朴的生活。甘地还有一个名言说得更好,他说:大自然能够满足人类的需要,但是不能满足人类的想要。你想要的东西多了,但你需要的很简单,一个人能有多么了不起的需要?你一天吃的东西大约三千大卡,是不是?反正你吃太多太多,你就得糖尿病了,总之就是三顿饭,一天也不能吃八顿。所以甘地本人是做到了这一点,当然印度有印度的条件,他身上真是就披个片儿,中国人叫片儿,连说是衣服都很难说,因为它没领子没袖子,把这上身稍微挡了一下,下身该遮掩的地方遮住,印度它暖和,其他什么都可以不要。

一个有名的故事

这样的哲人,当然我不能完全做得到,说我今天穿着甘地的服装来讲这一课,那也算一绝了,成新闻了,弄不好送安定医院去了。但是他这意思、这想法也是值得考虑的。当然东方的这种思想要发展得过梭了也要命、也麻烦。有一个故事,是当时还叫"西德"的大作家、诺贝尔文学奖得主 Heinrich Böll 海因里希·伯尔写的,这个小说挺奇怪,题目叫《一个关于劳动生产率下降的故事》,让你以为是经济学论文呢。里头写的什么呢?就是说一个老头在那里辛辛苦苦地打鱼,旁边树底下一个小伙子枕着一个土疙瘩在那儿呼呼大睡,打呼噜。鱼那天特别多,老头忙不过来,就叫:"小伙子醒醒,别睡懒觉,帮我打鱼,我给你钱。"小伙子说:"我给你打鱼干什么?""我给你钱。""你给钱干什么?""你有了钱,就可以过幸福的生活。"小伙子说:"我告诉你大哥,我在这儿河边上,清风底下树荫里头睡觉就是我最大的幸福,何必帮你打了鱼挣了钱再去找幸福,用钱买不来幸福,我这才是幸福呢。"我看了这个故事不觉得特别的奇怪,后来过了十五六年,我去印度,印度人就跟我说,我们这儿有这么一个故事,一模一样,说我们印度人不着急。还有一个,也是德国的一个汉学家跟我说的,他说中国人搞现代化有紧迫感,可是他觉得在印度那儿没有这么紧迫:现代化就现代化,不现代化就不现代化,你挣得多,你就挣你的,我挣得少,我就挣我的完了。这和印度的种姓制度有关系,他们认命,他们出生就分三六九等,他说我就甘于是最下层的——也可能有这个关系。

后来我又去非洲、去喀麦隆,这是法属的一个殖民地。喀麦隆人给我讲故事,这仨故事一样,所以我觉得这绝了。我估计海因里希·伯尔可能也从什么地方借鉴来的这故事,听起来真的很熟。我们中国肯定也有类似的故事。

但是这个故事我听了以后,觉得很庆幸,我觉得我们中国并不都是这种思想,我们中国毕竟还有儒家的思想,还有所谓"天行健,君子以自强不息",我们还提"苟日新,日日新,又日新",我们是让人奋进的、让人努力的,多亏还有这样的思想传统。那个天天睡觉,回去拿绳系扣、甭写字的思想成不了主流,咱们国家现代化了。但是我们也不能不认真地来面对:幸福并不完全是从生产力、从 GDP ——不仅仅从这一方面得到,我们还要考虑到人民本身对幸福的感觉。

发展与幸福

还有一个说法,说近几十年来、第二次世界大战以后,科技的发达简直是突飞猛进，可是人的幸福指数并没有提高，或者说至少不以那样的突飞猛进的速度提升。像类似的这些问题，解决不了也没关系，我们也想一想。想一想有什么好处？我们自己来一个互补：我们该努力的时候、该奋进的时候，我们多想想"天行健，君子以自强不息"，我们要与时俱进，我们不能安于现状，我们也不能懈怠、不能懒惰。但是我们奋进了半天，譬如说还不行，我们也得从另一方面看到：我尽了力了，我也很快乐，我很正直，我过着一种相对比较简单、比较纯洁的生活，我觉得我很满意于我的生活——我们从这个角度看也还不错。

至于其他谈论欲望的多了，佛教也讲：贪欲生嗔怨，嗔怨生烦恼。叔本华也讲：人的痛苦是由欲望而产生的，所以王国维解释《红楼梦》就是用叔本华的思想。他认为《红楼梦》写的就是欲望所带来的痛苦和烦恼。我们也不妨从另一面来考虑，因为我们中国也有这方面的问题，对于人的正当欲望，设立太多的一道一道的防线，非把它死死地给卡在那儿，这并不是一个最可取的办法。譬如说中国过去，尤其是对女子讲三从四德，寡妇都要守节，饿死事小、失节事大。这就是对人类正当欲望的一种挑战，是一种自戕行为，是自毁自己生机的一种行为。所以我们在批评欲望、克制欲望的同时，当然不是要自己把自个儿往死里整，不是那样一个态度。

向后看

老子还有一个有意思的想法，我说是历史上的"向后看"。人们模模糊糊地会有一个想法，认为古代比现代好，越古越好，孔子也是一样。那个时候的人、春秋战国时候的人，认为周公的时代、西周的时代、武王伐纣刚刚成功以后的那个时代，是天下的黄金时代，所以他要进行道德的教训，就是希望国家能够回到周公的时代，甚至于做梦都梦见周公。这就是向后看,他老觉得太平盛世是什么时候?是过去、是从前。

我今年七十五岁了,我从小学就听见一个词,老师教给我们的,写在黑板上的,叫"世风日下,人心不古",世风就是社会风气,是越来越坏;人心不古,现在哪像古人那么真诚,我们中国有个词叫"古道热肠",古人、自然经济里的人是非常淳朴、心肠是非常热的,而随着生产的发展、社会的发展,古道热肠就没有了,老是这么说。我觉得对于文学家来说,这特别容易理解,为什么呢?文学家讲人的感情,讲主观心灵的反应。我有时候把一个问题说得可能过于简单了,我说人为什么喜欢怀旧,一个很简单的原因就是你旧时比现在更年轻,我们往往会认为童年时代是多么快乐啊!其实你童年时代准快乐吗?但是你想,童年你很天真,罗大佑的歌曲歌词《童年》我不会背,但是他说得很好玩啊,什么"知了一声一声叫,盼望一个夏天",多好啊!我们都知道在中国、在全世界都是很普遍知道的舒曼的《梦幻曲》,它原名不是《梦幻曲》,是 childhood 是《童年》,它是用这种梦幻一样的心情回忆童年。

相信在上古时期,有一个最幸福的生活、最美丽的生活、最单纯的生活,某种意义上我认为是一种文学性的想法。这种想法有没有一点点学理的或者科学的意义?我想有,还不止一点点,为什么呢?我们不能简单地用进化论的观点来看待社会、看待生活,比如现在科学技术发达了,生产效率也高了,但你能说现在人的手准比古时候巧吗?我们在马王堆发现的那些丝绸,我们在汉墓发现的那些壁画,我们还有什么金缕玉衣,还有在西安发现的铜车马,现在的人准能做得出来吗?尤其是有些纺织品,我请教过纺织专家,他们说做不出来,它是手工的,就是做不出来,机械是不能完成的。所以你不能简单地说,人就只能是往前走。第二个就是:你在发展、进步、向前走的过程中,要付出一些代价,你不要认为是没有代价的。你从童年变成少年,从少年变成青年,从青年变成壮年,从壮年变成老年——我也不提死亡,你以为就没有代价吗?你成了少年了,但是你童年、学龄前的那种快乐,那种除了玩儿以外什么别的事都没有、什么都不知道的那种快乐,是绝对没有了。我已经发现,比如说随着生活的提高,我的一些孩子,他们也在改善自己的居住条件,有的是分了、有的是购买了新的房子,但是我那些孙子们,他们对新房一点兴趣都没有,他们愿意在院子里疯跑,他觉得很好,他说我们在这儿很好,多少平方米跟我有什么关系。可是你要是一个青年,你要是一个成年,你就知道了,不但住房、我还要住得舒服,我还要跟人家比:他们家住一百五十平方米、我们家只六十平方米,我抬不起头来。他就有这种思想,所以什么东西都有代价。还有环境上的代价、还有趣味上的代价、还有手工上的代价、还有体力上的代价,如果人什么都靠机械了,原来最精密的很多工作,现在都在电脑上完成了,你的手艺不等于在往后退吗?

对于朴素的向往与怀念

我去访问伊朗的时候——伊朗是一个特别重视手工艺的国家,它做一些小铜器,它有些自己的很稀奇古怪的镶嵌的一些东西。据说当伊朗人将这样的工艺品赠送给一个西方大国的客人的时候,接收礼物的人说:我们国家不会有人干这种傻事的,我们要讲效率,我们要争分夺秒,我们要用最短的时间创造最高的价值。我确实觉得——我不是说西方发达国家就是这个 stupid ——这是一种野蛮,如果说您不知道什么叫现代化,这叫野蛮。你自以为你现代化了,你不知道什么叫奉献,不知道什么叫手艺,不知道什么叫向往和追求,你说这人是不是也有点野了?缺点儿文化、缺点儿教育,让他多听两次咱们《中华文明大讲堂》，可能也对他有参考作用。

讲到这个问题，我就提到老子的一个概念，就是"朴"，朴素的朴，朴的原意是指木头，它是木字旁，就是原生的木头，可能也没去皮、也没加工的木头，就叫做"朴"。老子给"道"不轻易下定义的，他说过"强为之名曰大"，同时也可以管"道"叫"朴"。他还说过"天得一以清"、"道生一"，有的地方又说"道"就是朴，道就是朴素，道就是原生状态，道就是你该什么样就什么样，道就是你别加工、你别包装，保持最早的那个原始状态。这个"朴"他讲的也是挺好的。在很多地方他都没完没了地讲"朴"，说人能够做到。这也是一种向后看。老子提出了最理想的状态是婴儿的状态，人要像婴儿一样没有坏心眼，饿了就哭，难受了发烧了就闹，没事你就好好睡觉，奶头来了你赶紧叼上。你要跟婴儿一样，没有粉饰没有虚伪没有恶意，也并不刻意对自己进行保护。我想这样一种对"朴"的理想也决定了老子向往"小国寡民"，小国寡民就"朴"。

我们为什么在这几年特别喜欢听所谓原生态唱法，这原生态唱法既不必练成那种美声，也不必加上很多扭扭捏捏、嗲声嗲气；你就这样喊，你该哭就哭、该叫就叫，它比较贴近自然的状态。平时你去某个地方，也许走在路上就能听见当地人的这种演唱。朴的观念其实也是被国人所深深接受的。

老子对人生的这些体悟里头，包含着对朴的提倡。但是我要加一句，你也别太迷信"朴"了，"朴"的结果如果是太没有知识了、太没有文化了、太没有应有的现代科学和各种概念的武装，也会犯很多错误。我有长期在农村劳动的经验，我就知道，农民对事情的判断一开头那个最朴的判断不一定是最正确的判断。现在啤酒、葡萄酒在农村里也非常流行，可是一九五八年大跃进的时候，我在咱们北京门头沟区斋堂军饷乡桑榆村劳动的时候，好几个农民就跟我说，你们怎么喝啤酒，那不就是马尿吗,说颜色、味道都一样啊;说你怎么还喝葡萄酒,那是酸泔水。现在他们已经不那么说了。

阿Q的经验与教训

《阿Q正传》也特别有意思,阿Q去了几趟城里,回来就嘲笑说城里人太可笑了,未庄管长凳子叫长凳,城里人叫条凳。这说的是当时绍兴,但是条凳在北方、河北省我们家也说条凳,稍微长一点儿的是凳子。阿Q笑话说城里人什么事都不懂,管那玩意儿叫条凳,那不是长凳吗!另外说煎鱼,煎鱼在未庄是加大葱叶,说城里人——他说的"城里"是不是绍兴我也不知道——是加切细的葱丝,又被阿Q笑话了。但是鲁迅很损了:阿Q一边笑话城里人,一方面又笑话未庄人,说你们连城里人管这个叫什么你们都不知道,城里人怎么吃鱼你们哪儿知道,我见过,你没见过,我没吃着,可是我见过,你们连见都没见过。所以阿Q就有点儿优越感了。

我们还可以找许多许多不雅的例子,我这儿就不举了。由于无知,仅仅有一个"朴"字,你会对世界、对你的经验以外的东西,做出错误的、愚傻的甚至是搞笑的判断。所以一方面我们尊敬"朴",喜欢原生态,一方面我们该学还得学,该求知还得求知,该增加自己的见识还要增加自己的见识。

答现场提问

观众女:王老师您好。老子在理想中描述了小国寡民的社会图像,请您给解释一下什么叫所谓的"小国"、什么叫所谓的"寡民"?谢谢您。

王蒙：我所理解的他说的"小国"，指的就是在当时的"国"，跟我们现在理解的中华人民共和国不是一个概念。那时候齐国、魏国、秦国都是国，小国指的恰恰是规模比较小、不想争霸权、不想当龙头、不想把别的国都灭了的这样一个国。"寡民"就是指老百姓，人也不是特别多，"寡"在这地方是少的意思，人也不算太多，国家规模也不大，更没有任何的野心。在这样的一个国家，过日子比较舒服，我想他大概是这个意思。

观众女：王老您好。通过今天《中华文明大讲堂》节目，我们对老子有了更加深刻的认识。我想请教您一个问题：我们将如何在当今这个时代把握人际交往这个度？谢谢您。

王蒙：老子侧重于说人际交往之间会带来一些危险，还有人和人之间有时候会有机心，会用智谋，他是不赞成的。但是老子没有说另一面：人和人是应该有交往的，是应该有沟通的，而且知识应该是流动的，见解、思想、技术都是流动的，因为技术要不教要不学，永远学不到的。所以如果说是能够把握住人和人之间——像孔子所说的"三人行必有吾师"——注意人和人之间互相的学习、互相的帮助，同时能够克制人和人之间的恶性的、或者是利用拉拢、或者是动心眼损害别人的利益这些东西，我想那就会有一个比较健康的人际关系。

观众男：王老您好。我想老子在他长大的过程中，应该是看到了一种新的器具什么的出现，它比较方便，人们都会争相用之，而不是有器而不用，但是他还提出小国寡民、清静无为这些思想，跟这现实是有点背道而驰的。我想问的就是：他还提出这种思想，是因为要表达自己理想中的社会，还是想通过自己对这个社会的描述，来对人们有个提醒，提醒人们在发展的过程中，应该保持住那种自然朴实的本性呢？

王蒙：我想老子那个时候也还考虑不到发展，而且那个时代很难说是一个谋发展的时代，那个时候是一个争夺的时代、是一个战争的时代、是一个争霸的时代。老子的特点就是：他从来都不是社会的主流思想，他带有一种逆向思维的特点，他对这个社会实际上是有所批评，他甚至于想拉住这个社会发展的脚步，拉住它的腿，他有这么一个用意。他认为他的见解特别的高明，这个后边我们还讲，但是他的这种高明又不可能被实际的操作者、被他所说的君王或者是圣人所接受，所以这是老子和现实之间的一个很大的张力，而且这种张力不仅仅是在过去。不管什么时候，老子的这一套都非常美好，也都非常有价值，但是他又很难成为一种意识形态，或者是一个国家的主流、占有主流的位置。所以这个正是我们待会儿休息以后所要讲的话题。

观众男：王老师您好。我是一个非常喜欢文学的青年，能够见到您非常的荣幸。今天的确是有一种展开了广阔思维的那种感觉。我想问的就是：小国寡民这个思想，对我们中国来说，现在从国家的高度来说，我们在强调复兴，小国寡民——大国怎么样呢？谢谢。

主持人：你的意思是：大国是不是就得多民？

王蒙：我想这个大国和小国是不能够人为地来制造的，说由于我们学了小国寡民的思想，把中国给搞小了，这个是不可能的，而且要这样做，国家也不允许你，老百姓也不允许你。我们只能够体会老子那个精神。他的精神就是：在我们急速走向现代化的时候，我们对自己的思想有一个补充，譬如说克制贪欲，譬如说保护自然，譬如说挖掘各种淳朴的东西、挖掘各种非物质文化遗产，保护历史、保护我们的文物，同时我们本身也不应该有任何轻视小国寡民的这种思想，因为现在世界上还有这种很小的国家、很小的地方或者相对不发达的地区。我们都要从他们身上学到一些我们能学到的东西。我想这个都是有可能的。一切都值得我们借鉴，老子也是我们的借鉴，不丹也是我们的借鉴，摩纳哥也是我们的借鉴，当然美国、俄罗斯也是我们的借鉴。

第十二讲：
老子智慧的快乐与烦恼

老子的智慧无可争议

让我们谈谈老子智慧的快乐与烦恼。对于老子的学说虽然是自古以来就有赞成的、也有批评的，甚至于有痛斥的，像朱熹说"老子之心最毒"等等给扣帽子的都有。但是把老子当做一个非常有智慧的人来看待，这几乎是没有什么争议的，而且他的智慧深不可测，就像《史记》上记述孔子对老子的印象——虽然这可能是传说——说老子像龙一样，可以乘风云上天，神秘莫测、变幻多端。老子的这种智慧不仅使他影响了中国几千年，至今我们还有人在读老子，还有像我这样的业余爱好者来探讨老子，就是在国外，老子可以说是中国的哲学家里影响最大的一个，可以说是我们中华文明的一个骄傲。他独树一帜、与众不同、言简意赅，他的理论真是高深莫测，你在别处找不着这样的理论，但是人们尤其是华人的思想观念中与老子相通的地方又很多。

像老子叙述的这么全面这么成为一套，而且它又简短得不得了，只有五千多字，这样的哲学作品，简直不可思议。按现在我们做文学的人、吃文学饭的人来说，这五千多字只能算短篇小说，连中篇小说都不能算，要是遇到比较损的编辑或者出版单位的话，按一千字二十块钱来算的话，它这五千字只能得稿费一百元，如果要是现在稿费高的、有能到百元左右的，也不过是五百元。五百元是不是属于低保的范围？但是他的智慧又是那么高耸、那么概括、那么无所不包，你不能不佩服他。甚至于他的学说还影响了一个宗教——就是只有中国才有的道教的兴起，所以他绝了。

通向终极的悟性

老子的智慧有一种什么样的快乐？关键就在于他的智慧是一种终极智慧，他所关心的问题是终极问题。所谓终极问题是什么呢？就是它不限制在你的生活经验的范围之内，而是到了你的经验之外。譬如说世界是怎么来的，世界会变成什么，一切的主宰是什么，一切的总的决定性的因素是什么，一切的基本规律是什么，基本的观念、基本的关键是什么？

中国人常常有一种想法，毛泽东主席也常常讲的，就是要抓住关键，要抓住牛鼻子，说你要是抓住牛鼻子，你把这牛一拉，牛就可以拉过来了，你要抓住牛尾巴是拉不过来的，弄不好还能让牛给踢了。所以终极的观念是什么呢？它往往是人类的那些最根本的问题，是无法用逻辑、经验、计算和实验室的实验来证明或者证伪——就是证明有错——

你无法证明的这些问题。世界各国都有所谓终极关怀、终极的讨论或者终极的学问这样的说法，西方把这种终极学很明确地定名为神学。

为什么呢？因为这个就是我刚才说的，既不是靠推理能推出来的，也不是靠实验能证明或者证伪的，还不能靠计算，它也不是计算出来的公式，所以说它是神学。怎么解决这个终极问题呢？靠的是信仰，譬如说我信主、我信佛、我信上帝，信了以后我心里踏实多了，我得到了许多的安慰，尤其是遇到了困难、遇到了生老病死，我一想到这是主在召唤我呢，我踏实了。这里的真伪对我来说是没有意义的，也是无法证明的，因为我也不可能死了以后回来，跟你们讲我这次死后见到上帝了，我没法说，没有人给你讲这个。

通过思辨与感悟走近终极

老子的独特之处是什么呢？他不是去创造这样一个像主人一样的神，也不是过分地强调信仰与崇拜，强调匍匐在地的激情，而是通过思辨创造一个比主人还主人的概念。他创造、或者是他致力去发现一个比主人还主人、比终极还终极、比天还高、比海还深、比宇宙还大的一个存在。既是存在又是本质、既是概念又是规律、既具有神性又具有理论性，他创造与发现的这个存在加本质的概念就是"道"。

所以我想，我们可以设想当老子论述这个"道"的时候，他心里多么有底气，他有主心骨，他有一种至上感、澄明感与优越感。就是：我明白了，我够得着了，我一通百通了。我讲的是最高的"道"，小道理很多，不一定什么都说，请注意，《老子》一书中根本不谈具体的人、地域、事件、业务。但是他说的是至上的"道"，抓住至上的道理了，小问题说不清楚没有关系。

这也是非常中国式的思维方式，外国人是你有一点错都不行，A 就是 A，B 就是 B，你的 A 错了，B 再伟大，无补于 A。你是拳王，但你有了刑事麻烦，照蹲班房。你是足球先生，但是拖欠了给前妻的赡养费用，照旧拘留。反过来说，你因为具体问题有过服刑或被拘留的记录，很少影响你今后的形象与前程。这方面的看法，在中国就会有很大不同。中国人认为我抓的是最根本、我抓的是最高级、我抓的是最上层，至上，小问题没关系。

"高" 水边高地

你能理解九方皋吗

所以中国有的这种故事，外国人是无法理解甚至于是无法原谅的，比如"九方皋相马"：伯乐老了，君王说你给我推荐一个能相马的人，会看马会判断千里马的人。伯乐说，最好的、比我还强的是九方皋。于是秦穆公就让九方皋去找一匹千里马。九方皋回来后说：千里马我找着了。君王就问：什么颜色的？他说褐黄色。是母马是公马？他说是母马。等到马牵来以后，跟他说的相反，不是黄的是黑的，不是母马而是公马。秦穆公就很烦，说伯乐你弄这么一个粗枝大叶的马夫给我相马，他连最基本的情况都给我报告错了。伯乐说，真想不到他已经这样精深高明了，这正是他的伟大呀——这说得有点矫情——正是他的伟大，他注意的是它是不是千里马，毛色什么样，他管那个呢，他又不收购马毛，也不用马毛做纺织，管颜色干什么？公母也不管，因为并不是来搞配种，要的是千里马，你君王需要的是千里马，这个是千里马！他能忽略表层，专门判断是不是千里马。

大道的至上感与优越感

所以老子就有这点：大的道理我给你讲通了，我有一种至上感，有一种优越感，有一种万物皆备于我、一通百通、一顺百顺、无所不知、无所不能的感觉，这种感觉研究别的学问是不会有的。所以我们可以设想老子，他的"道"的提出，超越了宗教又包含着宗教，超越了哲学又包含着哲学。

如果用老子那一套理论的话，对许多问题会有所超越、有所新意。譬如说保罗·萨特在法国讲"存在先于本质"，对于老子来说，最根本的存在就等于本质，无须分辨孰先孰后。老子认为，"朴"就是本质、"朴"就是原生态，原生态的存在就等于本质，而这个本质就是道。这是有些个道理的，比如研究好一个原生动物、一个单细胞生物，你就能够掌握生命生物的基本法则。研究好一个受精卵，你也就掌握了此后的变化与发展。研究一粒种子，你就能掌握大树、森林或者农田。按照老子的想法，世界的起源就是道，世界的恍兮惚兮状态，就是道。

而我们说的"得道"，就是找到了根本，找到了本源，我给你们全解决了，不用争。"道"就是悟、"道"就是心、"道"就是存在、"道"就是本质。所以你说它是哲学，它有的地方又超越了哲学，有些地方甚至是文学。

文学语言的道性

有很多话，如"上善若水"，这是文学的语言，这不是宗教的语言，甚至于不完全是哲学的语言。什么叫"上善若水"，什么意思？中国人也有另外的说法：水性杨花，是坏话；他说的"上善若水"指水的清澈，它的谦虚，它的所谓"处下"，它的低姿态、它的无私、它的坦荡，所以就"上善若水"。你愿意怎么解释就怎么解释，我不给你仔细地说——说"上善若水"，水有五个特点，第一能喝，第二能洗脸，第三能洗脚，那有什么意思？我不给你解释！

所以他说得越少、越抽象，就越发有一种什么东西都掌握了的感觉。他也掌握了文学，他也掌握了伦理道德。他批判伦理道德，说是"大道废，有仁义"，他说仁义出来得越多，作伪就越多等等。"世人皆知美之为美，斯恶矣"，你都去追求美了，把人分成美丑两种类型了，里头再分成十八等，这个东西本身就不是好事。

但是从老子的另一方面，我们可以看到他这些基本的道德的底线，譬如说他对生命的尊重，他对战争的厌弃，他对包括为政者——如果你不能够善待自己的百姓、自己的人民，那么老子有些地方说得还很尖锐，说得还挺刺激、挺厉害。所以他既超越了道德又包括了道德。

老子有多牛

"道"这个词不是老子一个人用，孔子也讲"朝闻道，夕死可矣"，《礼记》上就有"大道之行也，天下为公。选贤与能，讲信修睦"，讲很多东西。但是老子把"道"提高到了一个概念之神、哲学之神，概念之巅、哲学之巅这样一种程度，所以老子在谈到道的时候，他的智慧就有了一种高峰体验，有了一种至上体验，有一种扩张性弥漫性体验，就和老子见到了世界的本源本质一样。我相信这样的人是太快乐、太满足了。

老子在第四章里有一句话，就这么几个字，但是你们可以听听老子有多牛。他说什么呢？"道冲，而用之或不盈"，我取之不尽、用之不竭。我懂得"道"之后，我对各种的事物都有自己的看法，不慌不忙、不急不躁、不窘不迫、从容有定、有主心骨。老子是这样的，所以老子一生并不忙碌，他做图书馆管理员，鲁迅还带点讽刺，说他骑着一头青牛要出关等等。但是他说我"用之或不盈"，我是世界上最有财富的人，因为我有"道"，我的"道"永远用不完、永远没有赤字、永远不会发生危机，金融可以发生危机，"大道"不可能发生危机，因为大道它是本源的存在，它是本质也是规律，金融发生危机就是因为金融有些事情违反了"大道"，"大道"必然就会使你产生这种窘迫。反过来说，产生这种窘迫以后，你就会有调整，这个调整又符合了"大道"。所以老子说他的"大道"是用也用不完的，它是永远最充实最富有的。

他又说"渊兮，似万物之宗"，"渊"是什么？它太深刻了，它是万物之宗、是万物的本源、是万物的道理。人也是按照"大道"来生活的，是"大道"决定了你的生命、决定了你的死亡、决定了你的兴衰。一个鸟也有一个鸟的"道"，一粒沙子、一个小虫、一棵树、一根草、一块石头、一座山、一个大海，它都是按照一定的规律、按照一定的自然本性在那儿发展和运作，因此它"渊兮"——是多么深远啊，它是万物之宗。所以我就说，要能写出这两句话来，我们可以设想老子牛得可以了，他很自信了、他很有把握了，他已经觉得他比许多人都高明了，这是肯定的。

老子在第十五章里又提出一个命题来，他说"古之善为士者"，古代的——他老认为古代是现代的模范，说古代的一个善于做"士"——我们可以把他解释成读书人，可以解释成知识分子、那个时候的知识分子，也可以解释成一个准备参与国家运作的人。"古之善为士者，微妙玄通，深不可识"，"微"，很精微，对什么事情的看法他都非常的精微，包括细小的地方他都懂；"妙"他掌握了大道以后，他的做法、他的说法跟别人不一样，让你不能不服，他非常的妙，他不按照常规，但是他做出来以后，别人干不成的事他就干成了，别人有危险的事，到他那里没危险，他能转危为安、能够逢凶化吉，它"妙"；"玄"的意思就是抽象，它非常的抽象，和"妙"也是分不开的，庞朴教授、哲学家，他考证中国这个"玄"字在古代的来源是水涡，水的那个涡流，水的旋转、旋涡。你看这个字本身像一个螺旋形在那儿转，他的认识也是像水一样地在那儿流转着，什么他都包括进去了，什么他都吸收进去了；"通"，又微妙又妙又玄了，你什么都能弄通，叫一通百通。他说"微妙玄通，深不可识"，他说"夫唯不可识，故强为之容"，这样的问题有时你都无法理解他，你没法判断他，他不像很简单的人，两下就可以判断出来：说这是一个暴发户，我们家乡叫"钱狼子"，见了钱就下狠心，说这家伙是一个钱狼子；这是一个吃货，就在乎吃；说这是一官儿迷。这都很容易判断出来，但是像老子这样的人，你判断不出来他到底追求的是什么，因为他追求的是"大道"，追求的是真理。他说"强为之容"，我很勉强地来形容一下。老子在这里说了一大套，具体内容后面几讲里还要专门讲，我这里要说的是，从老子对于善为士者的论述当中，也可以看出老子的自信、自负、自乐来。

你们表面上看，他说的是"善为士者"，我就觉得老子要自己没有点对自己的理解，他是不会说这样的话的。他说这样的话实际是什么意思？就是我老子——当然他自己称自己是老子、是李耳，还是老聃还是老什么，这个我不知道了——我什么都有了，"万物皆备于我"，严肃的我有这一套，我像过冰河一样地小心翼翼，我像对待邻国一样地充满了警惕，我像待客一样地注意礼貌，我绝不敢轻忽。但是另一方面呢，另一方面我又是松松散散的，我不是那么紧紧张张，他说的是"善为士者"，从这话里我们都能够看出老子的骄傲、老子的牛。

为什么我说他"牛"呢？因为到现在为止，我们读老子、我们谈老子，仍然是快乐的，这是一种智慧的快乐，这是一种思想的享受。享受有各式各样的，吃好东西当然是享受，住好房子这也是享受，同时我们人人都还需要智力的享受，那是更加高级更加丰富深厚的享受。

智慧令人快乐

为什么呢？你为什么喜欢下棋？下棋时你不断地想赢对方，如果你真赢他一盘、赢了两盘，或者本来你是经常败给他的，但是你忽然赢了他一盘，你很快乐，你享受的是你自己的智力：我也不是笨得那么一塌糊涂，不是那么不可救药，我也能赢你；甚至我输了，我毕竟还有几步好棋，我毕竟得到了经验教训，我毕竟有几手，对于对手的精彩也确实佩服，这仍然是享受。我们也可以打扑克、可以打桥牌，这都是很好的智力的游戏、智力的享受。

而智力的享受到了读老子这一步了，可以说你达到一个相当的层次了，你把这个概念和概念加以组合，把概念和概念与你的人生经验结合起来，你从老子当中来发现世界、来发现人生。你又从你的人生当中、从你的世界当中去发现老子、去解读老子。这样的快乐比下象棋的时候给对方将死——来一个马后炮或者来一个双炮将，怎么一挂脚，比那个快乐还要高级。

老子不可摧毁

我们说，像老子这样的思想的人，他是快乐的，像老子这样的思想者，你无法摧毁他。为什么呢？你的智力不如他。对不起，你可以比他有钱、你可以比他地位高，但是实际上你处于劣势，你即使去侮辱老子、你即使去贬低老子，你唾到老子身上的唾沫，最后会落到自己的头上。老子无法贬低，他的智慧就是这么高，他就是表面上看着"道冲"，表面上看空洞空虚，"而用之不盈"，他就是非常的深、深厚，他"渊兮，似万物之宗"。我想如果我们在谈老子、读老子当中，能够体会到老子这样一种智慧和智慧的享受，我觉得这真是人的一种幸福。

好箭也可保存欣赏

我这里顺便说一下，因为过去我们长期的——当然也是有道理的——我们强调的学习是为了实用，学以致用，这个是非常正确的，尤其在革命的时期，毛主席反复地讲，他说马列主义就好比一支箭，说是要用这个箭来射中国革命之的，这也叫有的放矢，说如果你拿了一支箭以后，说好箭好箭，然后把它束之高阁，这样的理论再好也是没有用的。那么我们可以设想，在革命时期对待革命的理论，如果我们不采取和实践相结合的态度，而是采取一个：好箭好箭，欣赏以后束之高阁的态度，这革命还有戏吗，革命还能成功吗？当然不能成功。但是今天的情况又有一些不一样，今天在全面小康与市场经济下，好箭好箭也可能是文物、是艺术品，它就是要束之高阁或展览室或拍卖室，供自己与旁人欣赏。

我们读老子学老子讨论老子，不是说用老子的学说解决就业问题、解决低保问题、解决金融问题、解决农民工的问题、解决春节期间春运问题，那你解决不了。我们在今天的情况下，在新的情况下，我们拿老子来看，看完了以后说好箭好箭，然后束之高阁，这也是一种享受。何况他不可能完全束之高阁，因为你多懂得一些道理、多懂得一些名词，你看什么问题看得更广泛更高大更深刻，你自个儿的精神境界就不一样了，耳濡目染，你道行更深了一点、你知识更广了一点。所以我说老子这个智慧是一种快乐智慧、是一种享受。

智慧也是一种美

我还要说智慧是一种美，为什么呢？我们可以设想一下，我们接触到一种智慧的时候，你对它有没有一种向往的感觉、亲和的感觉，一种舒服的感觉？相反的，如果我们看到一个人蛮不讲理、嘛事不懂、糊里糊涂还又强硬得要死，你说你拿他有什么办法，你就躲着点他就完了，也没有别的辙。所以智慧还是一种美，它使人沉醉、使人叹服、使人愉悦升华。我还认为真正的智慧，和善和美都是相通的，因为真正的智慧，它和道德——他必然就能够知道自己在人间的地位，知道自己在人间应有的义务、应有的自律，知道自己有哪些坏事是不可以做的——真正的智者又非常的没有道德，这几乎是很难办到的一件事——所以我说它和德行和审美都是相通的。

老子的苦恼与牢骚

但是老子也有苦恼、也有牢骚，这是什么意思？我们看到老子在许多章节里说的话，这些话表面上看是客观地讲一些道理，但是实际上老子也是一个人，他有一种情绪、有一种倾向、有一种心情流露出来了。

譬如说在第二十章，他说"绝学无忧"，就是说你不学习，你也就用不着忧愁了。这是一种解释，也可以解释为：你学到最高处，学到了绝顶、绝妙、绝高，就不用忧愁了。说"唯之与阿，相去几何"，世人说是或者说不是，说 Yes 还是说 No，认可还是不认可，这中间又相差多少呢？世人俗人认为对的，真的是对的吗？世人俗人认为是错的，果真是错的吗？没有那回事的，没有什么意义。"善之与恶，相去若何"，这个人说这人是好人，那个人说这人是坏人，他们究竟相差多少呢？他们的判断值几个钱？他们把好人看成坏人，把坏人看成好人，把智者看成无用，把骗子看成大师的，多着呢。

又说，"人之所畏，不可不畏"，大伙儿都害怕的事，我也害怕，怎么办呢，大家都这么说，就是我老子也怵它三分；"众人熙熙，如享太牢，如春登台。我独泊兮，其未兆，如婴儿之未孩"，说是大伙儿一个个都还挺高兴，就跟在那儿吃大餐似的，就跟上了高台来享受春天一样。大家都是高高兴兴，可是我经常要思考一些终极的问题，我有时候脸上连笑容都不够多；"婴儿之未孩"，有人考证说"孩"指的是笑容——这个当然不是我所擅长的,我姑且引用别的老师们的解释——这些地方一看很怪,老子到了这个地方,他忽然显出来、他流露出来了跟大众不一样:你们都高兴,我不高兴,我没有那么高兴;"傫傫兮,若无所归","傫傫",现在写就是一个单立人一个累字,也有的是写一个单立人三个田字,"傫傫兮"就是很沮丧的意思,"傫傫兮,若无所归",无处可归。当时的人们嘲笑孔子,就用过这个"傫傫兮",说孔子"傫傫兮若丧家之狗",找不着家门了,可他要上不丹就好了,找不着家门没有关系,哪儿都是家。但是中国不行,中国你得找得着家门,否则你是丧家之犬。

说是"众人皆有余,而我独若遗",大伙儿都觉得自个儿还挺富裕,可是我呢,好像我老缺点儿什么。这样的话在《老子》当中并不多,但是在第二十章里他说得挺厉害,他说"我愚人之心也哉",看来我是最傻的了。是真的吗?这老子真认为他最傻吗,真的最傻你还写这五千字干什么,你一边待着去跟大伙一块吃大餐,一块去玩,别人怎么样你也怎么样不就完了?所以他不是真的,他说"我愚人之心也哉,沌沌兮!俗人昭昭,我独昏昏",越是俗人越明白,而我呢,我老糊里糊涂,你们都明白,就我一人糊涂。"俗人察察,我独闷闷",俗人什么都看得见,"察察",眼睛明察秋毫,"我独闷闷",按现在的口语,我就说它是闷(第一声),就是我啥也看不见,闷在一边,我一声不吭。"众人皆有以,而我独顽似鄙","有以"就是众人什么事都有根据、都有理由、都有想法,越是愚蠢越觉得自己聪明,觉得自己办什么事都有根有据。"我独顽似鄙",我是又顽固又低下,我找不着我要干什么事的理由、根据、基础,我找不着自己行动的基础。"我独异于人,而贵食母",我跟大家都不一样,我"食母",就是我老要找这个终极,我老要找这个原生,我光找着儿子了我还不踏实,我还要找他娘,我要找这个最早的最初的成为世界之本源的大道理。

你看老子的这一段，他有点气，就不像之前那么牛了，他是反过来说，表面上看他是在嘲笑自己，不如说他是在发牢骚。

智慧的痛苦

所以这里就有一个命题，这自古以来、古今中外都有，叫做智慧的痛苦。我们刚才讲了智慧有快乐、智慧有享受、智慧有美、智慧有主心骨，但是智慧为什么还会有痛苦呢？因为智慧陷入自己本身的一个自我矛盾之中、一个悖论之中。

真正的智者他应该知道：应该跟大家合群，不要自己太"各色"，不要与众不同，尤其不要与群众为敌，不要你自己特立独行，老跟人对着干。真正的智者明白这个，真正的智者甚至于还懂得不要跟人瞎辩论，辩论有什么用，话跟话、话顶话、话激话，互相刺激，什么用处也没有。但是他有自己的不被理解的痛苦，更有面对庸众无法可想的悲哀。

国产最佳寓言：不争论

我接这茬儿说一下，中国的各种寓言故事当中，我最喜欢的就是那个不争论的故事，这我还是在张中行老师的文章里看到的：说俩人争论，一个说四七二十八，一个说四七二十七，俩人打得厉害。县官过来了，说你们争什么？"禀老爷，我说四七二十八，这小子非说四七二十七，你说这气人不气人？"县官一听乐了，"你认为四七二十七，过来过来，你跟我说说四七多少？"那人说"二十七啊"，"你真认为四七二十七？""是真认为四七二十七。"县官说："赦你无罪，走吧！四七二十八跪下，屁股给我打三大板。"这个说，老爷冤枉啊，你这么屈枉人，四七二十七无罪，四七二十八挨打？这老爷说："兄弟我告诉你，那人都

235

认为四七二十七了，你还跟他争，他都四七二十七了，你打死他都没用了，你改不过他了，我打你两下，你就知道了，以后见着四七二十七的，你回头就走，你少招惹，你别招这个。"

只有中国人有这种故事，你现在讲给欧美人，他绝不接受，他说这是什么态度，四七二十八就是二十八、二十七就是二十七。欧美人就这一条筋，他绝不认你这个。外国的故事里头，全世界我认为最好的寓言就是印度佛教里边的"瞎子摸象"：几个瞎子在那儿摸象，然后说这象是什么样的，摸着象身子的说这个象就像一堵墙，摸着象尾巴的说像一个刷子，摸着象牙的说像硬棍，摸着象腿的说象就是柱子，这几个瞎子在那儿争。有时候我们人类太多这种瞎子摸象的故事，以及四七二十八、四七二十七的故事。这是一方面，老子他看得很开，所以他也主张不争。

智商太高了太麻烦

但是另一方面呢，就是你有了老子的这个智力，你就跟群众摆不平，你的说法跟人老不一样，你老显得"各"。而且智力低的人对智力高的人有时候有怀疑，他不说你智力高，说怎么他看什么事老看得那么准呢，他是不是有什么，是不是他耍我呢。他有时候会有这种想法。所以有时候智者实际上又处在一个不被理解、不被接受、不被认同、不被珍重的这样一个地位。他超凡脱俗，他没法不倒霉。所以你说别人还都能够这里混个小官那里混个什么东西，他什么也混不上。所以他实际上又有一种不被理解、不被认同的悲哀。所以说他一方面什么都看得清清楚楚，另一方面他又是脱离群众、脱离主流，不为群众和主流所接受。这样的处境，能够是一味快乐的吗？

智慧的遭遇与命运

老子在第四十一章里又说"上士闻道,勤而行之;中士闻道,若存若亡;下士闻道,大而笑之。不笑不足以为道",笑是哈哈大笑,不是孝顺的孝。他说上等的士人、读书人、具有高智商的知识分子,听到了我讲的"道"他就认真按这个道来实行、来实践,付诸实践,现在叫做践行。中等的人、中等的士闻道"若存若亡",就是好像听见了,又好像没听见,或者左耳朵听见了,右耳朵又出去了:有这么个道不错,不错,挺好,挺好。说完就完了,跟他没关系。

那么下士呢?下士是最低一等的所谓士,本身学问又低,智商又低,他要听到关于"道"这个道理,他听完了以后哈哈大笑:说什么呢,忽悠什么呢?跟他毫无关系;"不笑",他如果不嘲笑你,倒说明你不是"道"。

他在这个地方突然出现了一个等于是智慧的孤独的写照,等于是——过去也有过这种说法——他变成了伟大的少数、他变成了伟大的孤独者。

这是某种经验之谈。很可能老子在什么地方讲他这些道理的时候,被别人哈哈大笑、被别人嘲笑一番,认为这是空谈误国。又说"吾言甚易知,甚易行。天下莫能知,莫能行",我讲的这个自自然然的、尊重各种事物本身的规律,这既容易了解又容易实践,但是为什么你们"天下莫能知,莫能行",整个的天下所有的这些诸侯的王国,没有一个按照我的这个理论来实现的?真是够惨的啦。

老子也俗了一把

"知我者希,则我者贵。是以圣人被褐怀玉",能够了解我的理论的人很稀罕，能够按照我的这一套做的人就更珍贵了，也就是更少了，更是稀世绝品了。

底下老子说："是以圣人被褐怀玉"，他说圣人穿的是粗布的衣服，但是兜里头是有玉的。这一点上我要大胆说一句，就是这一句话，老子说得稍微俗了一点。因为你老子那么伟大，你前边讲的那么多伟大的道理，你怀玉就行了，你穿的是粗布衣服细布衣服，或是的确良衣服有什么关系？你不穿衣服，披一个麻袋片儿也可以，弄树叶挡一挡也可以。

所以这个地方我们可以看出，伟大如老子，就是我说的话——鹰能飞得非常的高，但是鹰有时候也可以和鸡飞得一样低，或者比鸡飞得还低。他忽然发这么一句牢骚：你看我怀着这么好的玉，可是我只能穿一身粗布衣服，只能穿一身带补丁的衣服。其实这用不着，这个不影响他的玉。

智慧之路是坎坷的

他底下又讲，说是"大道其夷"，在第五十三章——"而民好径"，"大道"，本来是阳关道，大马路非常平坦，"夷"就是平坦，"而民好径"，可人们偏偏喜欢小道，喜欢走后门、抄近道，大道他不走，他走害人害己之道至少是歪门邪道。

从这些地方我们都可以看出，老子的学问等这些东西并不是很顺利的，我把它说成是什么呢？我说这叫三贴近与三超越的矛盾。老子他是智力超众、见解超前、论述超俗，甚至是论述令人吃惊。他不属于哪一个普通的学术派别，他行为脱俗、风度超群、言语一鸣惊人。这样的超智商者既受欢迎又受猜疑和嫉妒。古今中外，做官的人功高震主，反受排斥诬陷。做学问的人，智高震世，也无法令庸人接受，真是人类的悲剧呀。

[手写批注：其实作者讲的说明先生未明老子也未明老子的圣人之真意！]

从老子本身来说,他主张"和光同尘"、主张三贴近、主张让老百姓自然而然地生活,可以说他是最普通的。但是实际上他最普通的见解又变成了一个超越的见解,所以真是自相矛盾。你说你的见解非常的普通——既然是普通见解,你甭说了,大家都懂,都是常识,饿了该吃饭,累了要睡觉,吃饱了早上起来干活,这你还说什么,你不用说。你说你是高明的吗——既然是高明的,就必然有很多人不懂,要人人都懂,都是一加二等于三,那还用你说吗?

所以这种智慧的悖论可以说是智者的矛盾。对像老子有这么高智慧的人,难道他不明白吗,说任何人读一遍《道德经》,就会立即清心寡欲起来、就开始践行大道?他其实应该非常清楚。

老子是怎样被中华民族所接受的

我们现在可以从老子被接受的情况来考虑考虑,老子高尚也好伟大也好,或者是别扭也好,第一,老子在世界上受到了极高的评价,这是事实,不管是黑格尔还是许多其他外国人,他们都很重视老子;第二,儒道互补是中国士人的一个普遍选择,甚至于是中国士人存活和不被消灭的一个关键所在。因为中国的士人几乎都是这样,如果条件顺利,如果你被明君所赏识——我说的这都是历史了——你被明君所赏识了,你应该像儒家一样地讲究忠孝、讲究仁义,你应该讲究为苍生谋福利,这是这一面,但是你遇到挫折了,遇到你不为所用、你不可能发挥更大的作用了,那你也应该有道家的那一套,应该去回归于自然,应该听其自然,不要蝇营狗苟,不要做一些不量力的或者乃至于是出丑的事情,更不要去投向龌龊和下流。所以儒道互补实际上也被许多的中国的士人所接受。我们去看苏东坡、我们去看李白,我们都会发现这样的事例;第三,同时我们也必须承认,并没有任何一个实践的过程能证明老子这一

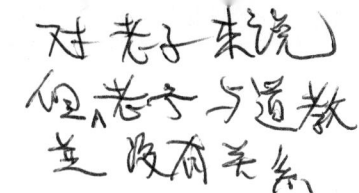

套，用在治国平天下上是有效的。

中国哪个朝代君主是真正用老子？他信道教，可能他炼丹，他希望长生不老，他练气功，这都行，可是说我治国的时候用老子这个方法，我无为而治、我不争——你跟人家不争，人家争你，人家把你吃下去了。所以在实践上来说，如果用老子的一套来治国理政，更不要说治国平天下了，这个成功的经验压根儿就没有。

今天我很有兴趣地和各位讨论老子，并不等于推翻这个事实——说老子太棒了，今后咱们大家都用老子这个方法治国理政，不行，用这个解决别的问题也很难。求职行吗？你用老子这一套求职，无为而无不为，你交一个求职的信，填表你一切都填上无，学历无、父母无、家庭住址无、户口无、身份证无、工作经历无，你肯定找不着工作。所以求职不行。

治病有一部分行，你别瞎治，不要一点小病吃很多药，这可以，但是你真有病了，该做手术就得做手术，该得干什么就得干什么。所以把它作为一种实践的指南，确实是有它的困难。

相反的例子反倒无其数，春秋战国时期有的是严刑峻法而能治国；有的是白脸黑脸，一会儿这样、一会儿那样，翻手为云、覆手为雨，用这种方法治国；也有的是励精图治、勤勤恳恳来治国的；也有强悍决断而治国的，但是恰恰没有用老子的方法来治国的。

所以我屡次说老子是我们的一个精神资源，甚至于也是精神食粮，但是这个精神食粮不能当饭吃，我们可以当茶喝、可以当药吃，尤其你虚火太大、贪欲太多、急于发财升官，这时候你读读老子，可能让你心情踏实一点，所以它可以当药吃，甚至可以当仙丹吃，你吃几次以后，你觉得你境界高尚一点了，看什么问题看得开一点了，豁达一点了，这都可以，但是你拿这当饭吃，解决不了实际的问题。

老子还有另一方面，这应该说也是老子的一个很特殊之处，我觉得这里头也同样既有快乐也有苦恼,就是老子的理论能够成为一个宗教的起源,因为它非常抽象,又太彻底、太理想、太抽象,它离道观——它变成宗教——比离君王更近。你让君王把它拿回去,拿来做治国的意识形态,这个太难。但是它被宗教拿过去,什么无呀、无中生有啊、有又生于无啊、有又变成无啊、"道生一,一生二,二生三,三生万物"呀,太虚呀、玄呀、"玄而又玄,众妙之门",所以它又能变成宗教。我就设想,如果老子知道他的身后创造了这么一个道教的话,可以说既是他的骄傲,也是他的悲哀。

因为道教的哲学学理水平,和老子的思维思辨水平并不是一回事。当然中国的道教也有它的存在的意义,也有它的道理,也有很多故事,什么丘处机道长——尤其是你要看金庸的小说的话,那里边讲到了许多道教的故事,也很可爱,但是这个跟老子并不一样。

精神上的巅峰体验

我想说我们读老子、我们讨论老子,我们要体会精神上的一种巅峰体验。平常很多具体的事我们都要管:下月工资给我涨不涨?当然你很关心;你家里电灯泡坏了你要换,这个你也很关心;但是这些都是具体对具体。而读老子呢,你是寻找至高至上至深至极,因此你读老子的体验是一种巅峰的体验、是一种确实跟大道相通的体验、是一种和无限大的宇宙和永恒的时间相通的一种体验。这种体验可以说是人类生存的一个极致,这个跟挣多少钱感觉不一样,升多大的官、出多大的名都比不上你这种精神上的体验。这种巅峰的体验,有时候一个人这一生当中他都没有得到过,也有的人他得到了这样一个巅峰的体验以后,他可以有所升华,他自个儿的生命就有了意义。

有各式各样的巅峰体验,比如说一个艺术家,当他真正创造出来他最喜爱的那个东西的时候，他会泪流满面，他可以满地打滚，人家说巴尔扎克写《高老头》时，他的仆人见巴尔扎克躺在地下，在那儿呻吟，"先生，老爷您怎么了？"他说：没事，高老头死了。这就是他跟他的创造物完全合成一体，达到了这种巅峰的体验。我有时候听音乐的时候有这个巅峰的体验，我有时候感觉到音乐已经把人带到这样的一种境界，让人有这个巅峰的体验——我要是用比较普通的话还达不到这个高度，简单地说就是"沉醉"两个字。

所以如果要读老子，我就设想老子写《道德经》的时候，他就五千多个字，他就沉醉在里头了，否则他怎么写？那时候要稿费没稿费，要职称没职称，而且他的这一套还很多人不接受，但是他把它写出来了，因为他沉醉在里边了。那些语言、那些字——我说老子的五千字，一字一坑、一字它砸一个坑，他用的那个文体，有时候不像咱们普通的说话的文体，它像是一种有神性的语言，因为我找不到好的词——这个词很容易被误解，有的地方像念咒一样，有的地方像预言一样，有的地方像譬喻一样，有的地方像算卦一样。所以在这里头他会有巅峰的体验，他会有一种沉醉。读老子，我说的沉醉，这是一种欣赏、这是一种体验，有这样一种体验，你就和老子相通了，你也会和大道相通了。当然了，不等于说你永远沉醉、你天天沉醉，你上班见了你老板你还沉醉在老子里头呢；晚上回家见你孩子，你孩子功课两门不及格，你还沉醉在老子里头。那是不可能的，但起码你哪怕有这么几次对老子的沉醉，这是多么好啊！多么令人羡慕啊！这样的一种沉醉，不但在哲学当中、在文学当中，也有在音乐当中、也有在建筑当中——有时候你看到一个特别宏伟的建筑，你傻了、你沉醉了，你感觉世界上怎么还有这样的建筑，比如说你上埃及，看古埃及的卡那克神殿，你一看，你傻了，你有一种自己傻了的感觉，你有一种完全匍匐在它面前的感觉。

让老子来吧

　　研究科学、研究其他的学问的人也会有这种最高层次的精神体验，这种体验和老子也是相通的，我想引用<u>杨振宁博士</u>——当然我们都知道他是非常有名的诺贝尔物理学奖的获得者——他看了我发表在三联书店《读书》杂志上的文章——后来也收到我的《老子的帮助》这本书里头，就是讲老子和数学的这么一段文章——他看了以后很有兴趣，他就把他的一本书，他原来用英语写的，是由他的夫人<u>翁帆女士</u>从英语把它翻成中文的，叫《曙光集》送我，里边收了一篇文章，叫《美与物理学》，是讲物理学的。杨振宁在这篇文章里讲了一些物理的方程式，这个方程式是我所不懂的，我们可以先不说它，但这些方程有一面是与诗有共同点，它们的内涵往往承受着物理学的发展而产生的新的、当初完全没有想到的意义，他举出了一些……一些术语我就不引用了——像什么麦克斯韦方程，经过爱因斯坦才显现出它高度的对称性，成为二十世纪物理学的一个中心思想；<u>狄拉克方程</u>最初完全没有被数学家所注意，今天已成为热门话题——杨振宁说它们的极度浓缩性与包罗万象的特点只能够用诗来表明。他说他常常感觉自己不能够全面地道出学物理的人，面对这些方程的美的感受。

　　杨博士说：我缺少的似乎是一种庄严感、一种神圣感、一种初窥宇宙奥秘的畏惧感。我想，我缺少的正是构建哥特式教堂的建筑师们所要歌颂的崇高美、宗教美，最终极的美。他特别给我写信说，看一下两首他引用的英文诗，这个翁帆女士并没有翻译，我试着把它翻译一下。一个是 W. Blake 的诗，他说：

　　　　To see a world in a Grain of Sand, （从一粒沙体悟世界）
　　　　（你看世界就从一粒沙子那里来看，）

And a Heaven in a Wild Flower.

（然后你去体悟天堂——从一朵野花上。）

Hold Infinity in the palm of your hand,

（你把握无穷吧，就用你的手掌、就用你的手心,）

And Eternity in an hour.

（然后你要了解永恒——用一个小时。）

他说什么呢？说你要看一个世界，从一粒沙子那里来看，你要从一朵野花上看到天堂，然后你用你的手去掌握永恒，然后你用一个小时去掌握无限，用一个小时来领会永恒。我们这里用一个小时来讨论老子，也是试图用一个小时领会永恒。

他引用的更精彩的诗是 A.Pope 的诗，就更激动人心。他说什么呢？

Nature and nature's law,

（自然和自然的规律,）

lay hid in night.

（把自己隐藏在黑夜里。）

God said, let Newton be!

（上帝说，让牛顿去吧!）

and all was light.

（然后一切都照亮了。）

我们同样可以说："大道"把自己隐藏在黑夜里，然后上苍说，让老子去吧，让他试着把一切照亮，还让二十一世纪那个小王老头儿到 BTV 试着把它讲一讲！

答现场提问

主持人：听了王老关于老子智慧的快乐与烦恼之后，大家是不是也有很多问题,哪位观众有问题想要跟王老交流一下?

观众:王老您好。今天在这个《中华文明大讲堂》听您讲课,很开心,受益匪浅,下面我还有一个问题想问问您,就是人类什么时候能够做到没有烦恼和忧愁?谢谢您。

王蒙:人类完全没有烦恼和忧愁这是不可能的,事实上烦恼过去了就是快乐,你有愿望有生存有困难,就一定有烦恼,如果烦恼和忧愁也没有了的话,你想要解决的问题也没有了,那快乐和生命也就没有了,所以我们永远不要希冀人类完全没有烦恼和忧愁。但是相对来说,有许许多多的譬如说生存糊口的烦恼,也就是说温饱问题,我们是能够解决的。譬如说低保的问题,解决最底层的、最弱势的这些人的生存问题,这些都是会一步一步地有进展,但是有了进展以后你又会有新的追求、会有新的烦恼,所以问题不在于完全没有烦恼,而在于我们有了一种精神的境界,就是面对烦恼和挑战,我们有一种应对、有一种信心,还有一种正确的方法来一个一个地解决、来克服,或者来甩掉这些烦恼,这是有可能的。

观众:王老师您好。听王老师讲老子,我觉得好听,王老师讲老子,我觉得如沐春风。刚才王老师也提到中国读书人历来就讲究儒道互补,穷则独善其身,达则兼济天下,但是现在来看社会,感觉普遍是比较浮躁的,老子讲究这个"道","道可道,非常道,名可名,非常名",又非常玄妙,如何让现代的人在比较浮躁的一个社会环境当中,更好地更近地去接近老子呢?谢谢王老师。

王蒙:我觉得社会的这种浮躁,某种意义上说也是一个过程。因为我们国家,可以说中国,还不止是近百年来,近好几百年以来,我们一直处在一个非常不安定的情况下,如何使社会能够相对地稳定下来,然后能使社会在稳定中有所前进,使我们的科学技术、生产力、教育都能有一点发展,我想这是一个非常艰巨的任务。任何事情在初步发生变化的时候,都容易显得非常浮躁,有时候我开玩笑说,饥渴的基因在咱们细胞里可能太多了,所以好不容易能吃饱了,见着好吃的就扑上去了,扑上去的结果又是高血压又是糖尿病又是脂肪肝又是各种肥胖症。可是这样经过一段过程以后,我相信他有可能心情稍微平衡一点。另外我们今天,包括咱们北京电视台主办这个《中华文明大讲堂》,在某种意义上对浮躁症也是一个补充、一个矫治。《中华文明大讲堂》解决不了浮躁的问题,我很难通过讲老子解决股市你应该怎么去处理,或者如果你家里房子漏水了应该怎么办,我解决不了,可我们大家能谈点不那么直接可以使用的东西,这本身说明我们已经不太浮躁,说明我们能够耐心地坐在这里一听一个小时两个小时、听着我在这里坐而论道,这浮躁就慢慢地克服一点了。所以也不用太悲观。你说大家——我饿了好几年了,看见好吃的就往上扑,你也不要太深恶痛绝,他吃上几次,吃得他又拉稀又得病,慢慢地他也就踏实多了,到那时候他很容易接受老子的道理了。

观众:王老师您好。刚才您说的那些话里面,我觉得我最赞同的是您说老子他不可能解决我们所有的问题,您觉得他给大家的最重要的启示是能够让我们悟出一种巅峰体验,但是很显然,这种巅峰体验是一个人有了一定的阅历、他从上往下看以后才能得到的,作为一个年轻人,我很好奇,王老师您是在多大的年龄、然后又有了怎样的经历和体验之后,才悟出了这样的道理,得到了这种巅峰体验?

王蒙:这可能不完全是一个年龄的问题,譬如说我少年时代也有我少年时代的巅峰体验。我少年时代,在当时的那个社会环境下,我选择了革命,我选择了共产党,我十四岁的时候就被发展成地下党员了,在通知我"今天算你入党"起,我一路上——我从什刹海走路走到西四那边,我一路上唱着冼星海的一个歌,这个歌没有唱起来,它不像冼星海的《黄河大合唱》,就是"路是我们开,树是我们栽,摩天楼是我们造起来,好汉子当大无畏,创造新世界、创造新世界"。我觉得那就是我那时的巅峰体验,我就一路这么唱着歌,当时就不知道把自个儿一腔热血往哪儿洒,不知道往哪儿拼。你都想洒热血、都想拼了,那还不是巅峰体验?我二十多岁的时候,看契诃夫就能够看出巅峰体验来,看《万尼亚舅舅》就能看出巅峰体验来,我听柴可夫斯基我就能听出巅峰体验来。要从这些意义上说,不是说非得老了——你还得长寿,你万一要短命呢?那就没有巅峰体验了——我觉得在不同的年龄、不同的年代,你都会有一种精神上的振奋、都会有精神上的一种沉醉、都会有精神上的一种服膺,就是你完全服了:我服了我真服了,我五体投地了,我愿意为你献出我的生命了,我觉得这个东西比我的生命还重要了!我想这样的体验人人都会有的。甚至于我们也可以设想,譬如说一个运动员在他最最困难的时候,他一咬牙把这金牌拿到手了,那也是巅峰体验,那可高兴了呀!不光他高兴,咱们都跟着高兴。所以也不必把巅峰体验说成只有"读老子"这一个法子你才能得到巅峰体验,那倒不是!

第十三讲：
得与失、成私与无私

关于私利

在老子的学说当中有一个很有趣的问题，就是他对人的私利、人的名声，对人的个人所得的看法。其实在各种不同社会的不同思想家那里，都很有兴趣研究这个"私"的问题。比如说有一些国家最侧重的是研究从法律上怎么界定利益，哪些是属于社会的、属于集团的，哪些是个人的，应该得到保护的、得到关注的。也有些国家甚至于规定了男性和女性在私利上、在权益上是不一样的，或者由于阶层、种姓的不同，比如说王室和平民又是不一样的，高级的种姓在私利上比低级的种姓要多得多。我们的社会主义是强调集体主义的，我们曾经把这个"私"字都是当做一个比较坏的东西来看,"文革"当中提出来过"破私立公"的说法,还提出来过"狠斗私字一闪念"。

但是老子的想法有些不一样,他说的最流行的一句话就是"非以其无私邪?故能成其私",就是正因为你不太计较自己私人的利益,所以你个人的很多利益反倒得到了保证。这句话会引起很多的争议,因为有人会想到这不是玩假招子吗?我表面上无私,这样的话,我的私人的利益还最多,我得到的最多。这也是一种理解,但是我们研究一下老子,他既不是从法律上来划分,也不是从道德上或者从意识形态上要求你灭一个私存一个公,他所希望的就是私的问题的解决要和"道"和"自然"的品格相一致。

不有、不恃、不宰

老子在第五十一章有一段非常有名的话,"道生之,德畜之,物形之,势成之","生而不有,为而不恃,长而不宰,是谓玄德"。他说"道生之",就是天下的规律、法则与起源本身,大道本身就决定了生生不已。早在《周易》里边中国人就相信"生生之谓易",就是世界上不断地产生各种新的事物,新陈代谢,这就叫"易",也就是老子所讲的大道。或者说"天地之大德曰生",天跟地配到一块了,于是就有各种各样的物质、各种各样的生命出现了,所以他说是"道生之"。

我们举一个例子,比如说电脑,电脑首先是电脑本身,作为一个工具,一个大受欢迎、销量用量极大的新产品,这只不过是这几十年的事情,是上个世纪的七十年代末八十年代中才产生了大量的电脑。但是电脑本身所具有的道性,就是说这样一个用电子从事计算的原理、这样一种二进位的可能、这样一种数字化来组合各种各样信息的可能,正是这种可能性,加上人们寻求更方便地进行运算、储存、检索、输送的必要性,使电脑得以产生。也就是说原理和可能性产生了电脑,这就叫电脑之道、电脑之法则、电脑之必要使电脑生之。

"德畜之",德是什么呢?老子在有些地方是批判"德"的,但是在这个地方他讲到的"德",以电脑作比喻,就好比是科学家,就好比是人类的智慧、勤奋、创造性、进取心、团队精神和种种卓越不凡的品质。有了科学家、有了人类的智慧,电脑就能够慢慢地吸收进来各式各样的营养,它就可以发展了。

"物形之",当然还得有材料,电脑本身得有硬件,有各种各样的材料,有一些金属、有一些非金属、有一些导体、有一些半导体,还有一些非导体,所以各种不同的物质形成了。

"势成之","势"就是有驱动。

道性非私

老子讲这个的目的是什么呢?他说这些东西的产生并不是任何一个人可以占有、可以私有的。你发明的电脑不错,你可以去登记你的发明权,但是你想想电脑所以能产生的道理不是你发明的,是客观存在的,你制造电脑的这些材料不可能都是你自己在家里制造出来的,是社会所提供的,是许许多多科学家和技术工人的智慧,不是你一个人的事情。你发明出来了,你做出电脑来了,可各种各样的软件、各种各样新的硬件不断地出现,也不是你一个人的事情。

所以老子的"道"具有这种特性——什么特性呢?就是"生而不有",我可以生产它,我可以产生它,但是我不能占有它,我没有权力占有它,这个境界应该说还是非常好的。而老子说这是大道的精神,这不光是你个人读书、修身或者上课的结果,而是道本身就有这个特点。"为而不恃",你制造了它,可以说是操作了或者制造了它,但是你没有什么可倚仗的,也不可以拿它来作为你个人的资本,因为和我上述的那些原因一样。"长而不宰",你可以帮助它,慢慢地利用它,慢慢地有所发展、有所获益,但是你并不企图控制它,因为就拿电脑来说,这个信息业不是任何一个人所能够控制的,如果你去垄断、你去控制,你还要被起诉。

所以老子从大道的品德上实际提出了一个疑问,就是很多人都有"私"的观念,人有对自己个人的关注,有想多得到一点东西或者满足欲望的一种冲动,这也是人的天性,老子提出这个问题来,是说你这个私到底来自何方,你有多少根据,你能不能把你自己所谓的这一切的一切,都看成归你个人所有。应该说老子是从根本上提出来这么一个疑问。相反的,他希望人和大道一样,就是能做到"生而不有,为而不恃,长而不宰"。

把私摆在哪里

老子在第七章里头又讲"天长地久。天地所以能长且久者,以其不自生",就是天和地也并不在乎自己生不生,天和地从来不着急,该怎么样就是怎么样,自然而然地在那儿发展,"故能长生"。正因为天和地并不在乎自己生不生,所以它是恒久的,是比较恒久的。"是以圣人后其身而身先",得道之人、有学问之人、有境界之人,什么事都把自己摆在后头,越把自己摆在后头,结果他的思想、他的行为反倒起了一个带头作用,如果他什么事都把私利先往自个儿家里头、先往自个儿口袋里装,那么他就不可能走在大众的前头了,他反倒会被大众所轻视、所瞧不起。

"外其身而身存",就是他考虑什么事,常常把自己置之度外,或者把私利置之度外,就是说我们常常会想到群体的利益、想到大的方面,而忘掉了这件事对私人是有好处还是有赖处。你越是忘掉了自己，结果反倒由于大道的关系你受到了各方面的欢迎，你反倒能够存在。

"非以其无私邪？"就是刚才说的那句话，你的无私的结果反倒成就了你的私。老子的这个说法就和完全不准说私、或者见私就狠斗不一样，但是他又与把私人利益提倡成一个核心、一个基础、拔一毛而利天下不为也——我不管别人，我就管我自己——和这种想法又不一样。

他让你克制你的私心，他让你能够从更高更远更大的方向上把自己的私看得小一点。但是他又认为在这种情况之下，有可能由于客观力量的作用，当然老子那时代不叫客观力量了，就是由于道的作用，在这种情况之下相反相成，反倒使你能够得到自己应有的那些获益、应有的那些收获，你都能够得到。应该说老子这个对私的看法还有他的合情合理之处，他是抑制私的，但是他并不是要消灭私，所以我们下面就讨论一下这个问题。

对于私的实事求是的讨论

第一个问题就是一个人能不能把私放在第一位、把你的利益放在第一位？你当然有你的利益，我也有我的利益，比如说我有工资的收入，譬如说我有自己的财产，譬如说我对我个人的身体健康或者对我的家庭的生存状况都挺关心。但是，是不是我这一生就光顾这点事儿呢？要光有这点事儿我怎么活下来的呢？你必然有比你的私更重要的事儿。你关心你的利益，但是你更关心群体的利益，你要关心事业的发展，你还得关心你的工作，比如说在BTV做主持人的工作，你只有把主持人的工作做好了，为广大的观众、听众、受众服务，BTV的领导对你提的要求你都能够达到了，为BTV整个电视台的工作做好了，你才能得到你自己的利益。相反的，如果你一心只有自己的利益，你肯定什么利益都得不到。这个说起来其实也挺简单。

争取私利的代价及其他

第二个问题，求私也是要付出代价的，争私付出的代价就更大，有时候我们就要想一想，一个过于计较私利的人会不会得不偿失，甚至于是适得其反。因为你太计较私利了，你经常盯着一些东西斤斤计较，这样的话会影响你的事业、影响你的专业、影响你的读书、影响你的求学、影响你的群众形象公共形象、影响别人对你的看法，你可能损失得更多，所以我觉得这也是一个问题。即使仅仅对于私来说，有求就有付出，有得就有失去，没有单向的私利运作。

第三个问题尤其好玩，我也爱研究这个，因为我写小说，我接触各式各样的人，我就发现有些私利特别重的人很好笑。我们讨论这一点：因为你私利重，你应该盯着自个儿的口袋，你应该盯着自己的钱包，他不，他老盯着人家的口袋、人家的钱包，就是他并不是要求自己得到收益、得到发展、得到幸福，而是老怕别人比他幸福，这就特别可笑。这可以说是人类某些人的一个非常可笑的弱点，可能也是我们所说的"不患贫，患不均"。要光"患不均"还有点道理，但是他怕什么呢？怕别人超过自己。这种心情有人达到非常极端的地步，有例子，印度有一个寓言故事，这个故事挺刺激的，说是有一个私心特别重特别重的人，有一天上帝问这个老艾鲁说：由于你这一辈子没做什么坏事，我现在要答应你的一个要求，但条件就是我要给你的邻居两倍你要的东西，譬如说你的要求是十万块钱，那可以，我给你十万，然后我给你邻居二十万；你的要求是一间房子，可以，你得了一间房子，你邻居是两间房子——甚至于咱们说个笑话了，说你的要求是一个美女，这都行，你一个美女，他俩美女。这个人就煞费苦心想了半天，一咬牙说：上帝你挖掉我一个眼珠子吧。他想的是什么呢？哎，就是他最不能接受的是邻居超过他自己，就是你挖掉我一个眼珠子，那行了，邻居你挖他俩眼珠子，我一个眼珠子还看得见。

这当然是非常好笑的，这也是人的一个镜子，就是有时候我们要考虑考虑自己的眼珠子安全不安全。你不要老盯着别人、老不服别人。

大处不算小处算是人类通病

我还有一个发现，没人说过：私心太过重的人往往还有一点，就是大事他不计较，专计较小事；越是想大事他越有大的气魄，他从大的事情上来考虑时，反倒考虑问题境界好一点，越是鸡毛蒜皮的小事越计较。

我在八十年代看英国一个著作家帕金森写的书叫《官场病》，这书曾经在中国畅销一时，《官场病》里头说到这么一个定律，就是越是数额高的预算在议会里越容易通过，为什么？第一，数额太大，那都是大事，例如航天经费——我已经记不清原文了——假设说二十亿英镑，谁也没有二十亿英镑的概念，二十万英镑可能还有，那些人自己也挺阔，但二十亿英镑他也不知道是什么价了；第二，他不懂航天；第三，他知道航天非常重要，和综合国力有关系，和科学有关系，所以二十亿英镑这笔预算十五分钟到二十分钟通过了。

预算里头有一项，英国人讲这个"tea break"或者"coffee break"——茶歇，就像我们工间操似的，比如下午两点到六点上班，中间四点的时候有十五分钟喝下午茶，而且英国人喝下午茶一定要加饼干、小点心，那么应该提供什么样的饼干、什么标准？这个人人有发言权，这里利益很多、众口难调，而且谁都懂。讨论了两天没通过，那个说标准太高了，说怎么能够吃三英镑一包的饼干呢，只能够一英镑或者一点二英镑一包的饼干才可以给公款报销,超过三英镑得自己花钱;有的说连这么点儿好一点的饼干都不给,都用垃圾式的饼干给公务员吃,影响我们公务员办公的效率和形象。可以争论很多。

我看这个觉得特乐,后来我慢慢地发现其实不光是官场,所有的人都有这一点。讨论一件大事,比如说这家要买房子或者买汽车反倒容易解决,不那么死抠,买一所房子假设一二百万块钱,他的底数是上百万或数百万,那么他就要求从宏观的地方来考虑,他的参照系是大家伙儿,他必须大处着眼、大处落墨,他知道买房子不可抠抠搜搜。可是如果买一根黄瓜呢,他发现某个超市里是一块钱可以买两根黄瓜,而他自己买了一块一毛五定价的两根黄瓜,他回来以后心里可不高兴了,他可以别扭半天:怎么这个超市这样呢,明天我得上那边去!

我说这些话的目的在哪儿呢?就是你对你自己的那些所谓"私"的考虑别太相信,你别以为你自己能最好地照顾你的私利,还是大道能照顾好你的私利,你还是得符合自然、符合大道、符合社会的发展,才能够对自己的私利相对来说有比较聪明的也比较明白的比较合理的一种照顾。

过分自私只能适得其反

所以老子就说"不自见,故明",你自己不去表现自己,所以你就比别人明白。"不自是,故彰",你自己不自以为是,反倒比较彰显,比如:别人能看得见。"不自伐,故有功",这个"伐"在这儿就当吹牛讲,你不是老在那儿吹的话,你的成绩别人反倒会替你说:他这方面还是有成绩的!相反你的成绩假设是六十,你把它吹成七十了,那别人就要给你的六十里头再减十,认为你最多只有五十的功绩。在某种意义上说,你太过了也不行。你有六十的功绩但你自己只按二十的功绩在考虑，那么别人呢，或者群体呢，反倒会觉得还应该给你的估计再好一点、再高一点，所以他说"不自矜"，不那么骄傲矜持、那么拔份儿，不那么威风，"故能长"，你的形象反倒比较高，你自己越摆架子，人家别人越瞧不上你，或者表面上应付着你，心里想：这是干吗呢？他会有这样的一些想法。

"夫唯不争，故天下莫能与之争"，"古之所谓：曲则全者，岂虚言哉！"就是说你能够在适当的时候委屈一下自己，有些事不那么膨胀、不那么直截了当地什么东西都要求自己的利益，你反倒比别人做事情会更周全一点。如果你一味地膨胀、一味地扩张，你很可能会走向自己的反面。所以我们也可以想一想。生活中这样的例子非常多，就是越是自私的人越是老受挫折，什么都争的人结果得到的非常的少，你牛吹得多，反倒多丢几次脸。人家让你随便地吹过几次，说不定你就受到讽刺或者受到批驳。这样的故事非常多。

所谓"私"，同样是个人的利益、个人的愿望，同样我们会有个人的奋斗，今天我们的社会也不能否认个人奋斗。集体的奋斗、民族的奋斗、人民的斗争，它是通过每一个个人来实现的。但是我们起码可以看得出来，有一种奋斗只是盯着自己、只是盯着自己的那点蝇头小利，而另一种奋斗是盯着事业、盯着学问、盯着群体，那么这种奋斗就比较更符合大道、更符合那种"生而不有，为而不恃，长而不宰"的大道。

拉弓的启示

老子在第七十七章里还有一个说法，也是很有启发意义的。他说"天之道，其犹张弓欤？"说天道好像拉弓，当然我也不会拉弓，他说"高者抑之"，如果你弓拉得过高了，你瞄准那个地方需要往下走一走。"下者举之"，如果你前手太高后手太低了，前手要往下一点，后手要往上一点，或者是由于重心的关系或者是由于瞄准的关系，总而言之你高的地方要往下压一压，低的地方要往上举一举，简单地说就是你得找齐，你得要注意到它的平衡，不管是在重心上用力点上还是在瞄准上，都要让它平衡、让它平稳。

"有余者损之，不足者补之"，你这个地方劲使得太大了，结果使这个弓弦——射箭运动我不是太明白，那个意思就是如果你的力量很不均匀的话，那么劲大的地方应该减少一点，劲小的地方应该增加一点。他是什么意思呢？他说天道是找平衡的、是找齐的，天道不会畸形地让某一方面或者某一点特别地发展，天道是要求均衡要求稳定要求平稳的，因此高的地方低一点，低的地方高一点，劲大的地方减少点劲，劲不够的地方加个油，他是这么一个意思。他说"人之道则不然"——他批评、甚至于是很严厉的指责：当时在东周的社会里，越是有能耐的人、越欺负弱小的人、越是强势者，越欺负弱势者甚至于损害弱势者。

老子说"天之道损有余而补不足"，减少有余的帮助不足的，但是"人之道则不然——损不足以奉有余"，封建社会、混乱的社会，谁老实谁越受欺负，你本来就穷，他还要压榨你，损害你的利益，"奉献"给剥削阶级、给对于群众对于人民毫无责任观念的那些人。所以他提出一个非常重要的命题："孰能有余以奉天下？唯有道者。"说谁要是能做到：你感觉到自己某些地方有余了，你就想到我比较富足比较有余，我应该去帮助社会，这就是有了道了。

奉天下才是大道

他非常看重的这个提法，实在是非常重要，尤其是对于今天来说，就是所谓的成功者，越成功越应该想到奉献，请看老子在两千多年以前就说了："有余以奉天下"，"奉"是什么？现在"奉献"俩字讲得非常多,奉献的精神、奉献社会,早在两千多年以前老子已经说了"有余以奉天下"。他说得也很合理,如果你现在温饱还成问题,我就要求你奉献天下,这唱高调不符合实际,但是你有余了还不想着奉献给别人、你还不想对社会做点贡献,你太差了,太无道了。

在全世界的文明国家里,越有地位有成就、拥有大量财富的人越注意要做慈善事业,要奉献天下。好像是去年吧,比尔·盖茨就从微软企业里退下来了,而他把他的全部财产都用来做慈善事业,就因为他认为他从社会上得到的东西够多的了,他成功了以后要回报社会。

所以这和我们今天的思想是可以找到衔接点的,我们讲要帮助弱势群体、我们讲要回报社会、我们讲要做公益事业。比较起来我们国家的慈善事业也还不是非常发达,当然我们国家也有一些非常鼓舞人心的事情,比如去年在汶川地震之后,我们可以看到各界,不管是企业界、演艺界、文艺界,都有那么多的相对比较成功的人士慷慨解囊、奉献天下,当然更不要说还有很多普通人,更不要说其他的公职人员、解放军,他们也都是用奉献的精神去帮助那些灾民、帮助那些受害者。要用老子的说法,就是这才是天道,这符合天道,这才符合"高者抑之,下者举之,有余者损之,不足者补之"。

不要太膨胀

他又说"是以圣人为而不恃",他在好几个地方说到"为而不恃",他说天是"为而不恃",圣人也是"为而不恃"的,就是你永远不会觉得我了不起,永远不会觉得我已经做够了,永远不觉得我已经可以吹一番了,而且时时觉得自己做得不够——"功成而不处","不处"就是处理的"处","功成而不处"就是说有个很好的成果吧,我不跑到这个成果前头照相,我不跑到这个成果前头插一个牌子,说这是我的成果。因为我知道这是大家的成果，不是我个人的成果，这是大道的成果。我们今天不说"大道"，我们可以说这是历史发展规律的成果，不把它看成一种东西来炫耀，不用这个东西来膨胀。我觉得这些地方他都讲得特别的好。

老子在第四十四章里又讲"名与身孰亲"，进一步来讨论"私"的问题，讨论你自己私的问题。你自己要有一个掂量、要有一个分析，不是说一沾到你就什么事都好，同样属于你的私，中间还要分一分轻重缓急。

老子为什么提出问题来说"名与身孰亲"呢？就是因为他看到了在当时的社会上，有一些人为了追求虚名而把自己的身体、自己的生命都丢了。从老子的观点来说，他认为这个不值得。你不能为了虚名就过于轻生，这是老子的观点。"身与货孰多？"他又看到一些人为了货，就是物质利益，或者今天来说就是商品吧，那个时候可能还没有商品这个词，但是货物，因为他已经提到了"难得之货"，所以当时虽然没很发达的商品经济，但是也有货物，还有哪些货物是要珍惜的、哪些货物是一般的这样一个差别了——但是老子提出来：货再多，你的财富、货物，所谓难得之货、令人珍惜的商品再多，没有你自己的生命更重要。我们也可以举这样的例子，很容易举，就拿贪官来说，你贪了很多具体的物品钱财，贪了金条、贪了首饰、贪了值钱的东西、贪了文物字画，最后受到了法律的惩处，那时候你就明白了，货对你来说意义非常之小，远远不如身体和生命对你更重要。

"得与亡孰病？"这是老子比较独特的说法，因为老子特别爱从反面做文章。"得"，你获得，"亡"，是丢弃的意思，这个亡不是当死亡讲，就是你获得与丢失哪个给你带来的害处更大？一般的人都认为获得是好的，我得了一千块钱跟丢了一千块钱，那肯定是得那一千块钱高兴，不会因为丢失了一千块钱或者多花了一千块钱而高兴。但是老子说不一定，如果你获得的不是你应该得的东西，如果你获得的这些东西引起了别人的不满、引起了社会的不满，如果你获得的这些东西是违反了法律和社会的道德标准，如果你获得的这些东西勾引了引诱了盗贼抢劫、各种形式的人身的侵犯，你还不如不获得呢。这样的故事也非常的多，民间也有很多这样的故事。比如说你中了彩了，你得了什么特等奖了，结果把自己的生活全部破坏了，把自己的平安、自己生活的享受反倒都丢失了，这样的例子也非常多。

"是故甚爱必大费"，对一个东西喜爱得过分了、要求得过分了、追求得过分了，那么付出的代价就超出了那个东西本来所有的价值。它的价值不那么高，但是由于你过分地喜爱、过分地追求，使你过多地付出、使你得不偿失。"多藏必厚亡"，就是你保存的东西越多，你丢的就越多，起码丢失的危险就大得多。

说起来，老子这个说法也是一面理，比如你家里有很多收藏，你有很多的财富，我家里没有，你的东西又都是合法获得的，都是靠你的创造、你的劳动所得到的，那你还会被人羡慕被人称赞的，我会说：哎呀他可真有本事，你看他的家里那些书画、那些文物都是好东西，都是真家伙。那还是被人羡慕的。不是说你藏着就一定丢，如果你的保安做得好，你自己也很谨慎，你可以不丢。他提出的"多藏必厚亡"是从更远的一个角度、更宏观的角度来说的，他说的是对的。因为我有很多在国外旅行的经验，我就发现越是最豪华的——皇帝也好、贵族也好、富商也好，有许多许多都在战乱之中仓促逃跑，最后他的这些东西也只不过就是供大众或者是供旅游者、供游客来看看热闹而已，他当时收藏的目的什么都没达到。我在波兰看过一个马车博物馆，那个马车收藏的呀，那比现在的什么雪佛兰啊，什么宝马啊，比那个车漂亮太多了，全都是一个大贵族的马车，但是最后他能得到什么呢？你藏的越多你告别的就越多。

不要说战乱了，就是疾病和死亡使你离开这个世界的时候，你不也是"厚亡"吗？你有多少东西又有什么用呢？所以他从这个角度上来说，你藏多少你最后就得丢多少，你手里头攥着多少，你最后就要松手松掉多少。这话也是有他的道理的。

知足与知止

所以他说"知足不辱"，你自己知道什么事到时候行了，别再有那么多的收益了，你收益已经不少了。这样的话你就不会使自己走到被轻视、被非议那种相对比较耻辱的地步了，用现在的话来说，就是"见好就收"。你能不能到时候适可而止，不使自己过分到成为一个被议论、被批评甚至于被查处的对象？我相信，我们国家现今因为贪渎罪行而受到查处、受到制裁的那些人，他们最后会非常的后悔，他们会想到既有今日何必当初，他本来就应该知足。

"知止不殆"，知道到什么地方就该停止了，但是这个"止"也还可以做另外的意思，就是目的，就是我知道目的，我不是一味地恶性膨胀，我既知道适可而止的这个点和这个必要性，我也知道我是要做到什么，我既然达到了这个目的，就不必再延伸了。"知止不殆"是老子的话，但是和儒家的说法又是完全一致的，在四书五经中，《大学》一上来就提出"大学之道，在明明德，在亲民，在止于至善。知止而后有定"，也提出来"知止"，就是"知止而后有定"，就是你知道你到什么地方就应该停止，或者你到了什么地方就到达了那个目的地了，就到了你所要到的那个地方了，这个时候你就知道该停一停。这样的话你就有定，你就有主心骨了，你就有准儿了。所以我就开玩笑说，"有定"的反义词是什么呢？就是"没准儿"，你老没个准头，不管干什么事，写作也好、从政也好、经商也好、搞科研也好，你没个准头，东一榔头西一棒子，你什么事也干不成，而且甚至于还会陷入泥坑、误入歧途。儒

（旁注：大学是写在老子之后！）

家的说法是"知止而后有定",道家的说法是"知止不殆","不殆"就是你不会把自己陷入泥坑、掉入陷阱。

我们这个社会上有许许多多这样的例子,就是各种各样的骗子骗人钱财等等,所有受骗的人往往——当然我们同情这些受骗的人——但是有许许多多这样的故事,我们在媒体上也会看到,就是受骗的人为什么会受骗呢?贪小便宜!骗子给你说一个什么很稀奇古怪的事,就把你骗了,而如果你没有这种贪小便宜的心,你从来不相信天上能掉馅饼,不相信不费力就可以有所获得、就可以发展自己的私利,这个受骗上当的可能性就比别人小得多。所以老子为我们讲的这些也算是一个警示吧。

他说"知止不殆",他又说"可以长久",就是你能做到这一步你就长久,用现在的语言来说:你就可以可持续发展了,你就可以保持长期稳定了,你就可以长治久安了。为什么我用这些政治术语呢?因为我们要记住,老子的许多话是给老百姓讲的,但首先他是给掌权的人讲的,是针对当时的统治者的:一、君侯,二、大臣,三、士,"士"就是候补大臣,有志于当大臣的人、有志于来协助所谓治国平天下的这些人。

你不可能得到所有的"点儿"

我觉得这些地方老子讲得都挺有意思。西方也有一个说法,就是:你不可能得到所有的点儿,"点儿"也可以说分数,就是说你做任何事情在有收获的同时要考虑到付出,在有成就的同时要考虑到你还要继续付出代价,你在扩张的同时应该考虑到有些事情上要收缩,你再趾高气扬应该想到有很多地方你应该谦卑,必要的时候还要低声下气。西方有这个说法,就是说你得不到所有的点儿,总是有得有失、有进有退、有上有下。你要是能懂这个道理,你离大道就近得多,你就不会经常处在一种焦躁之下、处在一种怨恨之下,也就是说你要相信:大道本身就具备一种调剂和平衡的能力,具有调剂和平衡的特点,什么好事都让你一个人碰上这是不可能的。如果反过来你抱怨你这一辈子什么坏事都碰上了,这种可能性也比较少,当然有特殊情况,比如说得了H1N1流感死亡了,那别人也就没法替你说大道怎么能够帮助你了,这是很特殊的情况;出交通事故你死亡了,这别人也帮不上忙了。但是一般地说,大道有一种调剂和平衡的能力。

老子在第三十章里又讲到类似的问题,他是从战争来说的,他说"大军之后,必有凶年",由于战争会造成生产力的破坏——当然古人还有一种类似天人感应的想法,你说他是迷信吧,又很难说完全是迷信,他认为大军之后就会出现洪涝或者干旱或者虫子或者这样一类的天灾人祸。我为什么说他不完全是迷信呢?因为战争会对社会的生产力、对社会的正常秩序造成负面的影响、造成破坏,所以大军之后紧接着有各种各样的灾荒,这完全是合情合理的、是可能的。"以道佐人主者,不以兵强天下",这当然是老子的乌托邦了,带有空想的成分,但是作为一篇文章,作为一个书生论战,这意思还是好的。他反战,他认为你真正掌握了大道,你不要靠武装力量靠武力去逞强,然后他又说"善有果而已,不敢以取强",你如果用兵、如果搞政治斗争,你得到了成果、达到了你的目的,行了。"而已"这个"已"是当停止讲,你不是胜利了吗?行了!"不敢以取强",你用不着因为这个胜利就耀武扬威起来,你不敢因为这个就自以为永远处于强势,实际上没有这样的事。

物壮则老

我们看历史,有很多的强国、有很多的大国,但并不是强国永远强,并不是大国永远大,所以不要取强。"果而勿矜,果而勿伐",这又和前面说的那些"不自矜"、"不自伐"——你看《老子》是五千字,这五千字里有许多非常一致的思想，甚至于有重复，但是这个重复对于老子来说是必要的，因为他要强调说，你不能因为有成果因为战事的胜利或者因为事业的成功，就自吹自擂、骄傲自大。"果而勿骄"，你也不要因为这个就骄傲。

老子还喜欢宣传的一个观点是："物壮则老，是谓不道。不道早已。"他说一个东西发展到最强壮的时候也就开始衰老了，这都是实话，你想一个人达到了最高峰的时候，他底下就肯定要走下坡路。"是谓不道"也就违背了大道。"不道早已"，你要违反了道，你完蛋得就快，你死亡得就快，你走下坡路就快，所以要警惕自己，不要达到这个巅峰。当然这个话我们两说着，说"物壮则老"，有时候我也想跟老子抬杠：你说"物壮则老"，可物弱的话老得更快是不是？你病病殃殃一辈子没壮过，你的人生不是更可悲吗？小时候你先缺钙，得佝偻症，大了以后你得肺结核，到了中年的时候又是肝炎，你老得更快了，四十多就变成小老头了。这个也是可能的。但是老子讲这个话，尤其是为那些统治者讲，就是你不要急于称霸天下，那些诸侯国家——当时说天下，其实也就是中国这个范围——你不要把自己发展到顶端，发展到顶端反倒是危险的。

付出必须超前，收益往往滞后

老子讲的"夫唯无私，故能成其私"，对于我来说还有一个很特殊的感受，就是说这不仅仅是讲你应该怎么样做人，不仅仅是讲怎么样使你的做人符合大道的原则，他这个"唯无私故能成其私"，我老觉得这里头还有一种人生的况味、有一种人生的感受、有一种人生的感想。

要知道这个人啊，往往是在年轻的时候做事特别急，他特别觉得自己什么都需要，因为年轻的时候他拥有的成绩，所谓"果"，那个果实的"果",他最少,所以那个时候他最急于求成,那个时候他如果有私心,表现出来的也比别人更明显。可是越是在那个时候他越得不到私。什么原因呢?我们想一想,这个人生啊,往往付出需要超前,收益往往滞后,你想想谁不是这样?年轻的时候,你要学习,你有很多东西不懂,别人对你也不了解,社会对你也不承认,所以你的付出要非常的超前。一个运动员也是这样,他从小就上体校,我们现在有一些奥运会的金牌获得者几乎很少有别的儿童少年的娱乐,很少在自己父母的跟前得到家人的宠爱,而是从很小就开始练上了,那不得了啊!很辛苦啊!所以付出永远是超前的,而这个收益往往是滞后的。你付出最多的时候——对不起,那时候没有见成绩,相反的,这个收益是一个长期积累的过程,你已经积累了很多很多了,已经不是像当初那样的拼命了,你比较得心应手了,你也不像原来那么紧张了,你的私心杂念比任何时候都少了,这个时候有了收益了,你"成其私"了。

"夫唯无私",你这时候的私心杂念少多了,因为你也成长了,可是这时候"成其私"了,应该得冠军的得冠军了,该得奖金的得奖金了,该受表扬的受表扬了,该得到提拔的得到提拔了。这样的例子无其数。

牙与花生的人生况味

所以我有时候非常感慨老舍先生在《茶馆》中写过的一句话,后来又被很多相声演员所引用。说什么呢?说:你有牙的时候没有花生豆儿,等你有了花生豆儿了可是又没牙了!这个话的意义非常多,它是讲人的衰老的,你年轻的时候——花生豆儿就指财富,或者是指本事,用今天的话来解释,就是"私"——你那时候成不了私,你有牙但是你成不了私。后来你没有牙了,你已经没有原来那些最好的条件了,这个牙就是"私欲",就是争夺心,就是希望得到私的那个愿望和手段,等到你没有什么牙了,没有那么大的私欲与争夺心了,叫"夫唯无私",你现在反倒有了花生豆儿了,反倒有了收益。

搞写作的人也是这样,越年轻时候越是浑身长牙,看不起已有的一切,看不起前人,坚信天降大任于自身,文学将从自身开始。现在有些"八〇后"就是这样,一身的牙,但是花生豆儿花生仁儿(作品、知识、经验)都有限,可牙很厉害,其实我当年也是这样,我是"五〇后",我也认定自己应该吃掉、将会吃掉与消化所有的花生仁儿。

这是一种人生的况味。我觉得我们与其把这个"夫唯无私,故能成其私"仅仅是当做一个道德教训来讲,不如把它当做一个大道本身的特色来讲,也不如把它当做一个人生的况味来加以咀嚼、来加以叹息:你太私了,你牙齿太尖利了,对不起,你达不到目的;你只有好好地付出,付出一定要超前,收益滞后;但是真正有了收益了,花生豆儿挺多了,你牙口儿也就不行了。所以人生不要太自私,花生豆儿大家吃,不要光想着自个儿吃花生豆儿。

第十四讲：
得道者的风度

风度与举止

有一个非常有趣的问题，就是老子在他的《道德经》当中是怎样论述一个得道的人的：他的举止、他的风度、他的风采。其实不仅仅是中国，古今中外都很重视个人的风度风采，像魏晋南北朝的时候，说一个真正的高人，就说他站在那里玉树临风，非常之美。外国人也非常重视这点，用很多的词，比如马克思说：风格就是人。英语叫做 Style，也是风度也是风格，还可以用 Mode，叫做范式，还可以用 Manner，叫做举止，还可以用 Fashion，叫做崇尚。英语里用一系列的词，说一个人怎么样，就是说你远远地一看，或者从外面一看，怎么样可以看出来这个人是一个有学问的人、是一个文明的人、是一个有知识的人、是一个令人尊敬的人。他们也很重视这个。

《老子》第十五章说"古之善为士者"——有的版本说"古之善为道者",但是我觉得这个问题并不大,因为老子所讲的"善为士者"并不是说你能够出谋划策、伎俩特别多、鬼东西特别多,他说的不是这个意思,他说的"善为士者"正是那个得了道的人,所以"善为道者"、"善为士者",我们不必在这上面使太大的劲——"微妙玄通,深不可识",这个可是有点意思。微妙,我们现在还用这个词,这是一个很现代的词,说真微妙啊,却原来老子在那么恒久的两千多年以前已经用过这个词。"微"就是精微、就是细、就是精、就是明察秋毫,就是这个道理,本身又相当的巧,所以才叫微妙。实际上我觉得应该解释成"智慧",这种智慧令人赞叹、令人叫绝、令人五体投地。

"玄"是指它的概括力,庞朴先生考证这个"玄"字在古代实际说的是水在打漩,它是象形的,因为古代在创造每一个抽象的字的时候,往往都是有大自然的一个具体的现象作为它的参照物。我们今天说的"玄"是带有一种概括性、抽象性,一种弹性,一种在智力上能够给你很大启发而又不是日常生活中所有的东西,叫"玄通",它又很明白很通达。你有了大道以后,第一你很精微,第二你很智慧,第三你很独特、你很概括,别人还不容易摸清你的底细,第四你什么都明白,你该上哪儿就上哪儿,可以什么都是,变成古人叫"通人"的智者。通人就是很多知识他都有,他都能读得通、能想得通、能说得通,这样人的叫"微妙玄通"。

深不可识

底下的一句话是"深不可识",得道的人,别人一下子还摸不到他的底细，还了解不到他的这个道，因为这个道太深奥了，不是一般人能够理解的。这个说法，必须承认我至今并没有完全弄明白，因为老子在另外的一些地方又讲知白守黑，又讲和光同尘，又讲朴，"镇之以无名之朴"，就是一个人应该很朴素，应该很原生态，但是他为什么同时又说他是深不可识的呢？这一点我不能解释得非常周全，我自己还不能做到深不可识，但是我愿意试着解释一下深不可识是什么意思。在东周的时候，在春秋战国的时候，"道"的思想还没有成为共识，因此你不容易被理解，相反那些纵横家、那些阴谋家、那些兵法家、那些整天游说于各诸侯国之间，搞富国强兵、统一天下的这样一些人，他们容易被识，而你主张"道"、主张自然而然、主张无为而无不为，你不容易被识，有这方面的含义，我也希望听众当中，或者专家当中，对我有所指教。

他这个说法还有一条，老子在另外的地方又讲过"国之利器，不可以示人"，就是真正的"道"，真正的最伟大最玄虚又是最巧妙最自然的"道"，你不必急着给别人讲，你讲他也听不明白，老子也有这个意思在这里。特别我们要考虑到，老子的许多说法是讲给侯王们、执政者们、有野心取天下者们听的，他们当然必须深不可识，不可被百姓更不可令敌国盟国邻国一眼看穿。

那么这些话对人有些什么启发呢？就是说：你不要认为非得要求别人了解你，非得让别人也和你的"道"采取共识，采取相同的认识，因为你掌握的道越深奥，别人对你的了解、对道的了解越有限，越会显出差距来，对此你不必怨天尤人，对此你也不要摆出一副自己是什么样的瑰宝，别人不识货。你不要有这种思想，既然你掌握了道，你就深不可识，别人一时半会儿弄不清你的学问；甚至于深不可识你才能在取天下的斗争中取胜。我觉得他讲的从这个意义上，也许对人还会有启发。

勉为其难的形容

然后老子接着说"夫唯不可识,故强为之容",正因为不可识,我很勉强地把它描绘一下,"容"就是形容一下。在《老子》当中,起码他是第二次用相同的方式,他说过"道常无名","道"本来是没有名称的,没有一个概念能表达,"强为之名曰大"——这次他说一个真正的掌握了道的人深不可识。是他戴了面具?他不是,他穿了隐身衣?他也不是,怎么形容呢?他用的是文学的说法,他用的是比喻的说法,他不是靠命题、靠概念,而是用文学的说法。

他说什么样呢?"善为士者","豫焉,若冬涉川","豫"是小心谨慎,他小心谨慎得就像冬天过河一样。他说的是冬天过河,为什么是冬天过河呢?一个是有冰,一个是水太冷,要是掉在水里头的话,你受不了,夏天过河你可能不那么谨慎,如果你游泳,古代叫凫水,你凫水凫得好,你就不谨慎了,你是阮小五、你是阮小七、你是浪里白条张顺,那你就没有那么谨慎了。可是他提到冬天过河,他没提冻冰不冻冰,你都得小心谨慎,碰到冰也不行,冻死了不行,淹在里头也不行。

"犹兮,若畏四邻",你有点拿不定主意,就好像你害怕你的邻国——这个四邻不一定是邻居——害怕你周围的环境对你有什么威胁,因为春秋战国的时候,谁对谁那么铁啊,那都是各争各的利益,叫春秋无义战,所以你做什么事拿不定主意,你要多考虑考虑、多琢磨琢磨,要慎重决策,就好像你受到了邻国不良的对待,甚至于攻击一样。

"俨兮,其若客","俨兮"也就是说你还得正正经经的,你得自己有所控制,就像去做客或待客。这里老子说得也很实在,家里要没人,你当然相对比较放肆，穿衣服也不用很在乎，说话或有时候你咳嗽一声、打个喷嚏都没有关系，但是你去做客或待客就应该比较严整，对自己的举止行为应该有所控制，这些地方的说法有些和儒家相像，儒家就说一个人做事要战战兢兢，"如临深渊，如履薄冰"，就是说好像你前面就是一个深渊，你一步走错掉进去了，对不起，一失足成千古恨；"如履薄冰"，你得试探着走，你如果不试探可能掉冰窟窿里头了。所以这里也讲究小心谨慎。

其实在老子通篇的论述当中，和儒家的思想并不是有很多相同的语言或相近的地方，他总是比较另类，或者逆反，但是在这一章里面却有一些相近的地方。这些地方我觉得也挺奇怪，因为别的时候他没有说过这些话，说你要小心谨慎，相反他都说大道之行，自然而然，都是讲"道"一曰大，二曰逝，三曰远，四曰反，他都是讲得非常大的，偏偏这个地方他讲要小心谨慎。

解冻说的滥觞

但是底下有些话就有点儿不一样了，他说"涣兮，若冰之将释"，"涣"，在现在是个坏话，就是涣散，是一个贬义词，但在老子这里是慢慢地放松，慢慢地松散，就像冰开始化一样。这个词也挺好玩，因为当年，五十年代中后期，苏共二十大以后，赫鲁晓夫上台，对斯大林有所指责、有所批评，然后苏联的社会生活就有一些稍微放松的迹象，当时就被西方世界甚至于也被苏联的知识分子称之为"解冻时期"，而且爱伦堡——他是一个苏联国籍的犹太作家，他很有名，他写了一部中篇小说，这部中篇小说就叫《解冻》。过去我们认为解冻这个词是指苏联的那个特定的时期，我重温《老子》，忽然发现老子早就说过解冻，说"冰之将释"，就是冰凌快融化了，这不就是解冻吗？这是很好玩的一个说法。

"敦兮,其若朴",他厚墩墩的还挺实在,就像原生的木头一样。这个形容也特别好,我底下还要专门讲这个事情。"旷兮,其若谷",他很开阔,就像山谷一样,他能够容纳各种各样的东西,山是很高的,但是它胸怀开阔。

下面又有一个我们今天常用的词,他说"混兮,其若浊",他是混杂的,他是包容的,所以他好像并不那么干净。混浊,我们一般是把干净看成一种美德,把混浊看成不好的贬词。但是你想一想,这个世界是很复杂的,用黑格尔的说法:世界是杂多的统一。如果一个人太纯了,纯而又纯,这个从生理上也不是好的。比如吃东西,应该是杂食最好,比偏食偏饮要好得多。接触知识也一样,你的知识越杂越好,当然可以有你的专业,但是你除了专业其他的什么也不知道,你相对就比较幼稚,就比较容易会有错误的判断。你在社会上的经历,实际上也是一个越来越复杂的过程,水至清则无鱼,人至察则无徒,要知道世界上的人是各式各样的,你不能要求别人都跟你一样。所以他就说一个真正得道的人,从大道的观点鸟瞰这个世界,或者说他是"欲穷千里目,更上一层楼",他的印象是杂七杂八的、是混浊的,而不是单一的,不是单调的、单色的,或者只有两种颜色黑白分明的,他未必,这些地方他说得都很有意思。

温温恭人

他前面说的小心翼翼的那一面,让我想起了《诗经》里面的一个形容:"温温恭人,如集于木",说鸟"集"——在古代这个字是什么意思呢?"集"就是一群鸟停在一个树枝上,这个"集"的上半拉就是那个鸟字的表现,过去写"集"也是这样,下面是个木,也很形象。这个形象在哪里？第一，这些鸟互相都很客气，第二互相都很小，因为如果就这么长一根树枝，停了八只鸟，你要是不讲理，一挤你可能把人家给挤走，也可能自己就站不住了。所以这个形容太好了，这是《诗经》里面的话，"温温恭人"，互相之间和和气气，而且互相尊重，谁也别动谁的地盘，别乱挤，你一乱挤，咱们谁都没有好处，谁都不能在这个树枝上停留了。

"温温恭人"为什么特别吸引我呢？就是它把谨慎小心、慎重与温和、亲和、客气结合起来了，它不是光让你小心。这话就不比"如临深渊，如履薄冰"那样有点恐惧感：这个社会怎么了？一步走不对就掉进去了，掉进坑里了。那个说法显得太危险了，而这个说得特别可爱，一群小鸟在一个树枝上，在这个树枝上我们不要损害别人，不要损害别的鸟，你损害了别的鸟，你自己也没有待的地儿了。哎呀，这个实在是说得非常好，遵从诗教的传统，这是儒家最喜欢的。

《诗经》的总编辑是孔丘，孔子的学说追求一种什么样的风度呢？是一种合情合理的规范、义务、秩序和自控，孔子讲许许多多的让人不要这样、不要那样，注意这个、注意那个，但是从孔子本身来说，他追求的是那种合情合理的东西，后人有人把他搞得太过分了是另外的事情。所以朱熹怎么解释孔子的？他说读孔子如沐春风，就像在春风里面、沐浴着春风一样，因为他讲的都很合乎道理，就像刚才说的一群小鸟"温温恭人，如集于木"，这不是如沐春风吗？而且《论语》里头就讲"暮春者，春服既成，冠者五六人，童子六七人，浴乎沂，风乎舞雩，咏而归"，到了暮春了，拿北方来说，就是四五月份的天气了，这个时候二十岁以上的有那么五六个人，还带着几个小童，然后大家有点像春游一样踏青去了，"沂"是沂水，在水里头浴，在水里头洗了洗脸——游泳，我觉得还有困难，要看什么地方了，暮春就下水游泳啊？反正就是在水上洗了洗，然后跳舞，"舞雩"就是一种求雨的舞蹈，简单地说是在外头又唱又跳,然后"咏而归","咏"也是歌咏的意思,唱着歌就回来了,有点像春游的意思。这是孔子追求的一种生活,他并不是一个道学先生,让你天天规规矩矩立正,连稍息都没有的这样一种人。

孔、老的风度说比较

孔子对人的风度也有很多说法。老子对人的理想就是得道,成为一个有道德的人、成为一个圣人。孔子的说法是他一上来就说的"人不知而不愠,不亦君子乎",别人不是故意来损害你,你不要生气,别人由于没想到,说了一句你不爱听的话,或者碰坏了你一件东西,你不要生气,遇到这种事能不生气的人,这就是君子了;不是说一损害我,我就跟别人急,他不是这样的人。他说的其实特别简单,容易接受。孔子的主张、儒家的主张里讲"君子坦荡荡,小人长戚戚"。这个和老子说的又有点接近,老子说"旷若谷",胸怀就像山谷一样,里面有那么多的包容;这和老子也比较一致:说"小人"——只有斤斤计较私利的、没受过教育的、目光短浅的、品行比较差的这些人,他们才整天忧心忡忡、嘀嘀咕咕。儒家还讲"己欲立而立人,己欲达而达人",就是说他也考虑到旁人的利益,互相尊重,因而自己的利益也得到维护,这一点是和老子起码可以互相并行不悖的。

但是老子更强调的是自自然然的淳朴,这里面他说的这么一大堆,我最想多讨论的是"敦兮,其若朴",因为老子在其他地方又讲人有很多欲望,有了这些欲望,就会有一些不适当的行为,遇到这种情况"镇之",我要把它镇住,怎么镇住呢?就是要提倡朴,提倡朴实、提倡朴素、提倡淳朴、提倡朴厚,古人认为人越朴实越接近原生态,他就越厚道,他不那么斤斤计较,更不是那么钩心斗角。所以对"朴"的提倡也是老子学说中非常重要的一个概念，是仅次于"道"的一个概念。什么是道呢？就是能做到朴。有时候我还想用我们今天非常喜欢讲的一个词，就是诚信，就是说我们感觉到在市场经济当中，如果一个人、一个企业、一个公司、一个团体失去了诚信，如果变成了三鹿奶粉，那种情况下你简直就变成了一个公敌，变成了大家所不齿的一种人物。但是怎么样才能做到诚信呢？诚信的人的风度应该是什么样的呢？应该是比较朴素的，不搞那么多曲里拐弯。老子这种对朴的提倡，是值得深思的。

森吉德玛与兰花花

作为一个文学艺术的从业人员，我还特别觉得感动的是，我想了想，世界各个民族和我们中国的各个民族里，都有一种最动人的民歌，这种民歌歌颂一种原生态，用最简单的语法、不加任何装饰地来树立一个非常朴素的、非常淳朴的少女的形象，作为爱情之神、作为爱情的象征。譬如说蒙古族，我最喜欢的歌《森吉德玛》，它一上来就唱：碧绿的湖水，明亮的蓝天，比不上你的纯洁——它是树立的这个；维吾尔族《阿拉木汗》：阿拉木汗什么样？长得不肥也不瘦——它说得更朴素、更简单了，阿拉木汗什么样？他也没说她是明星，他也没说她有多大的收入，也没说她有多高的学历，她就是长得也不肥也不瘦；汉族《兰花花》：青线线那个蓝线线，蓝格英英采，生下一个兰花花实实的爱死人。这不是偶然的，为什么各个民族，外国也一样，我就不一一地唱了，变成个人演唱会了——都要树立一个非常纯洁的、非常天真的、非常朴素的、没有经过任何的装扮和矫饰的、不带任何伪装的这样一个美的形象，这样一个任何人都能接受的、都无法轻视的一种好的形象？它暗合于——我不是说创造这些民歌的人都学过《老子》，没有这个意思，我这个说法可能有点匪夷所思：从《阿拉木汗》上想到老子讲的得道者的风度了——它暗合。说明天下有一些道理是一致的、是相通的，而且能包容。

"旷兮"、"混兮"还意味着包容，包容的思想对我们来说也有很大的好处，对有些东西，我们在没有熟悉它、没有弄清楚以前，我们可以有所观察、可以有所期待、可以有所分辨，不要急着去排斥。在改革开放的年代，这样的思想更有意思。一般的情况下，我觉得这种包容，这种假以时日慢慢弄清它对人到底有好有利，还是有害有损伤，比我们见到不熟悉的东西立即予以排斥，比那样的选择是更好的。

我们现在想，如果有了老子这些东西：既有小心谨慎的一面，又有很温和、很包容的一面，既有该紧张的时候紧张的一面，也有该解冻的时候放松的那一面，这样的话你的风度是不是就比较好了，你的人格会是一个完整的人格。如果你只有紧张谨慎小心恐惧防备这一面，别人怎么跟你接近呢，没有办法接近。或者你只有大大咧咧随随便便马马虎虎这一面，那你也办不成任何的事了。

所以老子说的这些形容，"豫兮，若冬涉川"，该小心的时候咱们就像过河一样，现在不说"冬涉川"，说摸着石头过河，那个地方深一脚浅一脚，你把你的脚掌握好了。"犹兮，若畏四邻"，你做什么事情要考虑到四邻的反映，而且你还要有一定的警惕性，你不能够对自己的利益漠不关心，你不能丧失警惕，你还得有忧患意识。"俨兮，其若客"，你不要太放肆，对自己要有所控制。"涣兮，若冰之将释"，你该放松的时候就放松，该轻松愉快就轻松愉快，你不能老是那么紧紧张张。"敦兮，其若朴"，你又很诚实很朴厚，就像那原生的木头一样，这个"朴"字最早时指原生的木头，木头没有经过砍啊削啊锯啊刨啊凿啊，没经过这些，就是该什么样就是什么样。"旷兮，其若谷"，你就应该很豁达，胸怀豁达，宰相肚子里能撑船。"混兮，其若浊"，你对于比较杂的东西可以先都掺和着，先考虑考虑、消化消化，先不必急于把它排除出去。如果做到这一步，这个人格应该说算是相当的完整了。

动静与浊清

再底下有一句话"孰能浊以止？静之徐清。孰能安以久？动之徐生"，就是遇到这种情况：有点太混浊了，太脏了，你静一静，沉淀一下，它也就清爽了，不能说因为它混浊，你就把这个水给倒了，或者因为混浊就视这个水为敌，拿刀去砍，或枪毙这个水，或冲它放枪扔炸弹都不行，你保持平静，平静以后它就会有所沉淀，它就慢慢地清了。

你为了保持安稳还要"动之徐生"，你要太平静了、太死板了、太板结了也不行，这个时候就要适当地运动一下，适当地动一下，让它焕发出生气来。古人对这个解释有的把第二句话当坏话来解释，说本来"静之徐清"挺好，但是你没事找事，一动就生事了。这样的解释也都是名家的解释，我对此不便于发表什么意见，但是我个人感觉不出是批判的意思，我觉得这两句话起码对我来说都挺好：有点混浊了，你等一等，所谓混浊就是有点乱了，你就稍微静一静；讲话也一样，或者话说得有点乱，稍微把节奏放慢一点、静一静、调理一下，如果讲得太呆板了，那咱们就"动之徐生"，可以动一动，可以加一点肢体动作，可以说两句笑话，可以让它变得生动一些。

风格是可以自我调节的

我觉得人生就是这样！这是什么意思呢？就是说风格本身并不是僵死的，不是一成不变的，而是可以自我调节的，这两天你过得太静了、太安稳了，你想办法活动活动，看看朋友，该旅行旅行，该上哪儿走一趟就走一趟。如果你跑得太多了，脑子里乱七八糟，书也看不下去了，那你要好好休息一下。所以这种所谓完全的人格包含着一个内容，就是自我调节，就是说不让他偏重于某一方面。我觉得这个意思也是一个非常好的意思：要有一种自我调节的能力。

我常常喜欢讲：对于一个人来说，不管他是行政、是从政、是为文、是经商、是居家过日子，有两个能力是最可贵的，两种感觉是最可贵的，一个是分寸感，一个是节奏感。分寸感就是你做任何一件事也不要劲儿使得不够，也不要偷奸耍滑、不要偷懒、不要老想着坐享其成，该使的劲儿你都要使上，但也不要太过，使了一段劲儿了，收效如果不是很理想，你稍微停一停，看看是不是用力太过了，过于偏执了，或者话说得太过了。

再有一种就是有节奏感，一张一弛、有紧有松、有进有退，我觉得这是老子理想的人格，如果做到了前面所说的这些东西，他就是有了自我调剂的可能。

老子又说"保此道者不欲盈。夫唯不盈，故能敝而新成"，所谓自我调剂是什么意思呢？就是不管什么时候，你都不要把你的状态当成是一种最佳状态、是一种盈满的状态、是一种到了头的状态，不！什么叫到了头了，完蛋了才是到了头了，你只要没完蛋，你还在学习、还在工作、还在生活，那你就有调整的空间，有调整的可能性。认识到自己的举止、自己的方法、自己的行为、自己的言辞都有调整的空间，可以说你就有一种生机，你就有一种矫正自己，自我矫正、自我控制、自我调整、有所前进的这种可能，反过来的话你自己就是把自己的路都封死了。所以他在讲到这些以后，要你能够真正按"道"作为：你不要盈满，你不要把自己搞死，不要把自己搞僵，不要就这么两三句话来回地说，再没有别的学问，什么新东西都接受不进去。这个提的也可以说是非常好。

踮着脚站不稳

还有一些地方，老子不是专门讲风度，但是我们今天拿过来讲风度特别合适，而且讲得非常好玩儿，讲得非常生动，就是《老子》第二十四章，他说："企者不立；跨者不行；自见者不明；自是者不彰；自伐者无功；自矜者不长。"他一上来说的"企者不立"是什么意思呢？就是你站起来有多高就是多高，你别老踮着脚，你很难用踮着脚的方式来站立，站不长久，是这个意思。当然老子那个时候没有芭蕾舞，芭蕾舞有足尖舞，足尖舞也是表演的时候才用，不是说芭蕾舞演员回家或者上街都用足尖走路，那也不可能。所以他的意思是不要勉强、不要作秀、不要做自己实际上做不到的事，应该自自然然的，应该承认现实。你一米八当然很好，你用不着踮脚了，你一米七也很正常，你一米六那也没辙，你拼命踮脚、踮半天人家一看也不认为你是个大高个儿，也不会因为你踮脚就把你选到篮球队里去。所以这里他讲了一句非常好玩儿的话，说"企者不立；跨者不行"。你走路不想一步一步地走，你老想连蹦带跳，一步就走别人十步八步的路，反倒走不远。

中国有一句话叫做"欲速则不达"——当然如果从历史上从政治上说，也有一种超阶段的、跨越超阶段的跃进，但是超阶段的跨越和超阶段的跃进，也是在有了一定的条件之后，有了一定的客观规律之后，按照这个规律可以做到某种跨越。还有一条就是跨越了以后，还要在后面接着补课，把你原来没有完全做到的那些事情、进入新阶段以后在老的阶段没有完成的事补课。所以他说的"跨者不行"，我想我们应该这么理解，就是任何事物还要有自己的步骤、有自己的过程，然后他说这些东西就像"企者"、"跨者"，就是老想着靠踮脚尖能超过姚明，或者你老想着不用正常的一步一步的步子，能够比火车跑得还快。如果这样的话，这叫做"余食赘形，物或恶之"，"恶"在这里是厌恶的意思，"故有道者不处"，"余食"，就好像剩饭，是你所不需要的，比如说一米六是你的饭，你踮脚以后变成一米六一、变成一米六一点五了，那一点五是你的剩饭，是"赘形"，就好像你脸上长出一个瘊子，或者本来五个手指头，这又出来一个杈，出来一个六指，这些东西是多余的，别人会讨厌。

这里老子说的又非常实在，我又觉得不是深不可识了，浅显明白、通俗易懂，凡是自己身上没有的东西，你用一种勉强的方法、用一种不肯承认现实的方法，给自己往脸上贴金，只能引起别人的厌恶。所以老子在这里又非常通俗：你的风度、你的风采，你想不想玉树临风不要紧，你是不是让别人一看到你就如沐春风，这也不要紧，但是起码有一条，别惹人讨厌。

起码不要惹人讨厌

我觉得"恶之"、"有道者不处"，要给它一个最通俗的解答，就是不要惹人讨厌。老子对风度的这些说法，我觉得挺好，因为它既有大道的高度，又有一种亲和力，让你不觉得人掌握了"道"以后了不得了，跟神仙似的，你走过去以后都害怕、都哆嗦。他没有这种感觉，他让人觉得是很普普通通自自然然平平常常。同样我们也可以从反面、从我们的生活当中或者从小说的人物当中，找到这种"余食赘形"，令人讨厌的这种人这种事。譬如说喜欢挑拨是非的人、喜欢找事的人、喜欢老是跟人别扭的人。

就说《红楼梦》里，别的人物写的都立体，但是有几个人物曹雪芹特别不喜欢，那人物一出来就招人讨厌，赵姨娘是一个，还有一个就是邢夫人，贾赦的夫人。小说里特别说了邢夫人有一种"左性子"，这个左性子跟现在说政治上的"左"没有关系,跟说谁是"左爷"也没有关系。它的意思是什么呢?就是她老跟别人拧着,干什么事都找别人的茬儿,什么时候她都制造事端。所以,作为人,我们除了讲应该有什么样的风度以外,我们还要想一想人不应该有什么样的风度,不应该有"余食赘形",不应该在那儿制造是非,不应该在那儿没事找事,老是和别人闹别扭、制造不团结。

风度表现了人的生活质量

这些地方,老子所说的可以说也是一种帮助吧,从这里我们可以想到什么叫做风度。风度就是人的风度、就是你得道的程度,风度就是生活的质量,风度就是又伟大又亲和,风度就是人格的魅力。能做到像老子所说的这样的人,他又好接近,又对人没有任何的伤害,你跟他在一块儿会很舒服,他形容的风度确实也很理想。

老子在第二十章里还讲到——这个和风度也有关系——他说"唯之与阿,相去几何?善之与恶,相去若何?""唯"就是——我老开玩笑说"唯"是法语,就是yes,就是"是",法语是"唯",我说"阿"是斥责。你对事对人点头称是和被人斥责相去几何?对老子来说,被人称赞和被人贬斥、被人驳斥,他不认为这是多了不起的事,这不过是外界的反应。我说的话对就是对、错就是错。你同意,我是对的,你反对,我还是对的。除非我自己说错了,你同意也没有用。

他说"善之与恶,相去若何",有人说这个东西很善,有人说这个东西并不善,有时候这之间相差也未必是像俗人所想象的那么远。但是"人之所畏,不可不畏",老子又说了点儿老百姓的话,有点像小人物的话,他说:可是别人都怕的呀,我也不能不怕,人家都躲的事,我也要躲着点。整个《老子》里,这样的话也非常少,就跟前面说要小心的话一样。遇到这些,老子那个普通人的劲儿、老百姓那个劲儿就出来了。他说"人之所畏,不可不畏",如果大家都烦,这样算了,我也别挨这骂去了,我也别找枪子儿撞去了!"荒兮,其未央哉!"——这种情况是很荒唐的啊!你不许说的话,我也不敢说,这是很荒唐的!但是这种荒唐现在还是正甚。

提倡淡泊

"众人熙熙,如享太牢,如春登台",人很多,熙熙攘攘,"享太牢"是去宴会,好像是大家都到那儿"撮"去了;"如春登台。我独泊兮,其未兆",而我呢,我很淡淡的。他又讲了风度的一个特点,泊就是淡泊的意思,就是淡,就是我对什么事都不是那么热衷。他说我不显出对各种事有多热衷;我也非得跟着吃去、非得跟着玩儿去,我没有那个劲儿,我把这个事情看得比较淡泊。这个也是老子的特点,老子在其他的地方也讲过很多这一类的话,他要求的是一个"淡",要求"淡泊",不要求很强的刺激,也不表示过多的情绪化;如"婴儿之未孩",古人解释说"孩"指的是"笑",就好像这个婴儿还不会笑。可能该这么解释:婴儿小到什么程度呢,就是连笑都不会笑;"傫傫兮,若无所归",甚至于我还有点潦倒、有点孤独,过去说"傫傫兮,如丧家之犬",就是说我还有点孤独,我还有点潦倒,好像我找不到回家的路;说"俗人昭昭,我独昏昏",越是俗人越明白,什么他都知道,可是我呢,我对很多事昏昏。昏昏是什么意思呢?我不认为世界上的各种事情都是可以一眼看穿的,都是可以做出黑白分明的论断的,所以别人看出来了,我还有点糊涂;"俗人察察,我独闷闷",就是说越是俗人、越是没有多大学问的人,什么事他看得明白着呢,他自以为是明察秋毫;可是我呢,我没有什么把握——这个地方我也可以念闷(第四声),但是我愿意把它念成闷（第一声），说你闷着吧，因为这个事你还没有把它弄清楚，你还不够清楚。

"众人皆有以，而我独顽似鄙"，"有以"就是有原因，每个人做每件事都认为自己是有原有因、有根有据——应该给我提级，因为我已经参加工作多少年了。一般人都觉得说什么话、干什么事都有把握，可是我自己呢，我自己"顽似鄙"，不把自己估计得那么高；"我独异于人，而贵食母"，我为什么和别人不一样呢，就是因为什么事我都要往终极考虑，都要从根源里考虑，我都要从它的缘起来考虑，当我对什么事都从缘起来考虑的时候，我没那么有把握。我不是说我说什么就是什么，不见得，我抱着一种求知的态度、我抱着一种探讨的态度、我抱着一种探索的态度，所以我宁可认为自己有点糊涂、宁可认为自己有点傻、宁可认为自己有些事没有那么清楚。

这段话，我认为既有老子的自嘲，也有老子的不满，但同时也有老子对一个得道者的风度的刻画。就是不应该只跟俗人相比：我没有他们厉害，他们多明白啊，他们什么事都知道，他们想干什么就干什么，他们是又吃又喝又热闹；我冷冷清清。这里他又说到了所谓得道者的风度的另一面，哪一面呢？就是要有自己的特立独行。你说和光同尘，不随和是不行的，但是你全都随和了，什么都跟着大伙走了，你自个儿没有见地，甚至于当大家对于一件事情的认识并不正确的时候，你也跟着起哄，那你还有人格，还有令别人赞服的优点、长处吗？你没有了！

老子有时会说反话

所以老子这段话是他内心最复杂的地方，他是说反话，"众人昭昭，我独昏昏"，这是反话；"众人皆有以，而我独顽似鄙"，这也是反话。老子经常是反话正说、正话反说，你看他嘲笑了自己，但你又觉得他挺骄傲的，为什么呢？他敢说：我跟众人不一样，我和俗人不一样，我和那个见着好吃的赶紧去撮、有玩儿的机会赶紧去玩儿的人不一样。老子还是非常自信的，不但非常自信，甚至他还挺牛，所以他又有这一面。

至柔为上

老子在第四十三章里讲了一段话，这段话可以从兵法上讲、可以从军事上讲、可以从政治上讲，但是也可以从风度上讲，他说什么呢？"天下之至柔驰骋天下之至坚"，天下最柔弱的东西、最柔软的东西，可以去主宰、可以去运作那个最坚硬的东西，可以去运动那个最坚硬的东西，让那个最坚硬的东西跟着你跑；"无有入无间。吾是以知无为之有益"，并不存在的、你看不到的东西可以进入那个无间的东西——没有任何缝隙的东西，但是我进的去。什么叫"至柔能驰骋至坚"呢？你是最坚硬的东西，但是我靠我的没有什么反而能够影响你这个最坚硬的东西。他说，这样的话就知道"无为"的好处。"不言之教，无为之益，天下希及之"，不言而能够教化别人、能够感染别人，你不做，但是你能够产生效益、产生好处、产生成果，这是任何其他的东西，是有言有为所达不到的效果，谁也赶不上。这个很好玩儿，老子当然说的是事物的道理，但是他让我联想到现在物理学，认为各种的物质实际上都是有空隙的，并不存在完全无间的，任何物质你要是往深里看，都有它的空隙，所以老子认为"无有"还可以"入无间"，虽然这是他在古代说的，但是他又和现代物理学的发现吻合。

这样的一些说法，它又符合我们中国自古以来传统文化里面讲的以逸待劳、以弱胜强、以柔克刚、先礼后兵。我们有很多这一类的说法，就是说我们保持自己的一种弱势，保持自己的一种和平、退让、谦卑的姿势，反倒使我们能够进入你那个防线，反倒能够进入你那个无坚不摧的、攻无不克的防线。

其实刚才说到物理概念在数学当中也有，因为"无"就是"有"的一种形式，现在H1N1流感要求"零报告"，什么是零报告？零就是"无"，但是你要报告，报告就是"有"。你是"无"，但是你要有"无"的报告。所以老子的这些道理是非常深刻的。

风度与软实力

他的"无有入无间"还让我想到风度就是"无有"，你能够说风度几斤几两？这不是物质的东西、也不是能够量化的东西，但是风度的魅力就能够有利于一件事情的办成。相反，你的风度恶劣，你的风度不成样子会反过来变成办成一件事情的阻力，这样的事情也特别的多。学习《老子》时，我从风度上又想到了文化，我们常常说软实力，软实力指的是什么呢？就是指这种看不见的，不是飞机、不是大炮、不是集团军、不是坦克、不是航空母舰，也不是巡航导弹，它是什么呢？恰恰是你思想的深邃、你风度的美好，你的亲和力，你文化的力量、影响力，你的说服力，你的感染力。这些东西它能够使"无间"的地方，本来在那儿提防着就好像是马其诺防线一样，它能够攻破马其诺防线。这其实也是一个例子，马其诺防线本来是固若金汤，谁也打不过，但最后希特勒根本不从那个方向进攻，就等于在战略上把防线变成了一条废的防线，而从另外的方向展开攻势，所以这也是一种战略选择的力量、军事的力量，它不是完全表现在那些坚硬的、坚固的、可以量化的、可以在地图上标出来的东西上。同样，这里我们所说的文化、我们所说的智慧或者是智谋，我们所说的风度、我们所说的战略思考等等这些东西，对这个世界仍然是非常有意义的。

第十五讲：
逆向切入的处世方法

为什么老子喜欢反着说话

我们看《老子》的时候，会发现他特别喜欢用相反的概念来说明要达到的目的：大成若缺、大直若曲、大盈若冲、大巧若拙、大辩若讷。他还说过"曲则全"，弯曲了就能够成全。"枉则直"，弄得弯了，它反倒是一条直路。"洼则盈"，比较低洼的地方反倒容易满。"敝则新"，旧的东西实际上最新。"少则得"，你占有的越少得到的就会越多。"多则惑"，多了反倒麻烦了等等。通篇里好多这一类的说法。这些说法的目的很少是专门讲做人处世，也没有这个词，这是我说的，他更多的是说治国，他说到过用兵、说到过善为、说过到取天下，他有过这些词。但是他既然讲到了这些普遍性的规律，对于我们今天做人处世能不能有一些启发、有一些帮助？

大成就必然带着遗憾

先说"大成若缺"，就是大的完美总是有缺陷的。我特别有这个体会，确实如此，历史上越是大人物，不管是秦始皇也好，恺撒大帝也好，拿破仑也好，一直到一些革命家、革命的领袖、大国的领导人也好，往往正因为干的事情太大了，他在完成一个东西的时候会有可能伤害另一部分人，他在某些方面会忽略了另一些方面，他在取得巨大成功的同时会付出代价，乃至犯下严重的错误。因此对他们的批评就会非常多。

一个事业也是这样，例如绣花，苏绣杭绣湘绣，完全可以做到完美无缺。一座别墅也可以建筑得无懈可击。而一个大水利工程、军事工程，肯定会争执不休。就一个国家大剧院，一个"鸟巢"奥运体育场，也是一定会若缺、有缺、多缺，现在与今后都肯定会争议不休。

在文学当中也是这样，越是大家越是争议多，比如说爱尔兰的詹姆斯·乔伊斯写的《尤利西斯》，他写的这本书被认为有伤风化，两次被传到法庭去受审，他死后书被越捧越高，但是即使到今天为止，仍然有人说《尤利西斯》是一部乱七八糟的作品，说他实际是一个骗子。我到过都柏林，都柏林有一个纪念馆，那里卖文化衫，他说——这是詹姆斯·乔伊斯的原话——他说对待这个世界我有三个办法，第一个办法是沉默 silence，第二个办法是逃避 exile，第三个是耍点花招诡计，cunning。看明白了后我一愣，我以为他学过《老子》呢，因为沉默符合老子的不争不言的教导，"大音希声"，把他的声音控制住，没有什么声音。逃避是自我放逐，正符合老子说的"不敢进寸"但是"敢退尺"，我勇于"不敢"。什么叫勇敢呢？就是我勇于去"不敢"，我不跟你较劲。

也可以从反面来想，比如像日本的俳句是五、五、七，它总共十七个字，就这十七个字，怎么要求它都可以符合要求，做到这样的能算是小成，小成则可做得完美无缺，不是若缺，而是无缺。相反的《红楼梦》就做不到如此之精致完美，不是若缺，而是干脆缺了后四十回。

为什么大直若屈大盈若冲

"大直若屈"或者"大直若曲"，这个"直"，我想在古代的文字里和道德的"德"字是相通的，所以也可以把它解释成是一条很直的路，也可以把它解释成坚持原则、坚持道德的原则。但是要真正坚持道德的原则，你就必须照顾到各个方面，不是只照顾到一面，你必然不可能让每一方面都特别的满意，所以你又照顾这边，又要照顾那边，又要使它平衡，这样的话可不是看着反倒觉得你弯弯曲曲的。你怎么不能说一个很简单、很痛快的话：好，就好死了，坏，就给宰了！他不会这么说话，所以他说"大直若曲"，不可能都是正面，就像打仗一样，不可能都是强攻。

"大盈若冲"这个说法比较好玩儿，"冲"就是空虚，就是你越有东西，学问也好、财富也好、成就也好，你越有东西，你就越谦虚，就越显得空虚，好像你并不知道多少东西一样。这个话不是绝对的，但是这样的例子非常多，我们随便举几个例子，比如说西方发达国家，从头到脚都穿名牌，开的车也是最新名牌的，那都不是真正的有钱人，那是salesman推销员。推销员必须从头到脚穿最好的，而真正的大企业家，很可能就是穿纯棉的，穿很普通的服装。香港也这样，我认识一个香港企业家，他说他的一生每天中午就是一边办着公、开着会、办着事，一边吃着一个三明治，从来没有改变过。最近还报道香港那个女百万富翁龚如心的官司，龚如心她经常是坐公交车，自己连小车都不坐。我想她并不是吝啬，也不是故意的作秀，因为对于她来说财富已经成为她事业的一个象征，她个人的消费已经根本提不到议事日程上，她脑子根本就没有往这方面使过劲儿，没有往这一方面琢磨过，相反的她所追求的财富是她一生的一个事业、一个社会活动。

巧要靠拙功夫积累

"大巧若拙"，这个话有一点不太好找例子，因为好多情况下"大巧若巧"，比如说变魔术的台湾明星刘谦，他怎么会"若拙"啊，他就是大巧若巧。比如说一个功夫演员做的那些高难度动作，他也就是大巧若巧。但是要分析一下，也可以从另一个意义上来说，就是达到"巧"的这个过程，有时候是非常拙的，比如说现代化的交通工具飞机，这可以说是非常巧了，带上几百人能够飞那么高、飞那么快，而且尽量给你提供舒适，还要保证安全，有时候我觉得都不可思议，一架飞机从这儿起飞，十几个小时以后到了地球的那一面了、到了纽约了，你都不能相信是不是真的纽约。我头两次去美国的时候都有一种被骗了的感觉，我说怎么把我封到一个小屋里头，封了十几个小时下来一看：纽约，这不是骗人嘛！我不敢相信这个事。你说它非常的"巧"，可是恰恰是由于有这样一种很先进的工具，带来了多少麻烦、带来了多少手续、带来了多少啰唆，不论是制造飞机、驾驶飞机、乘坐飞机，都要有一套相当费劲的过程。当然也带来了一定的风险。

最近因为讲《老子》到咱们BTV来录像，我有了这个体会，电视技术这也是"大巧"，这都是古人所不能想象的，千里眼、顺风耳。我小时候看电影就觉得够神的了，弄出来一个画面会说话会走动，电视当然更不用说了——电视是建筑在不知道多少人的、有些甚至于是别人看来很啰唆的工作上面的。为了录一段有价值的节目,需要做多少看来拙笨至极的准备与后续工作。走路是最简单的事,人的衣食住行,"行"最简单,只要你两条腿完整;可是走路又是最慢的,从简便上说,走路最轻巧,从速度效率上说,现代化交通工具才是可取的。所以这个"巧"和"拙"之间是有一些微妙的关系。

老子喜欢把什么事都往反方面说,他说"大巧若拙",然后说"大辩若讷",也有这个问题——会辩论的人都是结结巴巴的,凡是结巴磕子都会辩论、都善于言辞?这个也说不通,相反的有许许多多外交家、政治家在讨论政治问题时,讲话巧妙同时又很有说服力,有这样的例子。但是有一种情况是:善于言辞的人并不急于、起码是不事事表现自己。这种言论上的能力、说服别人的能力,他不急于表现,对自己不舒服的东西就愿意听别人说,一个聪明的人他不但能够做到表达,而且能做到倾听。倾听的时候不是说很冲动地马上就要发表演说,我想他不是这样的。所以要是从这些方面理解呢,他倒是也有一些道理,他承认自己有所不知,他承认即使是擅长的东西,有有把握的时候,有没有把握的时候。没有把握的时候,他就要回答说:这个事情也可能这样,但是也可能有一种不确定性。别人听着就觉得他这人没有什么本事啊,他不能够预言这个事怎么发展——我想有可能有这方面的一些理解、一些想法。同时那些一言九鼎的人,他们对自己的话是负有重大责任的,他们要求自己的话说得准确准确再准确,他们说起话来,当然不如"名嘴"们巧。

曲则全,枉则直

再比如说"屈"或者"曲",就是弯曲的"曲"——"曲则全",你能够懂得弯曲,你就能够顾全大局,这样的例子也太多了。我们所说的"全"就是能够顾全大局，为了顾全大局你个人受一点委屈，你少说一点话，你做一些让步，这样的故事太多太多了。这些故事就发生在每天，就发生在我们的身边，我用不着举例子。

"枉则直"，好像是屈枉了，但正是因为你能够理解、能够接受这种有些时候会过度、会过分，有些时候会有曲折的过程，反倒这条路是最直的。这个很简单，开车也一样，你要求往哪里去都走直路，这是不可能的，从 BTV——通惠河北路上天安门，您要求直线走，这当然不可能，该拐弯的地方都要拐弯，这个也容易理解。

"洼则盈"，这是老子始终的主张，你把自己放在一个相对低下的位置，就好像一个大坑似的，这样的话各种东西能往你这儿流，如果你是一个鼓包，那你这儿一切的东西就只能往人家别处那里流。

"敝则新"，这个稍微费一点解，为什么越是老的东西、越是旧的东西，它有可能反倒是新的呢？他说的也是很有趣的东西，电脑的例子也是这样。

我想这个也不是绝对的，你不能说越老的东西，比如电脑软件，现在叫 XP，说这个 XP 不行了，说我必须还得用 286、用 386 那样的电脑才行，我想他不是这个意思，这只能在一定的条件下：第一，时尚未必是靠得住的；第二，有一些原理，比如说像"道"、像老子所主张的许多东西——要谦虚、必要的时候要退让，这些道理永远是新的，虽然它是很老的道理。老子离现在已经两千多年了，他不是新出现的一个思想家，也不是"八〇后""九〇后"，他是公元前、还不知道前多少年的人，但是他有他的智慧，他仍然时刻给人新的启发、新的滋养。但是"敝则新"就不能够绝对地说了。"少则得"，这话说得挺好，遇到什么事，你不能把那个最多的揽在你自己的怀里，少一点说不定你还能够有获取更多成就的空间，如果你一上来把金牌银牌铜牌全归你了，世界纪录、奥运纪录、亚洲纪录、中国纪录全归你了，你底下怎么办呢？他说"少则得，多则惑"，太多了你反倒迷惑了、挑花眼了，这些都比较容易理解。

悖论的分析

现在我们来探讨一下老子的这些说法。我们可以很简单地说这是老子的辩证法，这对不对呢？这当然是对的，老子在中国古代是非常讲辩证法的，但是他这个辩证法是怎么来的，他是怎么回事？也许探讨一下这个对我们不无启发，还是挺有趣的一个问题。我觉得老子特别喜欢做这种悖论，就是本来说了A，他偏偏说A不是A，A是B。他本来说了B，他说B不是B，B其实是A。他最喜欢做这种互相对立的悖论，从老子的整个书里，我们都会想到这个悖论在世界上是无处不在的。

为什么我们的生活里，在老子的论述中，到处是大A若非A，或者非A则A这样的互相矛盾的命题——悖论呢？我把它简单分了一下：

一种我说它是结构性悖论，就是世界上任何一种事物，任何一种特性、一种表述，都是既包含着正面的因素，也包含着反面的因素。我们盖大楼，大楼越高，它往下压的就越大，它的风险也越大，对地基要求的也越深，所以一边是越来越高，一边是越来越深，这已经是一个悖论，这是结构上的悖论。我们用电，电里有天线有地线有火线，如果是静电的话还有阴电阳电，有正极和负极，这也是结构性的悖论。我们病了吃药，药能治病，然而，同时"是药三分毒"，药理中有副作用的部分。迅捷的交通工具，带来了速度、效率，但是也带来了危险，越是迅捷，出点儿事故就更加不得了。

还有一种我称之为发展性的悖论，就是每一件东西，它都有可能向着它的反面发展，毛泽东最喜欢讲这个，他说：世界上一切事物无不在一定的条件下转向自己的反面。这样的故事也太多了,比如说一个很强的国家,在历史上耀武扬威几十年上百年,最后衰弱了,变成不怎么样甚至于灭亡了,这样的故事是有的。人也是这样,从出生成长有所成就到衰老,最后当然还会死亡,所以这是一种发展性的悖论。一个体育冠军,总会有从非冠军到冠军的发展过程,当上了冠军,无例外又有一个丢失冠军地位的过程。老子讲的"物壮则老",说明了壮与老也构成了发展性悖论。

还有一些我们值得研究的,我称之为价值性的悖论,就是你从这个观点上看,是有价值的,是非常正面的价值,但从另一个观点上来看,你可能觉得它这个价值又是可疑的。比如说周朝初年,武王伐纣成功以后,当时商朝有两个臣子伯夷、叔齐,这两人耻食周粟,就是不能领周朝的俸禄:我是商朝的臣子,好女不嫁二夫,良臣不事二主,我伺候的、我服务的是商朝,甚至于是商纣王。所以他们就上了首阳山,最后饿死在山上了。他们"采薇"而食,有人告诉我说,经过考证"薇"就是云南菜里经常有的蕨菜,说伯夷、叔齐就是吃的这个。对伯夷、叔齐,从价值上就有一个悖论,他们能够这么忠于自己的原则,活活饿死了都绝对不改变自己的原则,这让人肃然起敬,说他们有气节。可是另外一方面,从新兴的周朝来说,商纣王无道,他是一个暴君,他的罪行罄竹难书,他有炮烙之刑,他还挖了他叔叔比干的心,这样的人你还对他忠实干吗?再有,我们中国传统的道德里,一个是讲忠一个是讲孝,还要讲义——忠孝节义。忠孝节义在一定的条件下会相互打架,比如说朋友之间、同事之间,应该有义,但是有时候你要是对皇帝忠、对你的老板忠的话,那么你的同事你的朋友做的不利于老板的事情,或者是不利于皇帝的事情,你应该报告给皇帝、报告给你的老板,你要报告了,你不义,你不报告,你不忠。还有孝、孝顺,过去就连唱戏的都说"忠孝不能两全",你忠实地为皇上当差去了,你就无法承欢尽孝于双亲面前。

这就是某些时候的价值上的悖论。这种价值上的悖论，让你感觉到"这样好还是那样好"这种选择上的大问题。

一生真伪有谁知

再一种我称之为社会的悖论，就是对于做人处事上面的一种选择，你自己对自己的要求是不是被社会所承认呢？你觉得你非常的忠，但是有关的人士承认不承认你忠呢？这就很难说。这样的例子非常多，比如说不管是孔子还是先秦诸子，都特别佩服周公，孔子甚至于做梦都梦见周公了，可见他对周公的崇拜，但是周公有这么一个经历：他是周文王的小儿子，他哥哥是周武王，他对辅佐他的哥哥来取得天下、来治理周朝这个国家不遗余力，他的哥哥曾经得过病，在得病的时候——当然这是有一些迷信——他写了正式的文书向老天乞求说，把我的寿命减掉给我的哥哥，让他多活几年。古人认为寿命是有定数，写在生死簿上，他说我把我的阳寿一半给我哥哥算了，我明天死我也认了，他写了这个而且封到一个金属的容器里边，以示郑重。后来他哥哥死了，他把他哥哥的小儿子、幼子，大概非常小，应该继承王位的——抱在腿上来执政，做事一丝不苟，得罪了不少权贵。结果出现了许多的流言，特别是有两个坏小子，一个管叔、一个蔡叔就造出谣言说周公一直抱着这个小孩执政，说他最后要把他侄子废了，他要当国王。他自己也很胆小很害怕，听到这些流言就辞职了。辞职以后朝廷对他的舆论很不利，说哪有把侄子抱到腿上在这儿指挥一切，说你肯定有野心。结果赶上雷雨把那个金属的匣子给打破了，然后看到当年周武王生病的时候，他怎么样向上天乞求把自己的阳寿都给自己的哥哥，大家才知道他是真正的忠臣。

后来白居易有一首诗说"赠君一法决狐疑"，我有一种方法可以帮助你来判断不能判断的东西,后边接着说"试玉要烧三日满,辨材须待七年期",玉是真正的玉还是石头,放在火里烧,当然这个方法现在好像不太使用,你得连烧三天三夜,如果它没坏,说明它是真正的玉。要是考察一个人才需要七年,这个说得也玄点,你要是想任用一个人先考察七年,也什么事都耽误了。他底下又说"周公恐惧流言日",就连周公他也有害怕的时候,他大忠若奸,反倒像奸臣一样。"王莽谦恭未篡时",跟周公相反的例子就是西汉末年的王莽,当年他非常谦恭下士,但是最后他篡夺汉朝的王位自立为新朝,又被刘秀给灭了。"倘使当时身便死,一生真伪有谁知",你要死得早些呢,你是真是假也就无人知道了。我说它是社会性的悖论就在这儿,有时候一个特别好的人,社会上不认可,就像周公似的,周公他是一个非常好的人,但是朝廷里不认可,朝廷里反倒认可管叔、蔡叔所散布的那些谣言、那些流言蜚语。王莽本来是一个大坏人,但是由于他谦恭下士,所以就说这个人好得不得了。还有伪君子、还有被屈枉的人,这种事情就更复杂了。

还有比说周公、说王莽更接近一点的例子,就是明末的袁崇焕,有许多学者研究这个问题,在姚雪垠先生的《李自成》里,他描绘了这个事件,在金庸的小说里,他也运用了这个素材。袁崇焕当时替明朝抗清,他屡有战功,但是最后据说被陷害,宣布说他是内奸,这个情况现在听起来是非常刺激的,说本来已经确定了他要"夷三族",倒不是"九族",就是他的亲戚朋友什么的全都要杀,最后又决定"凌迟",就是千刀万剐,拿小刀一点一点地割——这当然是在中国的那个时候,现在判处死刑绝对不允许用这种方法,非常不人道的。但是当宣传他是汉奸以后,老百姓恨得不得了,说是他把满清军队引到北京来的,上去一大堆人咬他。

你的判断——像刚才我们说的成和缺、直和曲、盈和冲、巧和拙、辩和讷,这判断的过程不是直线进行的,不是说就像选择题似的

ABCD，哪一个对，电脑就能判卷子：你选的对就是对，错了就是错，不是！而常常会有是非莫辨、真假莫名的情况，也就是说一个人的实际情况，或者一个人的成就和周围的环境对他的印象、对他的评价，可能一致也可能不一致。

不能急于求成一条筋

所以我觉得老子的这些理论里包含着这么一部分内容，就是一个人不要急于求成，你不能单线思维、就一条筋，一个人尤其不要表现得自我膨胀、太过分，他老是提醒你"大成若缺"，如果你做了很多的事情，肯定还会有很多缺点，你有很好的辩才，你肯定也有话说得不利索、打磕巴、甚至自相矛盾的时候。你是一个极其聪明的人，但是你也肯定有办傻事的时候，我们老百姓也都懂这个，所谓"智者千虑必有一失"，你什么都想得周周到到，但是肯定某些事你会想不到，"愚者千虑必有一得"，一个愚傻的人，他比你傻，但是他在一千条意见里边九百九十九条都错了，也有一条硬是比你好。

这个说法也非常的有趣，我愿意从这一点顺便说一下，我谈老子，当然毫无疑问我要努力地去理解去领会去消化老子的这些主张，但是我聊老子呢，又是如我一开始所说的，是用我自己的生活经验、用我自己对问题的思考，对老子做一个补充、做一个讨论。最近冯其庸先生还给我打过一个电话，他说他因为眼睛不好，我的书看了一点，没怎么看，但是咱们这节目他每到礼拜天都会非常认真地听，他就觉得许多许多人解释老子都是"以老解老"，但是你王蒙解释老子是"以王解老"，你用你的生活经验解，就比较有某些新的发现。

我就从这个"大成若缺"、"大直若曲"，还有"曲则全，枉则直，洼则盈，敝则新，少则得，多则惑"——从这里我又很喜欢研究一个问题，就是为什么一个人即使做出了许多好事，但是有时候周围环境对他的评价往往会有些距离，这种原因在哪儿，特别是如果他的主张就像老子这样，其实很难被大众所接受，这又是怎么回事儿？所谓的社会性悖论，其关键在什么地方呢？

论臭皮匠与诸葛亮关系的多种可能性

我想到一个很有趣的话题，老百姓常常说"三个臭皮匠，凑成一个诸葛亮"，这话的用意极好，就是说我们要集思广益，群言堂，不要搞一言堂，不要成霸王别姬——你一个人说了算，最后你孤家寡人，剩下只能"别姬"，没有别的办法了。这用意非常好，但是我们分析一下，是不是三个臭皮匠准能凑成一个诸葛亮？我觉得这里头起码有这么六七种、七八种情况。

第一种情况，就是三个臭皮匠确实比诸葛亮聪明，这个完全可能，因为臭皮匠生活经验多啊，上次我们讲"知白守黑"的时候讲过"卑贱者最聪明"，最起码在怎么做鞋做皮包上，他们肯定比诸葛亮强。诸葛亮在三分天下、打仗上，可能比那皮匠有经验，但给你一张刚宰完牛的生皮子，让你鞣皮子、让你做一双靴子，你做得了吗？你肯定做不了，所以这是一种情况。

第二种情况就是臭皮匠和诸葛亮各有各的长短，寸有所长、尺有所短，诸葛亮不见得什么都成。臭皮匠也不见得什么都差。皮匠中隐藏着大量人才，当然可能，英雄造时势，时势造英雄，时势来了，某皮匠成了诸葛亮，时势去了，诸葛亮能踏踏实实地一边去当皮匠做箱包鞋靴，也就不错了。

第三种情况是，这三个臭皮匠凑到一块还是一个臭皮匠，他们没有那些知识，你数量相加是没有用的，别说三个臭皮匠，你三百个臭皮匠更凑不成诸葛亮,三百个臭皮匠打起来了,对事情的看法各不一样。

我还要说句不好听的话,有第四种可能:三个臭皮匠灭了一个诸葛亮,这也很难讲。三个臭皮匠一举手,说这个诸葛亮,他那主意都不行,他根本连做鞋都不会,他能干什么啊,我们把他解雇了算了,那他就被解雇了。这也是一种情况。

还有第五种情况:一个伪诸葛亮欺骗了三个臭皮匠。伪诸葛亮他本身是个坏人,他骗人,他是会道门,他是邪教,很容易就骗了三个臭皮匠,最后三个臭皮匠说,哎哟,我们找着诸葛亮了,结果那假诸葛亮是骗人的,所以一个坏的诸葛亮,在最坏的情况下骗了三百个或更多的臭皮匠,毁灭了三个真正的能凑成诸葛亮的聪明的好皮匠,这可能吧,是不是?我是一个伪诸葛亮坏诸葛亮、我是一个邪教头子,我凑了三百个人,我把那个真正能凑成诸葛亮的三个好皮匠给排除掉了。

第六种情况:许多个自称诸葛亮,各拉了一批臭皮匠,或许多拨儿臭皮匠,各拉各树一个诸葛亮,搞得天下大乱、群雄并起、争权夺利、莫辨真伪……

所以在我们谈到什么"大成若缺,大直若曲,大盈若冲,大巧若拙,大辩若讷",说到什么"曲则全、枉则直"这些的时候,我们还要想到我们的判断,像我们这种臭皮匠的判断到底是不是绝对的可靠,到底是不是一定能够道出巧与拙、辩与讷,或者是盈与冲或者成与缺的这个界限?不一定!

所以我们从老子的相反相成学到聪明——他就好像故意跟你作对似的。实际上我们要知道人的认识过程本身就是有矛盾的,就是有悖论的,老子所说的巧、拙,都是人的一个认识,这个认识想一下子就让它符合客观规律,让它一下子就能够分辨清晰,并不是那么容易的。所以这就又总结到什么上来了呢?这个悖论——这个逻辑本身就是有悖论的,世界上的事儿就是有一种认识论上的悖论。为什么必须讲辩证呢?或者用我们中国的传统说法,不叫辩证,而叫机变,随机应变,与时俱化。

因为任何的全称肯定和全称否定本身都含着否定自己的因素。在数学里有一些非常有趣的悖论,有一种叫"谎言悖论",说一个说谎者宣称:我所说的话全部都是谎话。这种情况下怎么办?你认为他是正在说谎还是在说实话?至少这句话他说的是实话,如果他说的是实话,说明他不是说谎。这叫"说谎人悖论",就是把自己全否定了,那这个否定本身能不能否定?如果也否定了,那等于我说的全是实话,你如果说不否定,那等于我是就连这个说自己说谎的话也变成了谎话,负负得正,这么一个道理。所以这个逻辑上就是有悖论的。还有一个很有名的悖论叫"理发师悖论"——昨天我刚刚也剪了一下头发——什么叫理发师悖论?说一个理发师他宣布他只给"不给自己理发的人理发",就是说我给谁理发呢?我只给不给自己理发的人理发,比如说你自己不会给自己剃头剪头发,那我给你剃。这里就产生一个问题,你这个理发师给不给自个儿理发?你要给自己理发,你就违背了你"不给"给自己理发的人理发的这样一个原则,你要不理发呢,你又违背了"给"不给自己理发的人——说绕口令呢——理发的这个原则。这是非常有名的悖论、数学悖论,这是罗素提出来的找别扭的数学。

所以事情本身已经包含着一种自相矛盾的因素,巧和拙、直和曲、辩和不善言辞,这中间已经包含了许多的矛盾了,再加上社会上的复杂性、社会人际关系的复杂性、利益关系的复杂性,所以就让人有时候摸不清了。这些故事更说明既有逻辑上的悖论,又有价值上的悖论,又有结构上的悖论,又有发展当中的悖论,又有认识论上的悖论。在这种情况之下,老子提出一大堆相反相成的例子,在某种意义上是他在教人聪明:你不要把任何一件事做死做绝,你要留有余地,你要可以经得起——可以来回地折腾、可以来回地分析。基本上是让人能够走得比较正常、走得比较好。老子有这样的意思在里头。

为什么 A 常常不像 A

老子底下又说了一些话,也是这么相反相成的,他说"故建言有之"——这是在第四十一章,他说现在已经有这样的一个说法了:建言,就是已经有这样的言论,已经有这么一个说法了。"明道若昧",非常光明正大的道理,但是听起来还有点昏暗。"昧"就是不明朗,就像我刚才讲的三个臭皮匠,为什么有时候能灭一个诸葛亮呢?三个臭皮匠他要求你对事物做最简单化的判断:好人、坏人,拥护还是反对,往前走还是往后走,是杀了他还是放了他?要求这种最简单的判断,但是世界上有许多事不是能够做出最简单的判断的,你对他稍微具体分析一下,说这个事儿是对、是不对、是应该怎么做、是不应该怎么做的时候,他马上觉得你不明朗,他觉得你昏暗、觉得你糊涂,或者觉得你装糊涂,或者觉得你用这个糊涂的方法来骗我,你心里面本来非常明白,但是你为了骗我故意把它说得不那么明朗、不那么明确。所以老子说"明道若昧,进道若退",本来我目的是往前进的,但是我"进道若退",有时候我为了避免由于冒进把这个事儿反倒办砸了,把这个事儿反倒弄坏了,在这种情况之下我稍微往后退缩一点,或者说要有一个反作用力,我的目的是为了向前冲,我先往后使劲,我先得脚踩着起跑器往后用力蹬,这就是"进道若退"。

"夷道若颣","夷"就是平的,本来是很平直的道路、平坦大道,当年有个歌叫《我们走在大路上》,我们走在一条平坦的大路上,"颣"就是小路,弯弯曲曲的小路,它没做任何的解释,一条大路怎么会变成了弯弯曲曲的小路了呢?就因为世界上的许多事情曲折,甚至于走一个环形的道路实际上是必要的,所以说"夷道若颣",本来是一条最平坦最平直的道路,但是由于你的不理解,你觉得我好像在里头使了什么花招,朱熹说:老子心最毒,老子把事情的真相告诉你了,朱熹说他的心太毒了,说他怎么这么辩证啊,辩证起来害起人来,这还了得!

"夷道若纇,上德若谷",最高的德行显得非常低下,因为他不拔分儿、他不吹嘘、他不给自己经营头脑上的光环,他也不耀武扬威,所以他"上德若谷",他好像是比较卑下的、比较谦卑的一个山谷一样。"大白若辱",你最纯洁、你最干净、你这一辈子没干过肮脏的事情、你没有干过丢人的事情。可是你要是真做到这一步,反倒有人怀疑,说怎么别人都有毛病,他怎么没这毛病呢,别人都蝇营狗苟,他怎么不蝇营狗苟啊,别人有便宜肯定就占,他怎么有便宜不占他躲开走啊,他耍花招啊!说这小子更坏、更阴,他会引起这种看法。

大仁若伪,大智若妖

当然这是另外一个复杂的问题,鲁迅就说过《三国演义》里写的刘备特别希望表现仁义,比如说他撤退的时候,为了维护老百姓,走得非常慢,结果自己遭受了很重大的损失。可是他过于仁义了就"似伪",大仁若伪,就是别人看着他觉得假,所以到现在民间还流行认为刘备这个人假、刘备摔孩子邀买人心,赵云为了夺这个阿斗,几乎牺牲了自己的性命才把阿斗救回来——不过这里的描写是有点过分了,过犹不及——刘备反倒把这个孩子往地上一扔,说为了这个小兔崽子,把我这个大将都差点没给搭上。这里他就显得伪。鲁迅说书里面还要表现诸葛亮的多智,但是这个智也太过,"近妖",觉得像妖精了,他不像一个活人了是不是?又能够呼风唤雨,又是穿上八卦衣,披上头发,拿着七星剑冲天一指,然后东风就刮起来了,那是法术,也成了邪教了。

在这里老子讲的就是:你如果达到了超常的纯洁——"大白若辱",你反倒好像有污点,这里也许我不需要很多的例子,咱们琢磨去吧,慢慢体会。他说"广德若不足",你的德行太广了,你人人都帮助,你见一个帮助一个,好人你也帮助,坏人你也帮助,上级你也帮助,下级你也帮助。这样的话大家觉得他更不够了:一开头他帮助我,我很高兴——我用最粗俗的说法:他帮助我一百块钱我很高兴,后来我一听他昨天帮助了姜华一千块钱,我又不高兴,变成了对他的埋怨了,我比姜华困难多了,你帮助她一千,起码你帮助我一千五,我这就不说你坏话了。所以,"广德"——你要广施恩德,你照顾不过来,你反倒就"不足"。"建德若偷","偷"就是你鬼鬼祟祟的,有些不那么光明正大,你本来是很建设性的、很光明正大的、很利他的为别人着想的,但是你这样做得多了以后,别人就老觉得你有阴谋诡计,说你一天勤快也行,你天天这么勤快——我怎么就那么懒呢?你天天这么勤快,你一定是有什么所图,你一定有自己的小算盘、小九九。

"质真若渝",你是货真价实的、你是实话实说的,但是别人做不到,你太超前了,你太突出了,你鹤立鸡群,那大家谁还信服你啊,谁还听你的?所以老子他简直什么都讲到了,他讲如果什么事你做得太好了,做得太使劲了,反倒变得不好了。当然,该怎么办?他也没说,这本身就又是一个悖论,这是一个什么悖论呢?这是一个利益的悖论,本来是你事情做得最好是最符合你的利益的,但是你做得最好了以后,反倒不能取信于人,至少是不能取信于臭皮匠,这种情况之下,反倒损害了你的利益。我们能得出一个什么结论呢:既然这样了,那你是什么水平、我也就是什么水平就得了,我别要求自己高了!我想老子也不是这个意思。世态人情有这一面,他讲得让你觉得老子不愧是老子,他挺老到、挺老谋深算,他看到了事情的这一面。

大方无隅还是外圆内方

所以底下就说"大方无隅",特别方正它没有角。这个"大方无隅"我说数学上好解释，因为你是一个无穷大的正方形，和圆形一样，圆形正方形五边形六边形没有区别，直线和圆弧也没有区别，因为你已经到了无穷大了。当然老子不太可能在那时候从数学上、从微积分、从极限的原理上来考虑"大方无隅"，但是我们可以明白地判定，一个胸怀广大、包容性极强的人，显得圆滑而不够方正。可以想一想，我们中国人在方和圆这个问题上，还有许多好的说法，比如说为人方正，这是一个好话，也有一个说法叫"外圆内方"，就是内心里非常方正、非常有原则，但是我处事、接触一般的人，尽量用一种相对不和人发生刺激的、发生对立的、比较随和的态度来处事，但是心里是有底线的，有些事是打死我也不能做的，违法乱纪我是不能做的、贪污公款我是不能做的、欺压百姓我是不能做的，但是一般的情况之下，我不显得走到哪儿都那么"事儿"，或者走到哪儿都显得那么强硬，或者走到哪儿都显得那么"各"，我不这样。我"大方无隅"，"隅"就是角。

晚成还是免成

"大器晚成"，要成为一个大的材料，成为一个有大用的人，你别着急，你慢慢来，马王堆版《老子》上把"大器晚成"干脆写成是"大器免成"，就是你追求那个最大的材料是永远不会成功的，你只有一个过程。这个解释也很好，晚成、免成都可以。

"大音希声"，我现在一下子还不能很好地理解，但是我们可以说"大音希声"和后来庄子发展的对天籁的想法是一样的。天籁，你可以听不见，但是在整个世界的运行当中，就像交响乐一样，它永远在那里运行着。"大象无形"，这有点抽象，它不是具象的东西，但是它表达了人的思想、表达了人的感情。"无形"，你也还可以理解成你所追求的那个大道、那个大的成果，这不是在表面上就给你、可以像一个工艺品一样摆在桌子上，说这就是我的成绩！我没有这种成绩，但是我的成绩是更大的。

"道隐无名"，这个话是非常好的，真正的大道，它是隐藏在、是埋没在各种事物发展的后边，你一下子看不出来。这对我们是一个启发，我们要做一个符合大道的人，我们就不能追求自己的名声，不能追求自己的利益，要做符合大道的事情。"夫唯道，善贷且成"，只有"道"能够真正帮助别人，而且能成就许多的事业。

第十六讲：
大国之道

大国怎样才能长治久安

《道德经》主要是针对当时统治者的，所以这里边暗含了很多治国的理论。老子他有自己的一套想法，他和当时春秋战国的各个诸侯国家那种富国强兵、会盟争霸，还有各种的治国之道、用兵之道有相当大的区别。他老想着用他的所谓"大道"能够把国家治好，能够把天下弄好。这里我要说明一下，那时候中国人还没有世界这个观念，也没有世界地图，当时认为四海之内皆兄弟，认为中国是唯一的、最大的、最文明的国家，周围有一些海洋，还有一些所谓番邦，就是一些少数民族或者是相对生产力发展的弱一点的文明，没有完全成熟的一些地区。再往远不是山就是沙漠了。所以当时说的"天下",实际上主要是指咱们的神州大地。另外他当时所说的"大国",跟现在咱们说的大国、超级大国完全不是一个概念。他实际上说的大国,无非就指的是像秦国、像齐国、像楚国这几个大国。

可是我们在研究老子这些道理的时候,又往往会自觉不自觉地把他这个"大国",跟现在的"大国"联系起来,把他的"天下"和现在的世界联系起来。这个你是禁止不住的,我们读古书的目的,并不仅仅是为了回到古代,而是从古代汲取一些智慧,为什么叫"老子的帮助"呢,来帮助今天、来帮助今天的世界、来帮助今天的中国、来帮助今天的个人。

我们来看看老子讲了一些什么样的关于大国、关于长治久安的道理。在六十一章老子说"大国者下流",就是越是大的侯国,越应该把自己的地位放得下一些。"下流"现在是一个难听的词、是一个骂人的词,当时说的下流是把自己放在下边来运行,给自己摆正自己的位置,不要高高在上、不要耀武扬威、不要欺压别人。"天下之交,天下之牝",他这个想法可是挺好,他说为什么是一个大国呢,就是普天下各个侯国都在你这儿交汇,这还有一点开放性,是海纳百川的概念,海为什么能纳百川呢?因为它靠下。他说"天下之牝","牝"本来是指女性的生殖器,他说这就是"大道",他讲过大道的品格就像女性的生殖器一样,因为它孕育着生命,而且它经常处在下边,它经常处在相对比较安静的状态,所以他用牝来讲一个大国应该采取的姿态、应该采取的态度。"牝常以静胜牡",雌性常常靠自己的安静胜过雄性,女性生殖器由于相对静止一些,反而比男性生殖器更有力。老子把性的问题哲学化了,从性事中研究哲学,其实早在《周易》中,我们的先贤就喜欢从性事中寻找大道哲理。

这也是老子反复说过的话。"以静为下",怎么样能够显出来你是谦卑的呢？你没让自己死乞白赖地闹腾，因为你相对静一些。这个体会我觉得还非常可爱，就是你太闹腾，别人怎么看都不像谦虚的，你闹腾得太厉害、你动静太大，比较不招人喜欢。相反的，你平常能够稍微控制一下自己的言语、控制一下自己的表情，你多看看多听听，也就是因为"静"，所以显出来"下"。

大国与小国

他说"故大国以下小国，则取小国"，如果大国对小国是抱一种非常谦卑的态度、抱一种我尊敬小国的态度、抱一种克己的态度、抱一种退让起码是谦让的态度，这样的话你就能赢得小国的信任乃至于听从。什么叫"取小国"？我谦卑以后就把你占领了？那可不行。但是至少我能赢得你的信赖，我说什么话你爱听，你知道我的主意对你是有好处的，有信用、威信或者是很好的友谊，至少得到了小国的友谊吧。"以下小国"，你要得到小国的友谊；你要压小国，那你得到的肯定是反抗，即使口服它心也不服。

"小国以下大国，则取大国"，什么意思呢？就是说你这个诸侯国家相当小，但是我对待大国也从来不故意挑衅，我不膨胀自己，我也不在那儿瞎忽悠，这样的话我也能取得大国的信任、取得大国的好感、取得大国的帮助、取得大国的友谊。

他是讲当时的诸侯国家，但是即使我们不说大国小国，我们说一个大公司小公司、我们说一个大团体和一个小的团体，甚至一个大人物一个小人物，也有这么一点道理，虽然不是绝对的。如果你一无可取，你本身什么用处都没有，要学问没学问、要干劲没干劲，你光知道"下"，你光见人就鞠躬、见人就作揖、见人就下跪也不行。这当然不是绝对的，但是他讲的这一部分道理有一点意思，他说"故或下以取"，"下以取"就是"取"的目的在先,"下"在后,达到了目的,也就是我为了"取"而"下"。或"下而取",就是因为"下",下在先,自然而然我赢得了你的信任。他这里都强调一个"下"字,"下"是什么意思呢?就是大国不可自大、大人物不可自大、大公司大团体都不可自大,而宁可克己一点,有什么利益多想着别人、多想着弱势,我想这对今天的人也是有教益的。

他说:"大国不过欲兼畜人,小国不过欲入事人。夫两者各得其所欲,大者宜为下。"这个说得也很好,但是这也有一点理想主义。他说大国追求什么呢?你追求的就是——你还要多多照顾到别人,你要兼容并包、兼容并蓄,你能够给更多的地区、更多的百姓以帮助,你要求的不就是这个吗?你要求你的大国得到信任,你的目的不是为了更多的福祉吗?这是一个理想,当然老子就没有提大国也可能有霸权主义,大国也可能剥削小国,大国也可能压迫小国,大国也可能损害小国、歧视小国,老子就没有讲这一方面的问题了。他说你"不过"——这"不过"两字是老子的理想,并不是实际。

他说"小国不过欲入事人",小国无非是想把大国服务好了,取得大国的信任,一边愿意多给大家谋福利,一边愿意好好地得到你的信任、跟你搞好关系,也得到你一点好处,这么一凑合不正合适吗。这个多少让人感觉有一点忒天真、忒往好的说了。当然没有关系了,这是老子所提倡的,虽然很难以做到,他提倡这个而不是提倡白刀子进红刀子出、不是提倡今天我宰你明天你宰我,我觉得这也还是好的,双赢。老子就说大国和小国应该双赢,应该各自达到自己的目的,这是他的希望。

越大越谦虚

但是这里头有一个前提"大者宜为下",就是你越大越要对自己要求更严格,你越应该更加谦虚,你更应该照顾小的利益、弱者的利益。我想这话倒有一点经验之谈,因为说老实话,越是弱者弱势他越容易有一种敏感、容易有一种警惕,比如说你是姚明,我跟你合伙打球,那我不放心,我老觉得我非吃大亏不可,胳膊肘一碰,没准我这肋条骨就断三根,你一个盖帽儿,球往下一压没准就把我压扁了。所以弱者往往处在一个比较警惕、比较计较,有时候甚至于就是比较不自信的状态,他老觉得他可能受强者的欺负。小的人物、小的侯国、小的地区,他老怕吃大地区、大侯国、大人物的亏。所以为什么老子提出来你越大越要把自己往下摆,应该说这个话有他的经验之谈,也有它深刻的道理。当然老子还没说到比别的侯国大的多,你兵强马壮、你财富滚滚、你硬实力软实力你什么实力都比人家强,你就让着点儿,优势还在你这儿呢,也没什么损失。所以这个"宜为下"在某种意义上是一种自信的表现,越是自信的人他越对一些小得小失、排名前后,他对这些东西不会计较的,因为他非常的自信。

老子在第二十三章里说"希言自然",像"大音希声"一样,"希言"——少说,是合乎自然的。孔子也说过这个话"天何言哉?四时行焉,百物生焉",天说什么话呢?天嘛话也没说,春夏秋冬,该过的就这么过来了嘛,该下雨该刮风该出太阳,该出现什么物种物品,人家该办的事都办了。所以老子也讲"希言自然。故飘风不终朝",就是一阵大风它吹不过一个早晨,我不知道老子是根据什么地点,是不是根据河南,因为当时东周建都在河南这边、洛阳这边,他说即使刮大风也很难连续刮一个早晨。"骤雨不终日",要下暴雨很难从早晨一直下到晚上,下一整天,它中间总会停几次。这倒是,北京过去夏天七月份有很大的雨,所谓很大雨、所谓连下一周,它也不是老那么下,大一会儿小一会儿,停一会儿又下一会儿,它也是这样。他说"孰为此者",谁决定了大风刮不满一个早晨、大雨下不满一个白天,这是谁决定的呢?是"天地",天地的本性就是这样。他说"天地尚不能久,而况于人乎",连老天死乞白赖地刮大风、下大雨都不可能久,何况是人呢?

高潮化与正常化

这段话我觉得讲的对。治国平天下也挺有意思,如果我来谈我的个人的体会,我觉得就是说做任何事情,那种高潮、那种拼命、那种在高度兴奋状态下所做的事情不可能长久,你还是要有一个正常的秩序、要有一个正常的节奏,一定还是要有快有慢,你不可能老是处在一个绝对的高潮当中。比如说在战争当中、在革命夺取政权的时候,有时候确实出现这种高潮,我们过去在"文革"当中经常重复的一句话,说"革命时期一天等于二十年",这种一天等于二十年的现象也许在某个时期会出现,但是你不可能天天等于二十年,你一年三百六十五天天天等于二十,你这三百六十五天等于多少年了,我都算不出来。所以老子就以飘风和骤雨、以暴风雨为例,说明我们治国也好、处理一些事情也好,要有正常的速度,要维持一个匀速,用现在的语言就是维持一个可持续发展、维持一个科学发展,你不能老是只求快、只求数字、只求那种超常的速度。

关于速度

我们国家在制定国民经济计划的时候常常要做的是:又要保持相当高的速度,又要适当的平衡,不要让它过快,不然就是要付出代价——用的力过多造成快了一段,然后又出现了新的矛盾、新的问题,咱们宏观调控也讲这个。所以我们也可以说,老子是通过风风雨雨、通过天地,来讲世界的大道本身就是要有所调控的,就是要有一个正常的速度和节奏的。

谁能做到报怨以德

老子在六十三章又提出来"为无为，事无事，味无味。大小多少，报怨以德"，你要做一些事，比如"无为"——我愿意把它解释成：不是说你什么都不干，而是你做一些让大家能发挥出积极性、自然而然地去努力做的事情，不是你把所有的活儿都包在你这儿，不要包打天下，不要包揽一切好事，而是发动各个方面的力量，要使人尽其才、地尽其力、货尽其用，让各个方面的力量都自己能够发展起来。"事无事"，这个"事"有两个意思，一个是做事、一个是麻烦的意思，就跟英文 affair 一样，affair 可能是好事，但在很多时候指的不是好事，它指的是并不好的事。"事无事"在某种意义上说，就是你要做一些使那些麻烦的事情越来越少的事情，你这个统治者、你这个当政者、你这个侯国的国王、你这个大臣能够做到把很多麻烦消化掉消解掉，你所从事的这些事情、你所提供的这些服务，我们用一个比较熟的话来说吧——当然这个话也并不准确，我们姑且这么用一下——就是说能够大事化小、小事化无。我知道我们行政干部里经常也说一个话，比如说那个地方上的领导，或者一个具体单位的领导，说他消化能力很强，他能化解许多矛盾，不是说什么事都往上折腾，都得要求变成全国的大事，而是尽量把各种人民内部矛盾能够该调解的调解、该处理的处理，这不就是"事无事"吗？你从事各种事情的结果，使天下无事，老百姓安安心心地、平平安安地过日子，这不是更好的政绩吗？

"味无味"，我的理解就是不搞强刺激，你在掌握着政权的情况之下——当然外敌入侵了，那没办法，那不是你要刺激人民，是外敌要侵犯你，他要刺激你——"味无味"这也是生活上的一种态度，就是说要做到从生活上不受这种挑动、不受刺激、不受干扰。我知道北京人过去有一个说法，他们在除夕的时候吃素饺子，至少有一部分老百姓这样，他们的说法一个是素饺子是为了祭奠祖先，还有一个说法吃素饺子的意思就是希望我们的日子过得素素净净，也就是不在我们的生活当中出现那些麻烦、出现那些灾难、出现那些祸害。我不被人诬陷，我自己也不进陷阱，没有大起大落，希望过正常的生活。当然了，我们也可以谈另一面，说人还应该要冒险，应该不羁，说人生能有几次搏，要奋斗、要敢于尝试，还要上太空、还要上月亮。当然这是事物的另一面，但是作为普通的老百姓来说，他希望日子过得素净一点，这可以理解。在贵州它不叫素净，因为我没有在贵州生活过，但是我曾经很喜欢读贵州有些少数民族的作者写的小说，他在小说里就干脆说"平淡"，他的日子过得很平淡。从我的经历我的教育来说，我不喜欢平淡这两个字，因为我从小经历了历史的暴风雨，新中国的建立，可是后来我看了贵州朋友写的小说，我就知道平淡的滋味其味无穷，平淡就是按非常正常的路径各安其位、各安其业，和谐社会，共同奔小康。这是一种平淡，是老子非常理想的。

老子认为春秋战国的时候，各个国家花样翻新，各种邪招怪招都有——咱们少玩点儿这个吧，咱们该干什么干什么行不行？我觉得老子说这些话的时候，他甚至于有一种向天下呼吁，吁请各位君王、各位有权有势的王公贵族，你们少折腾一点儿。他有这个意思。然后他说"大小多少，报怨以德"，"大小多少"都是互相转化的，都是变来变去的，有时候你看见这个事很大，它将来有可能变得很小，有可能现在你的财富你的兵员很多，但也许将来它会变得很少，因此大小多少都是来回转化的。他提出一个口号，叫"报怨以德"，现在这个词仍然存在，我们现在一般说"以德报怨"，这就和我们曾经有过的、也是古人的说法"以其人之道，还治其人之身"不同。我想"以其人之道，还治其人之身"

主要指的是在革命斗争、敌我斗争这种问题上对待敌对的阶级、敌对的势力,不能够讲仁政,我们不能够书生气,不能够说是对方要打你的左脸,你把右脸也伸过去——我们过去一块儿工作的同事也笑我,说左脸打完了,你把右脸伸过去,人家毫不客气照着你右脸啪又一嘴巴,问你怎么办?但是作为执政党、作为执政者来说,他又不可能什么事都是"以其人之道,还治其人之身",那就永远是针尖麦芒、永远是冤冤相报,冤冤相报何时了?我们现在有时候对中东的问题就发表这样的意见,就是说你不能够光以其人之道还治其人之身了,有些时候如果有一点老子的思想"报怨以德",有一点你对我不好不等于我一定要对你不好,你对我不好我仍然争取对你好。

曹操曾经有话,这是《三国演义》上的话,符合不符合正史我也不知道,说是曹操有一个做人原则:宁教(叫)我负天下人,不教(叫)天下人负我——宁可我对不起你们全体,我不许你们谁对不起我。作为一个奸雄——实际上曹操并不是这样的人,这是另外的问题,在《三国演义》里头把曹操写成这样的人,这么一个以自我为中心的、自私自利的、完全不考虑别人利益和感受的一个洋洋得意的野心家——说他的原则就是我对不起你行,你不能对不起我。

但是我们也可以尝试一下老子说的,我不以眼还眼、以牙还牙,而是以德报怨,来逐步地改善人际关系的氛围。甚至于我们也可以从另一个角度上说,你如果有负于他人、你对不起别人,你的良心上是受谴责的,你晚上睡觉是不踏实的。如果别人欠着你一点人情、欠着你一点行善,相反的你倒没有什么不满足。你回想一下,比如说你老了,你也七十了、你也八十了,你到了晚年,你需要临终关怀了,你想一想——我这一辈子有几件事挺窝囊的,但是我没有害过别人,我没有给别人造成不可挽救的损失。我想这是一种相对比较平安、比较满足的心情。相反,如果你到了晚年,一想起来都是你整天害人的那些事,我想那是很不幸的。

所以老子的这个"报怨以德",尤其是对于掌握了政权的人来说,能够最大限度地团结大多数,这其实也符合毛泽东主席讲过的调动一切积极因素,同时把所有的消极因素努力变成积极因素。我觉得这个化消极因素为积极因素的提法,是一种长治久安的提法,也是一种报怨以德的提法。

脚踏实地

老子底下又接着说"图难于其易。为大于其细",天下难事必作于易,天下大事必作于细,就是你想办一件很困难的事,你先从最容易做的事做起。这个是很符合常识的,你想做很多大的事,一下子做不了,你先看哪个能做你先做,你别等着说你想写伟大的作品,你想一下子能够写出二百万字的一部大的长篇小说来,你写不出来!你先从短文开始,你先从小东西做起,你想帮助世界,你能不能先从帮助你的同事、帮助你的邻居,甚至于帮助你的兄弟姊妹、帮助你的父母,从这些地方做起。他说想做一些大事——"细"就是小——你从小事做起。这一点上,老子又不像只讲"大道",大而无当,讲得很抽象,"玄之又玄,众妙之门"了,这里老子很实际,在这一讲里边他好像涉及很多非常具体的方法,告诉你怎样做。

诸葛亮是并不讲老子的,但是诸葛亮的《出师表》里提醒后主刘禅刘备的遗言"勿以善小而不为,勿以恶小而为之",你做一件好事,不要因为事太小了不做,因为大事都是小事积累起来的。"是以圣人终不为大,故能成其大",这又是老子的话了,他说圣人就老不觉得自己多么伟大,所以反倒他就"成其大",就跟前两次我们说过正因为他无私,他能成其私。你不把自己往伟大里搞,你可能还有伟大的时候,把牛皮吹得快要爆炸了一样，你反倒就伟大不起来了。

治国不能忽悠

"夫轻诺必寡信，多易必多难。是以圣人犹难之，故终无难矣"，如果你想得太多、你的允诺太多，你反倒丧失了信用，别人不信你了，你吹的、你要干的事太多，你都是大话，你就寡信，丧失了公信力。你把什么事看得非常容易，"多易必多难"，你看得太容易了，你没有做好各种的准备，你没有足够的实力去解决这些困难。"是以圣人犹难之"，圣人把每件事都想得相当困难，"故终无难矣"，这种情况之下反倒就没有困难了。

这些道理现在看起来都很实在，也都应该是很容易理解，和老子其他的很多道理相比，并不特别的新奇。我觉得他讲的话，从反面来说倒是给我们一个很大的教育，什么大的教育呢？就是说"圣人终不为大，故能成其大"，但是我们反过来看看，世界上有一种人，就是老想把自己搞大，老要往大里吹，死活要往大了吹，这种人有时候也会使我们上当。中国有一个词、我非常喜欢这个词，叫"大言欺世"，就是你的话说得太大了，你能够欺骗这个世界，这样的事我可是碰到的太多了。

小谎易破与大谎难缠论

有时候我们需要讨论一个现在还不能够做出非常准确判断的这么一种现象，什么现象呢？就是小谎容易被拆穿，而大谎有时候反倒能蒙人。有这种情形，我们就拿邪教来说，它是这样，比如要是我有皮肤病，要是他出来说我能给你治皮肤病，这个很容易拆穿，因为你给我念咒也好、给我上药也好，三个月过去了我这个皮肤病越来越严重了，这证明你是骗子。但是如果他出来说：我要拯救全人类，现在地球快灭亡了、现在大的灾难快来了，你们按照我这个办法就能够拯救全人类，就可以让地球不灭亡了。反倒有人信了。所以老子他从那么早就提出来"轻诺必寡信，多易必多难"，就是过多地说大话，把牛忽悠得无边无沿的，遇到这样的人，你不要相信他，这样的人也不可能成功。

我觉得我们引申了一下老子的道理，给我们很多的启发，他说的长治久安、他说的大国——可以说他一上来强调的就是越大国越不要自大，越大国越不要高高在上，越大人物越不要轻诺，不要轻易地做各种的许诺，你越是大人物越不要把什么事都看得那么容易。这是我最喜欢的一段话，已经多年了，我多次讲过这个，我就说凡把复杂的问题说得小葱拌豆腐一清二白的，皆不可信，凡把困难的任务说得如探囊取物一样容易的，皆不可信。

有时候本来很复杂的问题，可是你让那位一说简直就是简单得不得了，好像只不过一念之差，就好像一个按钮一样，你把那个按钮"啪"这么一拧，天下万事大吉。没有这样的事，世界上不可能有这样的事，所以老子他提出来大国要为下，大国要注意小事，大国要从小事做起，大人物要报怨以德，越是圣人越要把什么事的难处想得多一点，做的思想准备多一点。这可以说他恰恰是教育人要谦虚、要谨慎、要小心翼翼、要日积月累、要慢慢的，不要老是搞暴风骤雨，而是要和风细雨，要在一种正常的节奏和速度下面来做我们的事情。

老子的非战思想

老子在第三十章里讲这么一个问题，他说"以道佐人主者，不以兵强天下，其事好还"，他说一个真正的人主——当然是指那些掌权的侯王，诸侯、大的诸侯——他说用"道"来辅佐这些侯王的人，不要动不动就选用武力,不要动不动使用武力,这个说法也非常的理想、非常的好。底下他又说那些"大军之后,必有凶年"等话,他反战厌战,因为他知道战争带给百姓太多的痛苦,而且在一场混战当中你很难说谁是胜者。胜利者付出的代价也是惨重的,失败者更不要说了。

所以老子这样的一些说法,讲到大国之道、讲到长治久安之道,这样一些说法是很有价值的。当然我们也可以很轻易地否定老子的这些说法,我们可以反过来说,不管是春秋战国时期诸侯的侯国也好,还是今天世界上的一些大国也好,有哪个国家是仅仅靠"大道"就会得到发展,或者是取得了自己的某些胜利,或者达到了目标的?没有!我们可以说老子是空谈。相反的我们看到哪一个大国没有很强的军力,哪个国家、甚至于中等国家能没有自己的国防、能没有自己的军队?这个说的是对的。

不能无理想,也不能太理想主义

因此我们说老子他有他的理想主义,理想主义是个好听的话,如果说得难听一点,就是他有一些东西是空想、是空的,因为他所在的那个时代可能太多战乱了,兵荒马乱,所以他可能在自己的想象当中构建这样一个理想的社会。这当然也是一个很好的理想。

我们可以反过来问,世界上又有哪一个大国,不管是春秋战国时期中国的侯国,还是世界史上有哪一个大国,仅仅靠武力、靠军事能达到它的目的呢?相反,我们找到了无数个例子——所谓强国的盛衰、所谓大国的兴衰,多少大国都是由于它的霸权主义,由于穷兵黩武,由于它把人民的力量都用在战争上,而最后造成了自己的失败。日本军国主义不就是这样吗?日本当年在亚洲可以说是唯一的一个初步实现了现代化的国家,当时它了不得,它就要靠自己的军事,它认为它起码可以称雄亚洲，甚至于还有更大的野心。第三帝国的兴衰也是这样。往古代一点说，罗马帝国的兴衰都和它的穷兵黩武有关系。拿破仑曾经一度取得那么大的胜利，最后他穷兵黩武的结果仍然是自己的失败和灭亡。所以我们从反面来说，靠穷兵黩武、靠耀武扬威、靠动辄加压，并不是一个长治久安之道，并不是一个大国取胜之道。

坚持和平发展

从这个意义上来说，我们还可以稍微联系一点实际，就是我们中国在发展的过程当中，一定要坚持和平发展这样一个原则、这样一条道路。现在也有这种大言：用一种煽情的方式，好像要求中国要更强硬的、要多使用一点武力，就是类似的这种说法吧——一种煽情性的说法、典型的大言。其实因为他们没有实事求是地考虑到我们国家的最大利益是什么，没有真正把发展当成我们的硬道理，而要求我们刚初步取得了一些成绩，就要以军事强国的姿态、取一种动不动"你不行我就揍"那样一种态度，我想这是完全不可取的。我们再从另外一面来说，那么大国是不是老得装小啊，大国老得和平啊，大国老不能说句强硬的话啊？我想当然也不是，大国小国都有自己的底线，都有自己的目标，我觉得我们今天所说的大国恰恰要求的是——我们中国有一个很好的词叫做"泱泱大国"，就是你有一种大气，你有一种大的胸怀、有一种大的眼光，你拥有一种大的姿态，这种大胸怀、大眼光、大姿态才是真正的大国。我还可以对大姿态、大眼光略加解释，我说这也符合老子的理论。

什么样是真正的大国呢？第一，它懂得兼顾别人的利益，它并不是把民族的利益、一个局部的利益放在一切之上，它就是要照顾自己利益的同时，也照顾邻国的利益，也要照顾各种友好国家的利益，要照顾世界上大大小小的各个民族的利益，我想这就是一种大眼光。第二，它要负起责任，就是说它要保持一种内部和外部关系的平和，你说和谐社会也好、和谐世界也好，这本身就已经有一种大国的风度、一种大国的眼光。我们所说的大国也还包含了"欲穷千里目，更上一层楼"的意思，就是我们能够看到更长远的利益，为了这个长远的利益，甚至于有些时候我们不可避免地做必要的妥协和让步，妥协和让步是为了使我们的国家能够在一个相对比较有利的环境里边发展得更好。所以从老子那个时候，在治国上他已经看出来了，有一些事不要急躁，有一些事不要一味的强硬，而应该使这个国家保持一种比较正常的良好的秩序。

为道日损，损之又损

老子在第四十八章中说："为学日益，为道日损，损之又损，以至于无为。无为而无不为。取天下常以无事。及其有事，不足以取天下。"他说：求学，你每天都要增加一点知识、增加一点信心、增加一点思路，扩充一下你精神的空间。但是"为道"——要学道，你每天要减少一点东西、要减少一点浮躁、要减少一点私心杂念、要减少一点成见、要减少一点庸俗的所谓宠辱的计较等等这些东西，所以"为道"你会越来越单纯、你会越来越明朗，而不是给自己增加许多负担，"为道日损"是你要减少自己的那些思想的负担。"损之又损，以至于无为"，你损到什么程度？损到了以后你再不做任何蠢事的程度了，你再不做任何既不利人、又不利己的事情了。他说"取天下常以无事"，我并不是靠制造纠纷、我不是靠浑水摸鱼、我不是靠制造麻烦来达到我的目的，而是靠我不制造麻烦、我不制造纠纷，我更不挑起战争，用这种方法来得当时的所谓"天下"的拥护。当然这又是一个理想主义的说法，要是全面地客观地说，"大道"也得有实力，也得有经济实力、也得有军事实力。但是同样的,我们对道的追求、对无为的追求、对无事的追求对——就是对不出麻烦的这样一个追求,我们是完全可以作为我们的一个理想、作为我们的一个提倡,你做不到都没关系,但是我们应有这个提倡。

以百姓之心为心

老子还说:"圣人无常心,以百姓心为心。善者吾善之,不善者吾亦善之,德善。信者吾信之,不信者吾亦信之,德信。"他说圣人自己并没有一个固定的、先入为主的、不能变的心——也有的版本是说"无成心",就是已经形成了、已经固定一成不变的心。"无常心"、"无成心"的意思关键在底下"以百姓心为心",老百姓需要什么、是什么样的心思,我就是什么样的心思。这当然讲得非常理想了,这也是理想主义者,亲民的理想,甚至于还有一点民主的味道、民主的萌芽。

底下的话又和"报怨以德"说法相一致,他说"善者吾善之",本身很善良很好的人,我对你应该很善良很好,"不善者吾亦善之,德善",你不太善良,我对你也不善良,那最后就永远没有善良了,就是中国过去描写的民间打架,甚至于是黑社会打架,说:你对我不仁、你就别怨我对你不义,你捅我一刀、我捅你两刀子,然后你再捅我三刀子,那就永远捅下去,最后两人全死在这儿、一地血腥完事。所以老子提出来:他不够善良怎么办呢?我也仍然用善良的政策对待他、感化他,然后我才能得到这个"善"。"信者吾信之",你说话有信用的,或者说你相信我的,我对你也要相信,我对你要有信用。你说话有信用,我对你说话也有信用。你相信我,我也相信你。"不信者",你说话没有信用,而且你也不相信任何人,我跟你说的话你又不听,但是"吾亦信之",什么意思呢?就是我仍然相信你是有改正的可能的,我仍然相信我跟你说一些好的话、符合大道的话，对你有用的，不是没有用的。

我想老子有这么一种气概、有这么一种境界，确实是不容易，有这么一段话也非常不容易，是使这个事物有产生新的转机的可能。你如果只有报复，只有冤冤相报，只有你对我不仁、我对你不义，你对我不信、干脆我骗你，你想蒙我让我上当、我让你上更大的当，这样的话就永远没有理想的实现。尽管老子说完这话不等于这个理想就实现了，起码我们还知道有这么一个理想呢！

防微杜渐，避免被动

第六十四章"其安易持；其未兆易谋；其脆易泮；其微易散"，他说在相对比较安定的时候就容易保持安定，你要珍惜这个安定、珍惜这个平安，保持这个平安。一个人的健康也是这样，你已经得了病了，去治疗，当然该治疗也很好，一般情况下我相信经过良好的治疗，你可以变得更加平安健康，但是如果你没有病的话，你能保持住你这种良好的状态有什么不好？一个国家也是这样，"其未兆易谋"，当一个事情还没有充分显示出它的兆头来，这个时候你容易敢干、你容易做计划、你容易做一个预案。事已经发生了，你临时再定方案就晚点了。"未兆易谋"的意思就是对任何事都要有预案，现在咱们国家不也汲取了这些年的经验教训吗？对于传染病，现在对于传染病就比当初一开始"非典"——那是二〇〇三年吧，比那个时候显得就有一套办法了，该开什么记者招待会、该通报信息、该隔离、该戴口罩、该预备疫苗、该制定医疗方案，这就"未兆易谋"。

"其脆易泮"，东西比较脆的时候容易融解，"泮"是说它能够融化，就是它还没有很强大、没有成熟的时候，就容易把它化掉。"其微易散"，本来还很微小的时候，你容易把它攮开了、把它散开了。其实这个道理至今仍然是适用的，我们常常说有些事情要注意萌芽的阶段，有些事情不要等事情闹大了再去解决，有一个词叫"防微杜渐"。"千里之行，始于足下"，你不是要走一千里吗，你一步走不了一千里，你先迈一步，你迈一步总算是在一千里那儿少了一步嘛，你迈完第一步再迈第二步，你从这些小事上做起。我们又说"千里之堤溃于蚁穴"，一个千里防洪堤，几个蚂蚁弄一个小窟窿漏水，一点一点漏，越漏越大，把这个堤坝都给冲毁了。这些地方其实老子的思想和中华传统文化、甚至于我们可以说和人类的政治经验都是相符合的。

坚持到底

"为者败之；执者失之"，他说对什么事，不要很人为地去做，你要越是想做那个做不到的事，你就越会失败，你越是想把这个东西紧紧抱在怀里不撒手，你就越会丢掉它。这些地方老子还是往往从反面给你一些警惕、给你一些经验、给你一些教训。他说："是以，圣人无为，故无败；无执，故无失。民之从事，常于几成而败之。慎终如始，则无败事。"他说圣人不去刻意地做做不到的事，所以他不会失败，他也不是抱着那个不该归他的东西不撒手，所以他也不会丢掉。

下面他又有一个很好的主张，他说老百姓往往在事情就快完成的时候放松了，就失败了，功败垂成，体育比赛上最多：乒乓球他已经连赢三比零了，我们排球都有过连赢已经二比零了，再赢一场就下来了，结果让人家给翻了盘了。所以他说"慎终如始"，你到了最后的时候还像刚开头一样的小心、谨慎、周到、认真，一定要注意坚持到底，这样的话就不会失败了。

第十七讲：
虚静、复命、知常

让我们一起体悟道的特征

在老子的通篇《道德经》当中，不断地阐述"大道"，为大道命名，解释大道是怎么回事。其中有一讲就涉及他说大道的名就是"反"与"弱"，然后归结到"无"。他说大道往往是朝自己的反面来运动的，其实老子也常常是从反面即逆向来论述他的理论。我们可以说，老子往往提出与多数人的共识针锋相对的见解。

今天我们就以"虚静"、"复命"还有"知常"这几个话题来进行讲解。老子为什么要提倡虚静？老子对"道"是从多方面、不知道多少个方面来研究的，因为"道"本身这个概念挺大，又不是一个特别死的、特别定性定量、特别准确的那么一个概念，不是一说就明白的，所以他就从头到尾不断地说。后面也给"道"加了好多词，像"惟恍惟惚"、"恍兮惚兮，其中有物"、"其中有象"、"其中有精"，什么"其精甚真"等等这样一些词。就是说"道"就好像是基本粒子，那么小的物质无处不有。有的地方说"道性"，就是道的品性，等于说道品和道性，当然还有道行，就是说你怎么实行或者怎么训练这个道等等。

道的名称与美好特质

在讲虚静之前我先说一下道的美好的诸多方面。就像有的宗教说是它的主的名字就是一百来个，说是九十九个名称代表主的九十九种美德。我在《老子》这里头也研究这个，《老子》里这个"道"也起了各种的名字，但是不到九十九个。比如说他说过下列字词来代表或说明道：一、大、远、逝、反、夷、希、微、冲、母、宗、渊、湛、牝——就是代表雌性的那个牝，淡、善、损、足、余、氾——氾是一个三点水，其实它本来和那个"泛"字通，就是泛滥的泛；还有退，他说"功遂身退，天之道也"，还有：根、若水、惚恍、无为、柔弱、婴孩。小三十种、小三十个名称，它都讲的是"道"。今天要讲的虚与静，也是道的别名。

我还做了一个统计，一般读《道德经》的人不做这个统计，我统计的结果是这样：老子这五千字里头出现的字最多的是"无"，一共出现一百零一次，就是一百零一个"无"，在这五千字里头它占了一百零一个，这个比例非常大。然后是"天"，是九十二个，那也很高了。然后是"有"，是八十二个。"无"和"有"其实是恰恰相反的。然后是"道"，"道"本来是最重要的，但是它屈居第四，还不在前三名，它是七十五次。然后"大"是五十七次，"善"是五十二次，"德"是四十三次，"失"是十八次，"争"是十六次，其中包括"不争"七次，"无为"是十三次,"玄"是十一次,"静"是十次。底下一位数的我就不说了。因为汉字一个字就有自己的思想、有自己的意思,从这些里头可以看出老子兴趣的重点、研究的重点,我把它连起来是:无、天、有、道、大、善、德。对这些词、对这些概念,他特别有兴趣。

虚静是道的一个侧面

他在有些地方又特别讲究"虚"和"静",其实我前面讲的意思,就是:虚和静实际上是"道"的一个侧面,尤其是"无"的一个侧面。老子在第十六章里说"致虚极,守静笃","虚极"就是达到了"虚"就是"无"的极致,就是说我自己没有那么多成见、没有那么多私意、没有那么多的焦虑,我不自寻烦恼,我也不自己给自己找麻烦,这样我的心里经常是坦荡荡的,我想他是这个意思。

"静笃","笃"是诚实,就是特可靠、特老实,"静"的意思就是我并不受外界的那些干扰,我不让自个儿老沉不住气,老在那儿折腾着,或者老不放心、焦虑,这意思就是说 worry,我该干什么我干什么。我从"静"字上想到毛泽东主席爱说的一句话,他说"冷处理",冷静、冷静,就是世界上有很多事,要正在它的动荡之中处理挺困难的,不如让它凉下来,咱们等一等、拖一拖,然后再处理。

观复的意义

老子说"万物并作,吾以观复","万物"就是世界上的万物、万象并作,就是都同时在运行,"作"就是说运行存在变化,万物都在转变,谁也挡不住,谁都在那儿变化。"吾以观复",他接触了一个"复"的观点,复就是反复的"复"——现在和复杂的"复"的简体字是一样的，要是繁体字，这个"复"只是当反复讲，不当复杂讲——"吾以观复"是什么意思呢？万物并作了，但是我老瞅着它，它变了半天又变回来；"观复"，如果我用通俗的解释的话——当然这个解释就是为了解释的方便——就是说能看着万物在那儿变化，变来变去又变回来了。

这是老子的一个观点，跟他说"大"——曰"大、逝、远、反（返）"——一样，最后又返回来，也是这个意思，循环往复。有人说这个和中国人对圆形的崇拜有关，中国认为一切大自然的东西都是圆的，它转一圈最后还都得回来，这个咱们参考吧。就是这种理念，它是一种循环往复，它是圆形的。

万物万象都要归根

"夫物芸芸，各复归其根"，"芸芸"就是很纷乱，这个世界上的事：天文地理、东南西北、冷热寒暑，有生命的没生命的，乱着呢，芸芸众生花样无穷、样式无穷，纷纷扰扰、熙熙攘攘，但是它要"复归其根"。这个"根"古人也有各种解释，有的说根就是道，复归其根就是复归其道；有的说根就是生命，就是说它最后回到生命。我个人愿意把这个根，说成就跟咱们说叶落归根一样，就是回到它的本身、本体、本源、本初。什么叫"复归其根"呢？就是这个变化之中，会出现各种千奇百怪、意想不到的各种现象、各种变动的可能性，但是变动的最后结果该什么样还是什么样，还要回到那个根，就是本，还要回到你那个根本上来、回到那个本初上来。这里的成语就是返璞归真或者返朴还淳。

拿一个人来说吧，一个人这一生他有很多机遇，也有很多干扰，有很多对他的推动，也有很多失败；想走快了，恰恰由于某些原因快不了了。但是这个人本身除了有这么多的干扰、这么多的机遇、这么多的推动或者失败以外，他还有一个根本的情况——他在变化当中可以突然脱离开根本的这个情况,但是最后他还得要回到他这个本初来。拿文学作品里面的例子,比如说果戈理的《钦差大臣》:赫列斯达柯夫是一个穷小子,但是服装穿得很帅,穿一身燕尾服,所以他被认为是钦差大臣,受到了热烈的招待,就是说他一下子离开那个根了、离开了那个本了,他本来是A,结果他变成非A了,你还不好说是他自己非要变成非A,是受外界的影响;外界——俄罗斯沙俄时期外省的无知小官小吏,很愚蠢的那么一群,又糊涂又愚蠢的那么一群人,硬说他是钦差大臣,他的错误就是他没说我不是,他一看:呦,怎么都说我是钦差大臣,那就当两天钦差大臣吧。是这么一个故事。但是你这么变化,你时间能长的了吗?

中国也出过类似的事,老舍先生在上世纪五十年代还写过一出话剧叫《西望长安》,他也是根据一个真实的骗子的故事。

当然这是骗子,也有别的情况,比如说本来是一个文人,这个文人在历史的风暴当中也成了呼风唤雨的人物、也成了革命家、也成了政治家、也成了群众领袖,但是到他晚年的时候,或者到他最后一种什么情况的时候,你从他身上又看出他那个文人的劲儿来了。

当然我们也可以找到相反的例证,一个庸人硬是因为特殊的机缘高升再高升,从此下不来了。一个骗子硬是由于大言欺世而成了人民的良心,人们硬是不正视他的真相了。或者一个好人硬是被诬陷被打击沉冤海底,百世无救。这并不是说到了他这儿了就不会复命归根了,而是说他的复命归根的周期要长一些,十年没能复命归根,那就二十年,活着不能复命归根,那就死后再看,所以中国有一种说法,要论万世,要长期等待观察。归根结底,真的假不了,假的真不了,该什么样,最后还得什么样。

归根实大不易也

据说美国有这么一种说法,说的玄点,咱们就是姑妄言之姑妄听之。他说一千个人里头，有一个人知道自己真正适合干什么，一千个知道自己适合干什么的人里，有一个人自己真干成了——他说得太玄了，你想想一千乘一千这等于一百万，他说每一百万个人里头有一个——他的职业也好、他的生活道路也好，是和他本身最适合的，这样的归根也太困难了。所以欧美常常有些人在年老退休以后说，我终于可以干我想干的事了——退休以后他六十八了，他去上美术系、他去上学，甚至还有上中文系的，我见过，我说：为什么您这么大岁数上中文系，您学得会吗？他说，我就是听说中文系特古怪，它不一样；他说，我想知道知道，我学会学不会没关系。这都有一种经过各种的变化以后要归根的这种感觉。

归根的踏实感

其实老子所描述的这种"万物并作"最后回归本源，给我们一种特别开阔的视野和比较高的角度，然后看整个事物的运转过程——但是常常可能我们会迷失在具体的过程当中，就是不知道本源是怎样的，将来会归到哪一个根去。但是他这种说法又给你一种踏实的感觉，你可能在这一生中有意外的奇遇，也可能你在这一生当中受到——完全就是人有旦夕祸福——料想不到的打击，但是最后有一杆秤，这杆秤就和你本身的情况大致是相平衡的。他给你这种感觉，包括我们中国人的许多说法都跟这种思想有关，比如说：落叶归根，"少小离家老大回，乡音未改鬓毛衰"，它仍然让你感觉到你最本初的时候，比如说你是一个乡下小孩子，那么最后你当了大款也好、你当了学者也好、你当了大领导也好，最后他愿意还回到他自己那个农村里头，还能够体验一下他童年的那种比较朴素的生活，这样一种心情不见得人人都能够实现，但是对人的情操、对人的心灵有一种安慰的作用。

归了根就静了，复了命了

所以他底下又说"归根曰静"，你回到你本初了，你确确实实知道自己是老几了，你也就静下来了，就踏实了，就是你不闹腾了。你忽然要当大款，假设说这种事也是可能的，你大款成功了，成功一阵又失败了，失败一阵没准什么案子你还进去了，进去了以后又审查了多少年，你又没事了，最后你回到——你该干什么——你是乡下人你还是乡下人，你没有太大的本事，你还是做一个普通老百姓安度晚年。

他勾画的这么一种图景，就说你归根以后就静下来了；他说"是曰复命"；"复命"就是我又回到了我的生命的原生状态，我生命该什么样就是什么样。"命"把它当"命运"讲也行，就是我的命运该是什么样就是什么样。"复命曰常"，我该什么样是什么样，我就得到了常态，人也好、世界也好、万物也好，它有它的常态，也有它的变态，异态。就正像老子前面曾经说过的"飘风不终朝，骤雨不终日"，突然刮大风突然下大雨这并不是常态，三百六十五天里不可能是天天海啸，要天天海啸这日子就没法过了，所以能够回到常态，能够取得一种恒常的、相对稳定的这么一种状态，相对安静和平和的状态。

从知常一步一步上台阶

当然这个事咱们现在暂时不用和老子抬杠，要是考证，你说这历史、这常态不是常态历史，战斗才是常态呢，打仗才是常态呢，这是另外的问题。其实老子也说过变化是常态，但是他的变化里有一条，就是我变来变去万变不离其宗，我变完了以后我还要"复命"、我还要"归根"、我要"知常"。"知常"就是知道什么情况是属于常态，你知道常态了,"知常容",你的心情就比较开阔,你也就比较包容了,因为你知道世界上许多事情,不可能在你的一次努力之中就完成——凡是你不喜欢的全灭掉,凡是你喜欢的全成长、全霸占,这不可能的。

"容乃公",一个有容量的人就公道,因为你没有情绪,你动不动对你不赞成的事有很大的情绪,你这就不会公道,你带着你个人的偏见、私情、亲疏、好恶、情趣;"公乃王",另一种版本是"公乃全",你平时很公道,万事没有那么多私心,你就能当王了,或者你考虑问题就全面一点,不至于顾此失彼了。

"王乃天",或者是"全乃天",你要什么都照顾到了,你和老天可就一致了,你做事跟天一样。老子在另外的地方说,比如说"雨露",道就像雨露一样,你不用安排、不用制定调拨的计划,到时候它就挺均匀的各地都有。当然我们也可以说老子那时候对气象学、对气象地理并不熟悉,其实降水降雨是并不均匀的,但是老子见到的地区雨露是均匀的,所以他说"全乃天",你全面都能照顾,你这样的人就能够替天行道,你这样的人就跟天一致了,你这样的人的高度能够到天那儿去。这也是一种鼓励,这其实是一种最理想化的说法;然后"天乃道",和天一致是什么意思呢?就是说你所做的一切就和大道一致,你实行的就是道;"道乃久",我们前面也都说过,老子很多话是给这些诸侯君王说的,他说你要能够按大道做事,你就能长治久安,你不会三天半就让人给推翻了、让人给折腾掉了、让人给干掉了,能长治久安。你这一辈子都是按大道行事,你都知道自己是什么分量,都能够按自己本身的情况来做事,那你的行为和天一致、和道一致,这样你到死都不会遇到危机、不会遇到危险、不会制造事端、不会害己害人。

虚与静的含义

这是老子的一个想法,他的想法、尤其这个虚和静,你要细研究研究也还有点意思，因为"虚"在我们中文里含义也很多，它有一些很好的意思：谦虚、虚心，它也有一些意思代表着不是谦虚、虚心，而是代表着比较抽象概括，过去我们还说：以虚代实，先务虚后务实，是什么意思呢？毛主席的时代常常在工作上采取这种方法，就是让大家先讨论理论，讨论完了理论以后再讨论路线，或者先讨论这些非常大的，并不和你的吃喝拉撒睡柴米油盐酱醋茶、和民生、和社会秩序打击犯罪并不直接有关的，先从理论上说清楚，然后咱们干什么活儿，再去解决具体的问题。"虚"还有这方面的意思，就是它比较原则。

当然在汉字里，"虚"甚至也可能有不好的意思，刚才我就在想，有什么虚伪、虚假，可能虚伪和虚假在老子这里他不太往这方面研究，或者我们可以把这两个字拆开来理解，比如说虚和伪，"虚"指的是一种不实的状态，老子可能更强调它不实、很空，可以接受更多的东西；"伪"可能是不好的。虚和假也是，假是不好的，虚也是一种状态。但是在老子这里，更重要的是"无"，是以无带虚。因为你要光说谦虚，把这事给说小了，好像是人的一个姿态，你要说虚伪当然更不对。所以老子的描述一直都是非常宏观的、是非常博大的，他强调的是"无"，刚才我也说了，五千个字里头光一个"无"字占了一百零一个，你看它占的分量多大呢。

有什么也不能有病有毒

老子认为，咱们很多人都认为自己的不幸是由于"没有"所造成的，而不知道自己的很多不幸是由于自己有了不该有的东西所造成的。他这个见解比较高超、特别精辟。比如说我不高兴，为什么呢？我级别太低，我没有足够的工资、没有足够的收入，或者说我没有足够的地位，或者我没有足够的名望，我没有大房子，我也没有那些奥运会冠军的体能，甚至于我没有一个特殊的背景——能够走到哪儿都受到照顾的这种比较不一般的背景。你当然可以这么想。但是你再想一想我们有多少不该有的东西有了，譬如说嫉妒别人、譬如说自己不应有的焦虑、譬如说嘀嘀咕咕、譬如说我不信任别人，动不动就老是起疑惑等等这样的一些我们不该有的东西有了，更不要说别的了。人家说有什么东西别有病，你有病，你就是没有器官上的病，你还有精神上的病，就是心理上不健康的这些东西，给人们带来的困惑非常的多。所以他强调"虚"其中有一点意思，就是你要清理自己，你把你身上的那些垃圾、那些毒素、那些病态、那些病毒，那些东西你经常的自我都清一下，也就能够保持自己的一种相对比较虚的状态。

静才能进入最好的状态

　　静的意思应该说也是挺有意思的，这里的静的意思是人只有处于静的状态才能专心致志（静而后能安）、集中运用智慧，做到理性地、周密地、准确地思考与决策。而动荡、愤怒、焦躁的状态，不利于你的智力发挥。例如围棋选手，就一定会赞成这个说法。

　　其实强调动强调静都是对的，有人说生命在于运动，也有人抬杠，都是医学家，说生命在于静止，你静止下来。有些事很简单，像肌肉你得运动它才能生长，但是消化是必须静止的，在剧烈的运动当中消化的进行肯定是不正常的。老子强调静的意思实际上和孔子的提倡"中庸"、提倡人"不知而不愠"都是有关系的，就是说你不要在不安的状态下来做思考、做观察，你不要在你自己很不安的情况下做决策。只有你静下来了，你才能比较客观；他说是要容、要公、要王或要全、要天、要道。

　　老子还有一句话，他说"不知常，妄做——凶"，就是如果你不知道常规、你不相信常识，你不懂得归根、知常、复命，你不知道这个东西你就会怎么呢？轻举妄动，你就会动辄做出一些不合乎科学、不合乎客观规律、不合乎人民的老百姓的利益的这样的事，你这样做的话不是很凶险吗，你不是给自己制造险情吗，你不是制造麻烦吗？你别看他那么早说的话，还真是值得我们认真地来思考。

能婴儿乎

在"知常"、"复命"这里，老子还经常提出来他的一个主张，我们在最初的时候也曾经小有涉及，没有来得及展开，就是他希望人民回到，或者借鉴、或者沿袭婴儿的状态，他说："载营魄抱一，能无离乎？专气致柔，能婴儿乎？""抱一"这个"一"指的仍然是道，前面说的道的那些特点：一个"一"，它能把一切都涵盖起来，它能够跟一切的运动的规律相符合，所以才是"一"。老子问：你如果掌握了这个"一"，你能不能不离开它？你能够不管你干大事干小事，你都有这么一个道，有这么一个客观的规律在你心里做主心骨，而且你要"专气致柔"，你的心情很专，你不是乱，你不是个乱人，你还挺温和的；"如婴儿乎"，你能不能做到这样呢？这句话在《老子》里头多少还有点呼吁的意义，春秋战国的时候、东周末年，全国动不动就是血流成河、争权夺利、父子反目，经常就是这样，特别是那种"无义战"的情况，都变成豺狼似的，你当着一群豺狼，说是怎么样，咱们都变成婴儿好不好？这个实际上做不到的。但是做不到他有一种呼吁——这个写书的人该说什么好呢？他又并不是直接参与政治斗争的人，往往会有这种心情：咱们消停点儿行不行啊，咱们心眼儿少点行不行？他就提出来一个"如婴儿论"。

关于婴儿他说得也挺多，他在第五十五章里头说"含德之厚，比于赤子"，说是什么样的人，他的德行、他的道德——就是古人也有这么解释的,说"道是体,德是用",就是"道"就是要求掌握了本体了,你有的德行你发挥出它的作用来了,显出他的德行来了。

什么样的人德行最厚呢?是赤子、是婴儿、是小孩,因为小孩单纯、很天真。老子对婴儿也有一番观察,他也下了功夫,他说婴儿有什么特点呢?"毒虫不蜇",我顺便说一下,关于毒虫,他指的是蛇吧,我不知道,也可能他指的是这一类的东西,但实际上不是这样啊,你得看在什么条件之下。蛇也好,或者干什么也好,它没有不侵犯婴儿的,祥林嫂家的阿毛还不是婴儿呢,挺大的孩子都让狼给叼走了。但他说外界不侵犯他,"猛兽不据,攫鸟不搏",猛兽和猛禽也不会攻击他。这个老子有点一厢情愿,他说婴儿不受攻击,那当然,婴儿不出门,他也不爬山他也不去野外考察地质,没机会,相反的他受到社会、受到他的家庭的保护。不等于婴儿有特殊功能抗拒来犯。但是老子他要这么说,咱们就让人家这么说,我觉得老子说的可能也是一种状态,就是一种百毒不侵的效用。

他说婴儿"骨弱筋柔而握固",这个他研究得细。他说婴儿骨头挺弱,他的骨头还没长结实呢,他的钙、他的胶质,很多东西可能并不是很坚固,很重的分量他也经不住;"筋柔",他的血管他的筋也还都软着,小孩、婴儿胳膊腿哪儿都是软的;他说"握固",可能他攥拳头攥得紧,这个老子一定还对育儿做过细微的观察,他对育儿还有点研究,对小孩生下来拳头是攥着的,攥的有时候还挺紧,你想掰开还别使劲,你要使劲掰能把他骨头掰坏了;他会攥拳头,你别看他很弱。

婴儿论与弗洛伊德

他说婴儿"未知牝牡之合而朘作",他说婴儿不知道动物的雄性和雌性之间的一些事情,但是男婴儿的生殖器还能坚挺起来。老子能观察到这里，我说这也绝了，我在别的书上，连弗洛伊德的书上都没记得他对婴儿有这种描写，所以他观察得特别的绝。他说这是"精之至也。终日号而不嗄，和之至也"，生殖器坚挺是由于精的存在。我设想老子那个时候清晰地掌握精子、精液、睾丸的物质与功能，但是他笼统地认为男孩子有了精就有功能，这很自然也很正常，不待后天的多事的辅导。甚至，多事的辅导有可能收到不良的效果。

他说婴儿从早到晚在哭，但是他嗓子不是特别哑，为什么呢？因为他"和之至也"，"和"是什么意思呢？他自己就调节自己了，他哭得累了他就歇会儿，他不累他接着哭，他不会说，特别的、大的激情在一种激动的哀伤之下大哭大闹，超出自己的精力——现在医学说婴儿的啼哭就是一种运动。他不哑也不是绝对的，我也见过有时候小孩哭的时间太长了，有时候属于那种非正常的哭，比如说由于饥饿而哭，哭的时间过长，他妈妈下班晚了，或者喂牛奶，牛奶没拿来，也有嘶哑的时候。

和才是常

"知和曰常"，他又跑到"常"来了，他说为什么这个婴儿哭了半天他不哑呢？因为他自己能够调理自己、能够调节自己，他为什么能够调理自己呢？因为调理以后他才能进入常态。这我觉得好解释，小孩儿他也不可能是因为一个噩耗痛哭不止，也不可能因为一个喜讯而大笑不止，所以他的哭他的笑、他歇着他睡觉，都是做得绝对自然。他也没个钟点，他该睡他就睡了，或者哭累了他就睡了，醒了他要运动他就要哭。

他说"知常曰明"，你知道了常态你就不会干太糊涂的事，"明"就是说你明白了，一个小孩儿，从意识上说，婴儿谈不上他明白不明白，一个婴儿有什么明白不明白的，你要问他算术他也不懂，认字他也不懂，

《老子》他更听不懂，他说的"明"是什么意思呢？我们从反面来理解，就是他既然知道常态，他不会去干糊涂事，他不会去干自己伤害自己的事，他不会去干伤害别人的事。这样我觉得我们大致可以接受——你要具体分析研究为什么婴儿不受毒虫或者毒蛇的攻击，为什么不受猛禽猛兽的攻击，当然还可以讲许多别的道理。

怀念婴儿时期

从保护婴儿的角度上来说，认为他不受攻击，干脆把他扔到山里，绝对是不可以的。老子谈的重点不在这儿，老子谈的重点在哪里？我觉得这里实际上有一个很深刻的、很有意思的问题，什么问题呢？就是说人在成长的过程中，他要不断获得新信息，人实际上是会越来越复杂，复杂这个话不是最好听，起码我们希望人在成长的过程中，丰富自己、充实自己，使自己的头脑里有更多的信息、使自己获得更多的经验、使自己遇事能够多想想、使得自己下棋能够多看几步，要充实要丰富，就是要自己的资源——自己精神的资源、经验的资源越多越好。这个我想应该是没有什么疑问的，我们绝不希望我们自己的孩子二十了，看各种问题的态度还跟婴儿一样，到时候见着奶瓶就抢，我们肯定不会希望这样。但是我们也有一种遗憾，或者我们也有一种愿望，一种什么愿望呢？就是一个人在丰富自己、充实自己、发展自己的同时，他还能不能保持自己的善良和单纯呢，能不能还保留自己的那种像儿童一样的趣味、那种热情、那种爱心、那种对别人的信任、那种对世界的期待？如果说我们有这么一个愿望，这个是很正常的也是非常自然的。

我们有时候看到一个人，他年龄很大了，知识也很多了，甚至也很有地位、很有成就、很有身份，我们非常喜欢这样的人，他有他天真单纯的那一面，譬如说我就常常想和一些年龄比较大的人讨论，年龄大没有关系——一条河旱了好几天了，下一场大雨你高兴不高兴，你有没有一种兴奋的高兴劲儿：哎哟，这雨下得好！如果有，起码在这一点上，你还有婴儿的一种快乐，有一种非常单纯的对世界的感受，甚至一种歌颂。譬如春天了，冬天都过去了，你忽然发现玉兰花开了，你有没有一种喜悦，你已经七十岁了，你看见过七十次了，但是你仍然像第一次看到玉兰花开一样的高兴，如果你有这种反应，这人的日子就过得好得多，他周围的人也好得多。

如果你一脑门子官司呢——因为什么原因一脑门子官司我就不管了，或者是因为股票炒的问题，或者是因为跟领导关系不好——这样他就丧失了很多乐趣，也给别人带来很多烦恼。因为如果一个人整天一脑门子官司，他不光是自个儿倒霉，他周围的人都跟着倒霉。

但愿童心未泯

所以我就觉得这个、甚至于还有一些很具体的东西，比如我也常常想咱们别的事先不说，说像婴儿一样的哭一天嗓子不哑，这个我肯定做不到的，但是你还有那种儿童的好奇心、求知欲和对各种事都挺感兴趣的那个劲儿，而且承认自己好多东西还不知道：一看这个真好玩儿，这个怎么是这样的，这个怎么用，想用用这个手机——一个新式的，为什么它这么用呢？你有这个学习的心，有这个对于新鲜事物的趣味。我觉得一个人要是做到这一点，就是说他既有丰富发展成长的一面，又有单纯性情、好奇趣味甚至于是自己快乐的这一面，我想如果要是做到这一步，真的就是挺理想的。

其实我们说童心未泯，可能指的就是这样一种成年人的状态，保存着儿童的很多优点。我还听说过一些这样的故事，就是有时候一个人，他如果确实能够颐养天年，比较长寿的话，他越老越像小孩了，我们有一个很有名的陈先生，是一个语言学家，语言他懂得太多了，这语言、那语言、外国语言、中国各地的方言，他知道得非常多，但是在他晚年的时候、在他临终的时候，据说他什么话都不会了，只会他小的时候——他幼小的时候是在哪儿生长的呢？是在上海——到了他的临终的时候，他就只会说上海话了。我觉得这个也有点儿你转了一圈又回来了，这不就是老子所说的"复命"嘛，回归到本源。

所以我觉得老子果然——我有一个词，不一定用得恰当——我说他是"原孩旨主义"，就是把人的最初——想象人的最初、本初，人的起始，他认为这是最理想的人，因为这个人不受任何外界的影响。他把小孩当做最理想最美好最可爱的最令人向往的状态，所以说是"原孩旨主义"，孩子的"孩"。我说他是原人旨、原孩旨、原性旨，就是"人性"，他认为人性最初是指什么，或者我们可以说他是"原自然主义"，就是你一切都是自然而然地让它发展。他这个说法虽然过了一点，很片面了一点，但是他说的有可取之处，就是我刚才说的这么几个过程。

删繁就简

我们分析一下"删繁就简"，这里面又包含了"损之又损"、"为道日损"，就是人在某些时候——你想一想：你有没有可能、有没有需要把你自己的头脑、把你自己的生活、把你的日程做一点删减？郑板桥给自己的书斋题了一副对联"删繁就简三秋树；领异标新二月花"。郑板桥当然是个怪才，他才能也极其出众，他有很多稀奇古怪的说法，什么"难得糊涂"，他又做过地方官，也处理过各种案子，他又喜欢画画，有人说他这对联谈绘画，是为他的画室写的座右铭。但是你也可以把它作为人生的某种解释，就像秋天的树删繁就简，夏天当然好，夏天树长得最旺盛，枝繁叶茂，一层一层，你都看不见它，到了秋天的时候，哗啦哗啦，该落的就落了，该不落的还不落，树枝被删节过了，被删节过了以后，树更显出了自己的本初的姿态，而且树本身也利落点了，更帅气了。如果树也有知的话，它会因为自己的太多的树叶，还有太多的果子、太多的果实而压得直不起腰来，变了原来的形态，现在，这些都没有了，都删节掉了，它现在舒舒服服地来迎接秋天、来迎接冬天。同时郑板桥又来了一句"领异标新二月花"，并不是删繁就简后过冬就完了，你等到二月，因为郑板桥长期生活在浙江，江浙那一带的二月、也是农历的二月，农历二月就是公历三月嘛，到三月中旬桃花、杏花、玉兰也开始开了，正是在这种删繁就简的情况之下，反倒你的生活有点儿新意，你的花朵绽放有点儿新意。文人有时候对一些事情的说法，都代表着他人生的态度、人生的风格，要是从这个意义上想想，我一生能不能做到删繁就简？那么火爆干什么！包括钱也是一样，要那么多钱干什么！名誉也是一样，要那么多头衔干什么？有几样行了，然后我该创造的创造，我该进取的进取。他这个说法和老子的观点实际也都是相符合的。

为什么不断出现原教旨主义

这里还有有趣的是什么？就是任何一种学问、任何一种理论、任何一种智慧，和人一样也有一个发展的过程，有一个复杂化的过程，一开头这个学问有人说挺简单的，但是它往现实里一走，就开始复杂化了，好像是被动的、不得已而为之的。为什么呢？因为你不管多好的学问，实际做起来总是和你原来预设的情况不完全一致，比如说医疗保健吧，医疗保健的许多道理，这些道理怎么说怎么对，但是同样的一种医疗保健的方法，在不同的人的身上就会收到不同的效果，所以就越弄越复杂。

甚至于宗教也是这样，有时候宗教一上来相当单纯，但是在发展的过程中，和民族结合起来了、和地域结合起来了、和战争结合起来了、和谈判和平结合起来了、和政权结合起来，或者是和某一个特殊的大人物、大学者结合起来，就会越来越复杂。因为这种问题、这种无奈，各种学说上当然都会产生一种希望：回到最本初状态——希望人回到本初的状态、希望理论回到本初的状态、希望宗教回到本初的状态。

那么我们就又碰到了第二个问题，第一个问题我说如何使人在成长和复杂化的过程中保持一种单纯、保持一种纯真。我们碰到的第二个问题就是：如何使一种学问一种理念，在不断的变化不断的发展当中又能保持它当初的纯洁性、理想性。它没准儿也需要来个"知常"、也来个"复命"、也来个"归根"。因为很多理念，在它开始的时候都是最纯洁的、最理想的，但是发展着发展着，它变了味儿了。所以我就说：知常、复命、归根，可以从多方面给我们一定的启发。

其实我也受到一个启发，就像我们做节目一样，最开始我们可能有一个特别好的创意和想法，但是在实施的过程中会受到各种因素的影响，无论是客观的还是人为的，可能在最后成品出来的时候，有或多或少的删减。那我理解老子所说的这种"大道"——希望人们达到这种如婴儿的状态，可能也是一种最理想的极端的说法，他知道人们在实践的过程当中可能也会有多多少少的折扣，就像马克思说的：我们只有目标定得越高，你实现的理想才能越接近。就是说人能够做到什么呢？能够掌握这么一个平衡，把发展变化结合实际的过程，和"回归、复命、知常"保持这种美好理念的努力，能够结合得好、平衡得好。

第十八讲：
老子仍然活着

谈论老子，其乐何如

在这里谈《老子》，这已经是第十八讲了，比最初的预想还增加了若干讲。我觉得它已经变成了我自己的一个快乐。我想谈一个意思，即我个人感到一种什么样的乐趣呢？就是把老子往活了推，努力把老子当做一种人间性的、生活性的，至今仍然存在的一种智慧的讨论、一种智慧的享受来谈。我追求的是思辨性、哲理性与现实性的结合。因为我们接触到古典的、经典的，尤其是先秦诸子的这些学说、这些书籍典籍，都会碰到一个很大的困难，就是文字语言上的差异和障碍。它们是用文言文写的，那时候还是刻在竹简上的，所以它非常的简练，有些字跟现在的用法也不一样，有些甚至于在流传过程当中还有伪作——因为我特别喜欢你的作品，我就替你写，我写一大堆，然后我觉得用我的名义没劲，而且你也不见得接受，譬如说姜华哲学著作最棒，我改名姜华了，我一下子写出一厚本来，我写上"姜华著"。这是很有趣的，在中国当然也有——古今中外都有抄袭问题，即盗窃旁人的成果为己有的问题，但经典当中更严重的却是伪作问题，即给自己的作品冠上古人、名人的名字的问题，是逆向的侵权。还有这种问题、这些障碍，有时候很多所谓的国学热爱者、阅读者就跟这些障碍打一辈子架，有这么说的、有那么说的，有不同的版本；解释《老子》的、翻译《老子》的更多了。

联合国有关机构统计，全世界翻译书最多、发行量最大、版本最多的第一是《圣经》，《圣经》你没法比，因为它有大量的信徒；第二是《道德经》，就是《老子》，仅次于《圣经》。我所尝试的——这不是我的特长，但是我努力的就是想把老子的思想当做一种活的东西、活的思想来讨论，它是与我们有关系的，虽然不可能完全照搬、照办，也不可能说它立竿见影——学这个立刻就能够解决什么具体的问题，但是又不觉得它跟你不沾边，你觉得它和你沾边。他那个思路、他那个考虑问题的方法——在这些地方老子很有魅力，他很迷人。

《老子》的文学性

他的迷人包括他的文学性，他的文学性是什么意思呢？首先我要说《老子》自成为一个文体，它和《论语》、《孟子》不一样。《孟子》滔滔雄辩；《论语》写得特别合情合理，有一种规范性，朗朗上口，而且挺舒服的，让你看着如坐春风；《庄子》写得汪洋恣肆，那真是什么想象、什么词——他一张口就是故事，一张口就是寓言，一张口就是神话，他不一样。但是《老子》，我们管它叫《道德经》，太对了！它像经文，什么叫经文呢？第一，它特别精练；第二，它特别抽象。像《老子》里头几乎没有什么很具体的说法，从来没有说到什么时间、什么地点或者年月日，或者是某一个国家、某一个人、某一个集团，没有具体所指，他说的都是概念。

经典文体与弹性论述

这些大的概念留下了很多的弹性，越是经典越有弹性。它很独特，比如就拿一上来来说，它已经变成了一个标志："道可道，非常道；名可名，非常名。无名，天地之始；有名，万物之母。"道和名本来是很抽象的，它这么一结构呢，从好处来说，它很深邃、很奥妙，叫"玄之又玄，众妙之门"，其实要用白话文说——各种解释还是不一样，多数人解释就是：第一个"道"是名词，第二个"道"是动词，就是那些可以言说的道理，并不是最根本最恒常的道理，那些可以表述的名称（概念），并不是最根本最恒常的名称（概念）。

中华经典的特点之一：易于背诵，难以解说

"道可道，非常道"还有一个特点，中国很多经典有这个特点，它好背不好理解，你很容易背诵，你要真正下功夫，这五千多字你把它全背下来都可以做到，但是想把它理解清楚，你得理解一辈子。

它还有一个文体问题，在很简单的、很简短的文字中，某些字不断地重复，我随便举个例子，就是第三十八章："上德不德，是以有德。下德不失德，是以无德。上德无为而无以为。下德为之而有以为。上仁为之而无以为。上义为之而有以为。上礼为之而莫之应。"这真的像

绕口令，你越背越像绕口令。它充分使用了文言文，就是有时候名词和动词用了同一个字。"上德不德，是以有德"，就是越是上等的德行，越不整天讲这个德，不把这个德挂在嘴上，而你越不整天把这个德挂在嘴上，你越有德，"是以有德"；"下德不失德"，你的境界比较低下，所以你不敢不说这个"德"字，你张口闭口一天二十四个小时有十六个小时都德德德德，"是以无德"。所以一个人要是这么讲德，他就没有多大的德行，这就是老子一贯的主张。就是这个东西你要化成你自己的生命，化成你自己的本能，不是说你故意在口头上标榜什么东西，不是在那里作秀，不是做姿态。

是同义反复吗

有时候像这样一类的东西在形式逻辑里给人一种同义反复的感觉。什么叫同义反复呢？比如说都是：德不德、有德、无德、失德，来回地说来说去都是"德"，这样的表述从形式逻辑上说是不可取的，然而他强调的是：某个概念、某个命名，有它的不容混淆的特性，有它自己的同一性。

"失道而后德，失德而后仁，失仁而后义，失义而后礼。夫礼者，忠信之薄而乱之首。"他是说你有了道，有了最自然而然的大道、最根本的东西，其他东西你都没了，你光剩下在口头上讲德了。他这个说法是不是有点过？这是另外的事。然后他就一层一层的——"失德而后仁"，你失了德以后，德也做不到了，大家不是说天然的都那么有德行，那时候你还得提倡什么呢？提倡仁即去制定一种价值规范。"失仁而后义"，你连仁都做不到了，人和人之间的互相的关爱都做不到了，那起码你还得讲正义或义气。他就这么一层一层地推理，这也是一种文体，这叫层层加码法，或者是层层减码法。

这种文体是中国的一个特色,我上小学的时候就背"大学之道,在明明德,在亲民,在止于至善。知止而后有定,定而后能静,静而后能安,安而后能虑,虑而后能得"。然后是"古之欲明明德于天下者,先治其国。欲治其国者,先齐其家。欲齐其家者,先修其身。欲修其身者,先正其心。欲正其心者,先诚其意"等等。好像有一个模式,就是一层一层一层一层,就跟上台阶或下台阶似的。

很早的时候,美国有一位大汉学家姓 Fairbank,就是费正清博士,说中国逻辑不发达,是中国科学上不去的原因之一,他说中国最喜欢的是这种上台阶下台阶的大逻辑,从一件事无限上纲,一层一层一层一层越上越高、越上越高,然后从一件大事又是下台阶,一点一点一点一点下来以后变成一个很简单的事。这是费正清对中国的批评,在《老子》里头也有好多,说明不光是儒家有,道家也有这种上台阶下台阶。

但是我最近有一个发现,就是说奥巴马总统的竞选词也来了一个上台阶下台阶。他很有名的很短的竞选词:

Your voice can change a room. If one voice can change a room, it can change a city. If it can change a city, it can change a state. If it can change a state, it can change a nation. If it can change a nation, it can change the world. Your voice can change the world.

奥巴马说:"你说一句话",或者"你的声音能够改变一间屋子"——我们把它翻译成改变一个家庭,这是能齐家,然后"你能改变一个家庭就能改变一个城市,你能改变一个城市就能改变一个州,你能改变一个州就能改变一个国,你能改变一个国就能改变全世界。你的声音就能改变全世界"。他的这话从逻辑上说也经不住推敲,但很煽情,很有号召力。所以我就觉得有意思啊,说明这是一种文学性。从逻辑上说,谁的一个声音、说一句话就能改变全世界了?但是它的文学性很好,因为它有动员性、它有一种呼唤性——起来吧!有点这样。所以正是这样奥巴马在竞选词当中才要用到这样的文字。

诗体的《道德经》

《老子》的文字实际上讲押韵，它大致上押韵，所以我觉得它像诗。押韵，朗朗上口，譬如说第五十八章"其政闷闷，其民淳淳"，闷闷、淳淳，这都是用韵母 en 押韵。他就没说：其政闷闷，其民朴朴，没这么说，或者是：其政闷闷，其民素静，他也没这么说——他这个就很好听，还容易记，"其政闷闷，其民淳淳"，有一点规律；"其政察察，其民缺缺"，我想这个察察和缺缺——可惜我是不会念了，这个要是广东人念，他一定是押韵的，因为这是入声字，实际上还是押韵的。然后"祸兮福之所倚，福兮祸之所伏"，这不是押韵，这是对偶了，这是骈体，对仗，是中国文字的特点，因为中国文字很整齐，英文没法对仗，中国人特别讲对仗。做诗得对仗，过年得贴对联，所以这是很讲究文学性的。"孰知其极"，谁知道祸啊福啊这些东西，到了头它会成为什么样呢？"其极'就是到了终极到了头，是什么样呢？"其无正，正复为奇，善复为妖"，它究竟怎么样才算是正规的、才算是正统的呢？正，它也能变成不正的——可以念奇（qí），也可以念奇（jī），就是奇数——本来是最正常的最 Normal（正常的）东西，可以变成奇，变成 unnormal 不正常的东西。

老子有利于人们自我安慰

顺便说一下，我们说"老子的帮助"，并不是说老子的一切都能够有具体的帮助，有人说希望我讲老子怎么帮助治病，有人希望我讲老子怎么教育小孩儿，有人希望我讲老子怎么样能帮助家庭团结。但是老子不是万用灵丹，药到病除、立竿见影，这个做不到，但是老子能让你心情开阔，他让你眼光远大，我还要说一个好像是难听的话，老子他让你能够自我安慰，我就听过大学者说"祸兮福之所倚，福兮祸之所伏"是一个人倒霉的时候安慰自己的话。祸本来就是祸，祸变成了福，那是以后的事了。福就是福，这个很简单，你中彩了、你得了十万块钱，这是福，你失窃了、你钱包丢了、你丢了十万块钱，这个是祸。不能说你丢了钱就等于你中了彩，或者丢了钱就准中彩，没有这个可能性。但是我就想，一个人在自己一生中的某些时候能够自我安慰、能够解心宽、能够调理自己，使自己的心理更健康，能使自己的心理增加一点抗逆能力、抗病毒的能力，这也是一种良方嘛，尤其在市场经济下，一会儿金融危机了，一会儿股票上去了，让一些人发作神经病，这种浮躁的东西非常多；有人说城市里忧郁症比例不小，那得看他的标准是什么，抑郁的心情可能有的时候人人都会偶尔有一下的，至于说到了病症，这得看怎么衡量。

我知道现在的年轻人挺喜欢用"郁闷"这个词，今天这个郁闷、明天那个郁闷了，饭没吃好他也郁闷、让爸爸妈妈给说一顿他也郁闷，我曾经开过玩笑说，你要想郁闷的话，每个人每天从早到晚都有十五次自杀的理由，都有倒霉的事，所以他能自我安慰不好吗？心怀开阔一点、眼光远大一点，不要因为斤斤计较一些小事，就搞得自己很郁闷，经常能够鼓励自己"欲穷千里目，更上一层楼"、"天生我材必有用，千金散尽还复来"、"祸兮福所倚，福兮祸所伏"，这样能够经常自己安慰自己、自己开导自己，也不是一件坏事。当然你不能只限于自我安慰，你还得有行动，应该加强学习。你下岗了要进行职业再培训，你有些事处理得不好、有些不良习惯，应该改正。但是除了这些以外，为什么不能自己安慰自己？老子的这些东西让人感觉到很切近，并不让你感觉到遥远。

老子教给我们说话

我有一个同行写小说的也是朋友,就是陕西的贾平凹先生,贾平凹先生有这么一个说法:一个人写的作品,如果里面有些话后来变成成语了,这可了不得,这可是一大成就、一大成功。你想想,现在咱们国家每天出两三本长篇小说——两本半的样子——那么多书,就你这个书里头有一句话被老百姓记住了,变成了一个成语,然后人家永远用这个话,你不简单啊,太了不起了!我们要拿这个回过头来看老子,我的天啊!老子教给了我们中华民族说话,老子的很多话至今仍然活在我们的嘴上、活在我们的心里、活在我们的交流之中。在这个意义上我要说一句话:老子他没有死,因为他的话,我们都认可。

随便举一个例子,"天地不仁"——一遇到了自然灾害,我们立刻就会想到"天地不仁",或者我们追悼一位非常可惜的英年早逝的对社会有贡献的人,我们也会想到"天地不仁",天地并不给你多少亲爱、温柔,该怎么着它就怎么着。譬如说"大器晚成",到现在我们也用,谁家的孩子如果父母老是抱怨他,说他不如他同年龄人成绩好,我们会鼓励他说他是"大器晚成",你不一定都是三岁就见天才、四岁就作曲、五岁就上神童班,真正大的材料不是一时半会儿就能显出来的。"大智若愚",这并不是《老子》里头的原话,但是它和什么"大成若缺"、"大辩若讷"像是完全在一个模子里头产生出来的。譬如说"无中生有"也不是老子的原话,不但不是原话,而且对老子的话还略有歪曲,因为老子的原话是"万物生于有,有生于无",而"无中生有","有"变成了"无",这正是"大道"的体现,可是我们现在说"无中生有",是一个贬义词,比如咱俩闹点矛盾,你在某种场合说我有什么做得不好的事情,我说这是"无中生有",我从来没干过这个,这是你给我编出来的。我们这么用。但是即使如此,也说明"万物生于有,有生于无"这些词已经进了老百姓的脑子里了。像我们说过的"宠辱无惊",不但成了成语,而且成了格言,我想任何一个人都需要这样一个格言,需要这样一个座右铭。"功遂身退",我们后世用它时不说"功遂身退",而说"功成身退",意思一样。"功遂身退,天之道",你要做的事已经完成了,完成了你该靠边就靠边,别老站在那儿等着欢呼;这个境界可是太高了,这个境界是无私的、是忘我的、是不居功的、是不自傲的。比如说老子有些反战的话,说"大军之后,必有凶年",现在老百姓几乎都会说这个话,没有文化的人也会说这个话,没读过《老子》的人也会说这个话。所以不要以为老子仅仅就在这五千字里头,或者就在学者的分析考证注释乃至于是在讲座或者电视的大讲堂里头,不,老子的思想影响要广泛得多,老子在中国人的心里,老子在中国人的头脑里边,我们的头脑里头多多少少都有点《老子》。当然不仅仅有一本《老子》,这是不够的,我们还有孔子、我们还有岳飞、我们还有苏东坡、我们还有孙中山、我们还有毛泽东、我们还有邓小平,我们还有很多很多各式各样的有影响的思想家、政治家、革命家、科学家等等。

哀兵必胜的煽情性

老子"哀兵必胜"这句话文学性非常强,甚至我认为"哀兵必胜"是一个煽情的口号,叫做悲情的口号——这是开玩笑了——正因为你是哀兵,你被逼的无路可走了,你只有拼这个胜利,你没有别的出路,不胜利毋宁死。老子很多地方是消极的,可是"哀兵必胜"这句话从消极里头引出了最积极的结论:中华民族到了最危险的时候,每个人被迫着发出最后的吼声!其实《共产党宣言》里头的许多词句也是这种"哀兵必胜"的意思:"无产阶级失去的只是锁链,得到的是整个世界！"这都是文学性非常强、鼓动性非常强，甚至我要说的是充满了悲情的一个号角，那号角一吹，有一种苍凉的感觉。另外，他让你感觉到"哀兵必胜"就是已经到了胜不胜就看往前冲不冲了，要进行绝地反击。

还有"报怨以德"，这是句伟大的话，就是"以德报怨"。简单地说：别人对我做了可怨恨的事、做了对不起我的事，我以最高的道德、最大的善意来回报他，而不是冤冤相报，不是以眼还眼、以牙还牙。某些特定的状况下，是需要以眼还眼、以牙还牙的，但是在很多的情况下，我们应该大度、应该"报怨以德"。"以德报怨"这四个字，一个有道德感的人读了应该眼睛上浸出一点泪水。一个人能做到"以德报怨"——你对不起我行，但是我不做对不起你的事情，我尽我的心力来帮助你——我想这是一种非常美好的情操，尽管操作起来还有各种各样的问题。

再譬如说老子也有一些挺凶、挺厉害的话，"民不畏死，奈何以死惧之"，老百姓不怕死，别拿死吓唬我们。这是革命家的话，这像就义时候的话——你不是要枪毙我吗？行，我不怕，很悲壮：我不怕死，你枪口对着我，放！"民不畏死，奈何以死惧之"，这是革命造反的语言、这是反抗的语言、这是斗争的语言。还有"治大国若烹小鲜"这么漂亮的话，及"知白守黑"等等。

一个《老子》总共五千多字，教给咱们多少词啊，教给咱们多少话啊，他不但教了词教了话，而且教给了我们一种思路，教给了我们一种思维，不但教给了一种思维，还教给了我们一种语言表达的形式。他的激动人心的力量是不一样的，譬如说"哀兵必胜"，同样的意思，你换一句话：越倒霉越得拼命——就完全变成了一个很庸俗的市民的说法了，就很平常了——我没辙了，我只有跟你拼了不可。刚才说到"绝地反击"，这还行，你要说是咸鱼翻身呢？这不就变成调侃了，反倒不是好话了。

词句也是不能任意置换的

同样"报怨以德"或者"以德报怨",我觉得很高尚,甚至让你想到佛想到基督有这种原谅别人、永远用最好的态度来对待一切的这样一种精神。但是如果把它改成另外一种说法:你不管怎么对不起我,反正我也算对得起你了。这倒也不错,这话你听着意思没错,但是这有点市民腔——这哥儿俩一块合伙做买卖,最后闹起来了,说我对你可是对得起,你小子对我有点对不起,这就和这个"报怨以德"的说法很不一样了。我说明一个什么观点呢?《老子》的文学性体现了汉字的价值、体现了语言的价值,也体现了文言文的价值。我们今天要以学习白话文、使用白话文为主,这一点是毫无疑问的,以为说现在讲什么国学,大家就都去讲文言文,这是开历史的倒车,但是文言文里的那种精纯,包括语法上的那种灵活性,那也是非常吸引人的。

再谈儒道互补

谈《老子》的永久性的话题,我觉得还有另外一个话题值得说一说,就是对中国的士人、中国的读书人来说,咱们几千年来其实都多少有一点"儒道互补"的倾向。儒道互补是什么意思?中国这个国家,它的权力和资源在封建社会是非常集中的,因此都有一个怎么样发挥自身的作用的问题,叫做"为世所用"的问题,你如果不被世所用,你干着急,一点辙都没有。读书人相对比别人多念点书、多经过一点学习的训练,在你为社会服务比较顺利的时候,你有你自己的职位,我们也丝毫不隐讳包括有些人能够做官,那么在孔子老子那个时代,确实儒家的那一套对他有一种规范的作用,所谓"君君臣臣父父子子",你该有什么样的规范,你该怎么掌握中庸之道,你不要做伤天害理的事情,你也不要做非常极端、非常过分的事情,避免后患等等,也可以说就是怎么样能够相对的来说做到和谐一点。"和为贵"、"和而不同",我们看《清明上河图》,那个时候虽然没有和谐社会这个提法,但是可以设想古人认为最理想的就是各安其业。这个大家庭欣欣向荣,而且人人也都很淳朴,那就是一幅和谐的画面。《清明上河图》上就没有特别刺激的内容,既没有侠盗也没有恶魔,也没有辣妹,也没有猛男,它是各安其业、各安其位、各归其根、各知其常的这样一幅画面。

但是与此同时,不是每一个士人都有这样的机会,有时候他没有这种直接为社会服务的机遇,他有时候也会受挫,有时候还忍受冤枉等各种各样的情况。在那种不顺利的情况下,老子的这样一些我称之为机变、也可以称之为辩证——但是辩证毕竟是比较现代的一个词——的一套,对人是很受用的。用我们的中文来说我称之为机变,或者简单地说是随机应变,是根据形势来判断、来决定自己进退的一个方案,这个时候老子对很多人起了好的作用,尤其老子的对自然的强调,使很多人能够不至于搞得郁闷到了发作病患的程度。相反的,他从另一面看到世界的循环往复,看到世界上的人应该像婴儿一样保留他最天真的喜怒哀乐,他应该非常的朴实,他应该保持自己的原生态,他应该控制自己的欲望,不使自己的欲望有一个恶性的发作。像这些地方对于在仕途上不太顺利,或者生活中有些事情不是那么心想事成——其实心想事成这是一个祝愿,哪有那么多心想事成,你一想就成了,这怎么可能呢——的人帮助可太大了。所以老子在这一方面也给了人们许多智慧。

相对来说,中国人应该说是比较聪明的,中国人因为经历的苦难非常多,经历的挫折非常多,中国人不但积累了发展中的经验,也积累了在停滞状况下的经验,不但积累了所谓"邦有道",在太平盛世的经验，也积累了在乱世的经验，能够在不同的、好的和不好的情况下，都能使这个民族、使这个国家延续下来。中华文化也有另一面，就是它有一种抗逆的能力，也有一种自我调整的能力，还有一种应变的能力，这个文化碰到好事它也有辙，碰到最坏的事它也有辙。它总得想办法啊，不能说因为这个咱们散伙啊，中华民族怎么能散伙呢？不管碰到什么样的困难，得想办法克服困难，得让这个文化、这个生活、这个族群、这个事业千秋万代继续下去。中华民族、中国的历史无论如何是我们的一笔财富，远的不说，说我们的历史上只有高歌猛进、只有凯歌入云，不！我们的历史里有许多的曲折、有许多的失败、有许多的弯路，我们也干过蠢事，当然也有伟大的辉煌和成绩。这些东西都变成了我们的经验，就是说我们能够兼容并包，既能够有孔子合情合理、和谐规范的这一面，又有老子深谋远虑、机变适应，而且能够眼光放远放长的这一面，当然还有各种各样现代的知识、现代的理论。凡是好的东西，我们都要吸收，我们的精神资源越宽越好、越厚越好、越深越好。我无意说老子能解决一切问题，但是老子对我们确有帮助。我们完全有可能因为阅读老子而变得更加深谋远虑、胸怀宽广、气定神闲、悠然自得，使我们的精神境界更上一层楼，为自己赢得一个美好灵魂的精神乐园、智慧仙境。

谢谢四个多月来一直互相陪伴的听众、观众们。老子与中华文化会帮助你们，护佑你们，启示你们！

附录：
《老子》全文[*]

第一章

道可道，非常道。名可名，非常名。无名天地之始。有名万物之母。故常无欲以观其妙。常有欲以观其徼。此两者同出而异名，同谓之玄。玄之又玄，众妙之门。

第二章

天下皆知美之为美，斯恶已；皆知善之为善，斯不善矣。故有无相生，难易相成，长短相形，高下相倾，音声相和，前后相随。是以圣人处无为之事，行不言之教。万物作焉而不为始。生而不有，

---

[*] 《老子》版本各异，此一版本与正文中的引文有字句与标点的差异。

为而不恃，功成而弗居。夫唯弗居，是以不去。

第三章

不尚贤，使民不争。不贵难得之货，使民不为盗。不见可欲，使民心不乱。是以圣人之治，虚其心，实其腹，弱其志，强其骨；常使民无知无欲，使夫智者不敢为也。为无为，则无不治。

第四章

道冲，而用之或不盈。渊兮，似万物之宗。挫其锐，解其纷，和其光，同其尘，湛兮似或存。吾不知谁之子，象帝之先。

第五章

天地不仁，以万物为刍狗。圣人不仁，以百姓为刍狗。天地之间，其犹橐籥乎？虚而不屈，动而愈出。多言数穷，不如守中。

第六章

谷神不死是谓玄牝。玄牝之门是谓天地根。绵绵若存，用之不勤。

第七章

天长地久。天地所以能长且久者，以其不自生，故能长生。是以圣人后其身而身先，外其身而身存。非以其无私邪？故能成其私。

第八章

上善若水。水善利万物而不争，处众人之所恶，故几于道。居善地，心善渊，与善仁，言善信，正善治，事善能，动善时。夫唯不争，故无尤。

第九章

持而盈之,不如其已;揣而锐之,不可常保;金玉满堂,莫之能守;富贵而骄,自遗其咎。功遂身退,天之道。

第十章

载营魄抱一,能无离乎?专气致柔,能如婴儿乎?涤除玄览,能无疵乎?爱国治民,能无为乎?天门开阖,能为雌乎?明白四达,能无知乎。生之畜之;生而不有;为而不恃;长而不宰。是为玄德。

第十一章

三十辐共一毂,当其无,有车之用。埏埴以为器,当其无,有器之用。凿户牖以为室,当其无,有室之用。故有之以为利,无之以为用。

第十二章

五色令人目盲,五音令人耳聋,五味令人口爽,驰骋畋猎,令人心发狂,难得之货,令人行妨。是以圣人为腹不为目,故去彼取此。

第十三章

宠辱若惊,贵大患若身。何谓宠辱若惊?宠为下。得之若惊,失之若惊,是谓宠辱若惊。何谓贵大患若身?吾所以有大患者,为吾有身,及吾无身,吾有何患?故贵以身为天下,若可寄天下。爱以身为天下,若可托天下。

第十四章

视之不见名曰夷;听之不闻名曰希;搏之不得名曰微;此三者不可

致诘，故混而为一。其上不皦，其下不昧，绳绳不可名，复归于无物。是谓无状之状，无物之象，是谓惚恍。迎之不见其首，随之不见其后。执古之道以御今之有。能知古始，是谓道纪。

第十五章

古之善为士者，微妙玄通，深不可识。夫唯不可识，故强为之容：豫兮若冬涉川；犹兮若畏四邻；俨兮其若客；涣兮若冰之将释；敦兮其若朴；旷兮其若谷；混兮其若浊；孰能浊以止？静之徐清。孰能安以久？动之徐生。保此道者不欲盈。夫唯不盈，故能蔽而新成。

第十六章

致虚极，守静笃。万物并作，吾以观复。夫物芸芸各复归其根。归根曰静，是谓复命；复命曰常，知常曰明。不知常，妄作凶。知常容，容乃公，公乃全，全乃天，天乃道，道乃久，没身不殆。

第十七章

太上，下知有之。其次，亲而誉之。其次，畏之。其次，侮之。信不足焉，有不信焉。悠兮其贵言，功成事遂，百姓皆谓：我自然。

第十八章

大道废，有仁义；慧智出，有大伪；六亲不和，有孝慈；国家昏乱，有忠臣。

第十九章

绝圣弃智，民利百倍；绝仁弃义，民复孝慈；绝巧弃利，盗贼无有。此三者以为文，不足。故令有所属：见素抱朴，少私寡欲。

第二十章

绝学无忧,唯之与阿,相去几何?善之与恶,相去若何?人之所畏,不可不畏。荒兮其未央哉!众人熙熙,如享太牢,如春登台。我独泊兮其未兆,如婴儿之未孩;儽儽兮若无所归。众人皆有余,而我独若遗。我愚人之心也哉!沌沌兮。俗人昭昭,我独昏昏;俗人察察,我独闷闷。淡兮,其若海,望兮,若无止。众人皆有以,而我独顽且鄙。我独异于人,而贵食母。

第二十一章

孔德之容,惟道是从。道之为物,惟恍惟惚。惚兮恍兮,其中有象。恍兮惚兮,其中有物。窈兮冥兮,其中有精。其精甚真,其中有信。自古及今,其名不去,以阅众甫。吾何以知众甫之状哉?以此。

第二十二章

曲则全,枉则直,洼则盈,敝则新,少则得,多则惑。是以圣人抱一为天下式。不自见故明;不自是故彰;不自伐故有功;不自矜故长;夫唯不争,故天下莫能与之争。古之所谓曲则全者,岂虚言哉!诚全而归之。

第二十三章

希言自然。故飘风不终朝,骤雨不终日。孰为此者?天地。天地尚不能久,而况于人乎?故从事于道者,同于道。德者同于德。失者同于失。同于道者,道亦乐得之;同于德者,德亦乐得之;同于失者,失亦乐得之。信不足焉,有不信焉。

第二十四章

企者不立；跨者不行。自见者不明；自是者不彰。自伐者无功；自矜者不长。其在道也曰：余食赘形。物或恶之，故有道者不处。

第二十五章

有物混成，先天地生。寂兮寥兮，独立不改，周行而不殆，可以为天下母。吾不知其名，字之曰道。强为之名曰大。大曰逝，逝曰远，远曰反。故道大、天大、地大、人亦大。域中有四大，而人居其一焉。人法地，地法天，天法道，道法自然。

第二十六章

重为轻根，静为躁君。是以君子终日行不离辎重。虽有荣观，燕处超然。奈何万乘之主，而以身轻天下？轻则失根，躁则失君。

第二十七章

善行，无辙迹。善言，无瑕谪。善数，不用筹策。善闭，无关楗而不可开。善结，无绳约而不可解。是以圣人常善救人，故无弃人。常善救物，故无弃物。是谓袭明。故善人者，不善人之师。不善人者，善人之资。不贵其师，不爱其资，虽智大迷，是谓要妙。

第二十八章

知其雄，守其雌，为天下溪。为天下溪，常德不离，复归于婴儿。知其白，守其黑，为天下式。为天下式，常德不忒，复归于无极。知其荣，守其辱，为天下谷。为天下谷，常德乃足，复归于朴。朴散则为器，圣人用之，则为官长。故大制不割。

第二十九章

将欲取天下而为之,吾见其不得已。天下神器,不可为也,为者败之,执者失之。夫物或行或随、或嘘或吹、或强或羸、或挫或隳。是以圣人去甚、去奢、去泰。

第三十章

以道佐人主者,不以兵强天下。其事好还。师之所处,荆棘生焉。大军之后,必有凶年。善有果而已,不敢以取强。果而勿矜,果而勿伐,果而勿骄,果而不得已,果而勿强。物壮则老,是谓不道,不道早已。

第三十一章

夫唯兵者,不祥之器。物或恶之,故有道者不处。君子居则贵左,用兵则贵右。兵者不祥之器,非君子之器,不得已而用之,恬淡为上。胜而不美,而美之者,是乐杀人。夫乐杀人者,则不可得志于天下矣。吉事尚左,凶事尚右。偏将军居左,上将军居右。言以丧礼处之。杀人之众,以悲哀泣之,战胜以丧礼处之。

第三十二章

道常无名。朴虽小,天下莫能臣也。侯王若能守之,万物将自宾。天地相合,以降甘露,民莫之令而自均。始制有名,名亦既有,夫亦将知止,知止可以不殆。譬道之在天下,犹川谷之于江海。

第三十三章

知人者智,自知者明。胜人者有力,自胜者强。知足者富。强行者有志。不失其所者久。死而不亡者寿。

第三十四章

大道泛兮，其可左右。万物恃之以生而不辞，功成而不名有。衣养万物而不为主，常无欲可名于小。万物归焉而不为主，可名为大。以其终不自为大，故能成其大。

第三十五章

执大象，天下往。往而不害，安平泰。乐与饵，过客止。道之出口，淡乎其无味。视之不足见，听之不足闻，用之不足既。

第三十六章

将欲歙之，必固张之。将欲弱之，必固强之。将欲废之，必固兴之。将欲取之，必固与之。是谓微明。柔弱胜刚强。鱼不可脱于渊，国之利器不可以示人。

第三十七章

道常无为，而无不为。侯王若能守之，万物将自化。化而欲作，吾将镇之以无名之朴。无名之朴，夫亦将无欲。不欲以静，天下将自定。

第三十八章

上德不德，是以有德。下德不失德，是以无德。上德无为而无以为。下德无为而有以为。上仁为之而无以为。上义为之而有以为。上礼为之而莫之以应，则攘臂而扔之。故失道而后德。失德而后仁。失仁而后义。失义而后礼。夫礼者，忠信之薄，而乱之首。前识者，道之华，而愚之始。是以大丈夫处其厚，不居其薄。处其实，不居其华。故去彼取此。

第三十九章

昔之得一者。天得一以清。地得一以宁。神得一以灵。谷得一以盈。万物得一以生。侯王得一以为天下贞。其致之。天无以清，将恐裂；地无以宁，将恐废；神无以灵，将恐歇；谷无以盈，将恐竭；万物无以生，将恐灭；侯王无以贵高，将恐蹶。故贵以贱为本，高以下为基。是以侯王自称孤、寡、不谷。此非以贱为本邪？非乎？故至数誉无誉。不欲琭琭如玉，珞珞如石。

第四十章

反者道之动。弱者道之用。天下万物生于有，有生于无。

第四十一章

上士闻道，勤而行之。中士闻道，若存若亡。下士闻道，大笑之。不笑不足以为道。故建言有之：明道若昧，进道若退，夷道若类，上德若谷，大白若辱，广德若不足，建德若偷。质真若渝。大方无隅，大器晚成。大音希声，大象无形。道隐无名，夫唯道，善贷且成。

第四十二章

道生一，一生二，二生三，三生万物。万物负阴而抱阳，冲气以为和。人之所恶，唯孤、寡、不谷，而王公以为称，故物或损之而益，或益之而损。人之所教，我亦教之，强梁者不得其死，吾将以为教父。

第四十三章

天下之至柔，驰骋天下之至坚。无有入无间，吾是以知无为之有益。不言之教，无为之益，天下希及之。

第四十四章

名与身孰亲？身与货孰多？得与亡孰病？是故甚爱必大费。多藏必厚亡。知足不辱，知止不殆，可以长久。

第四十五章

大成若缺，其用不弊。大盈若冲，其用不穷。大直若屈，大巧若拙，大辩若讷。静胜躁，寒胜热，清静为天下正。

第四十六章

天下有道，却走马以粪。天下无道，戎马生于郊。祸莫大于不知足。咎莫大于欲得。故知足之足，常足矣。

第四十七章

不出户，知天下。不窥牖，见天道。其出弥远，其知弥少。是以圣人不行而知。不见而明。不为而成。

第四十八章

为学日益。为道日损。损之又损，以至于无为。无为而无不为。取天下常以无事，及其有事，不足以取天下。

第四十九章

圣人无常心，以百姓心为心。善者吾善之，不善者吾亦善之，德善。信者吾信之，不信者吾亦信之，德信。圣人在天下，歙歙焉，为天下浑其心，百姓皆注其耳目，圣人皆孩之。

第五十章

出生入死。生之徒，十有三。死之徒，十有三。人之生，动之于死地，亦十有三。夫何故？以其生生之厚。盖闻善摄生者，陆行不遇兕虎，入军不被甲兵。兕无所投其角，虎无所用其爪，兵无所容其刃。夫何故？以其无死地。

第五十一章

道生之，德畜之，物形之，势成之。是以万物莫不尊道而贵德。道之尊，德之贵，夫莫之命而常自然。故道生之，德畜之。长之育之，亭之毒之，养之覆之。生而不有，为而不恃，长而不宰，是谓玄德。

第五十二章

天下有始，以为天下母。既得其母，以知其子。既知其子，复守其母，没身不殆。塞其兑，闭其门，终身不勤。开其兑，济其事，终身不救。见小曰明，守柔曰强。用其光，复归其明，无遗身殃。是为习常。

第五十三章

使我介然有知，行于大道，唯施是畏。大道甚夷，而民好径。朝甚除，田甚芜，仓甚虚。服文彩，带利剑，厌饮食，财货有余。是谓盗竽。非道也哉。

第五十四章

善建者不拔，善抱者不脱，子孙以祭祀不辍。修之于身，其德乃真。修之于家，其德乃余。修之于乡，其德乃长。修之于邦，其德乃丰。修之于天下，其德乃普。故以身观身，以家观家，以乡观乡，以邦观邦，以天下观天下。吾何以知天下然哉？以此。

第五十五章

含德之厚，比于赤子。毒虫不螫，猛兽不据，攫鸟不搏。骨弱筋柔而握固。未知牝牡之合而朘作，精之至也。终日号而不嗄，和之至也。知和曰常，知常曰明。益生曰祥。心使气曰强。物壮则老。谓之不道，不道早已。

第五十六章

知者不言。言者不知。塞其兑，闭其门，挫其锐，解其纷，和其光，同其尘，是谓玄同。故不可得而亲，不可得而疏，不可得而利，不可得而害，不可得而贵，不可得而贱。故为天下贵。

第五十七章

以正治国，以奇用兵，以无事取天下。吾何以知其然哉？以此：天下多忌讳，而民弥贫。民多利器，国家滋昏。人多伎巧，奇物滋起。法令滋彰，盗贼多有。故圣人云：我无为，而民自化；我好静，而民自正；我无事，而民自富；我无欲，而民自朴。

第五十八章

其政闷闷，其民淳淳。其政察察，其民缺缺。祸兮福之所倚。福兮祸之所伏。孰知其极，其无正。正复为奇，善复为妖。人之迷，其日固久。是以圣人方而不割，廉而不刿，直而不肆，光而不耀。

第五十九章

治人、事天莫若啬。夫唯啬，是谓早服。早服谓之重积德。重积德则无不克。无不克则莫知其极。莫知其极，可以有国。有国之母，可以长久。是谓深根固柢，长生久视之道。

第六十章

治大国若烹小鲜。以道莅天下，其鬼不神。非其鬼不神，其神不伤人。非其神不伤人，圣人亦不伤人。夫两不相伤，故德交归焉。

第六十一章

大国者下流，天下之交，天下之牝。牝常以静胜牡，以静为下。故大国以下小国，则取小国。小国以下大国，则取大国。故或下以取，或下而取。大国不过欲兼畜人。小国不过欲入事人。夫两者各得所欲，大者宜为下。

第六十二章

道者，万物之奥。善人之宝，不善人之所保。美言可以市尊，美行可以加人。人之不善，何弃之有。故立天子，置三公，虽有拱璧以先驷马，不如坐进此道。古之所以贵此道者何？不曰：求以得，有罪以免邪？故为天下贵。

第六十三章

为无为，事无事，味无味。大小多少，报怨以德。图难于其易，为大于其细。天下难事，必作于易。天下大事，必作于细。是以圣人终不为大，故能成其大。夫轻诺必寡信，多易必多难。是以圣人犹难之，故终无难矣。

第六十四章

其安易持，其未兆易谋。其脆易泮，其微易散。为之于未有，治之于未乱。合抱之木，生于毫末。九层之台，起于累土。千里之行，始于足下。为者败之，执者失之。是以圣人无为故无败，无执故无失。民之从事，常于几成而败之。慎终如始，则无败事。是以圣人欲不欲，不贵难得之货。学不学，复众人之所过，以辅万物之自然而不敢为。

第六十五章

古之善为道者，非以明民，将以愚之。民之难治，以其智多。故以智治国，国之贼。不以智治国，国之福。知此两者亦稽式。常知稽式，是谓玄德。玄德深矣，远矣，与物反矣，然后乃至大顺。

第六十六章

江海所以能为百谷王者，以其善下之，故能为百谷王。是以圣人欲上民，必以言下之；欲先民，必以身后之。是以圣人处上而民不重，处前而民不害。是以天下乐推而不厌。以其不争，故天下莫能与之争。

第六十七章

天下皆谓我道大，似不肖。夫唯大，故似不肖。若肖，久矣其细也夫。我有三宝，持而保之：一曰慈，二曰俭，三曰不敢为天下先。慈故能勇，俭故能广，不敢为天下先，故能成器长。今舍慈且勇，舍俭且广，舍后且先，死矣！夫慈以战则胜，以守则固。天将救之，以慈卫之。

第六十八章

善为士者不武。善战者不怒。善胜敌者不与。善用人者为之下。是谓不争之德，是谓用人之力，是谓配天，古之极。

第六十九章

用兵有言：吾不敢为主，而为客；不敢进寸，而退尺。是谓行无行，攘无臂，扔无敌，执无兵。祸莫大于轻敌，轻敌几丧吾宝。故抗兵相若，哀者胜矣。

第七十章

吾言甚易知，甚易行。天下莫能知，莫能行。言有宗，事有君。夫唯无知，是以不我知。知我者希，则我者贵。是以圣被褐怀玉。

第七十一章

知不知，上，不知知，病。夫唯病病，是以不病。圣人不病，以其病病。夫唯病病，是以不病。

第七十二章

民不畏威，则大威至。无狎其所居，无厌其所生。夫唯不厌，是以不厌。是以圣人自知不自见，自爱不自贵。故去彼取此。

第七十三章

勇于敢，则杀，勇于不敢，则活。此两者，或利或害。天之所恶，孰知其故？天之道，不争而善胜，不言而善应，不召而自来，繟然而善谋。天网恢恢，疏而不失。

第七十四章

民不畏死，奈何以死惧之。若使民常畏死，而为奇者，吾得执而杀之，孰敢。常有司杀者杀。夫代司杀者杀，是谓代大匠斫。夫代大匠斫者，希有不伤其手矣。

第七十五章

民之饥，以其上食税之多，是以饥。民之难治，以其上之有为，是以难治。民之轻死，以其上求生之厚，是以轻死。夫唯无以生为者，是贤于贵生。

第七十六章

人之生也柔弱，其死也坚强。草木之生也柔脆，其死也枯槁。故坚强者死之徒，柔弱者生之徒。是以兵强则灭，木强则折。强大处下，柔弱处上。

第七十七章

天之道，其犹张弓欤。高者抑之，下者举之。有余者损之，不足者补之。天之道，损有余而补不足。人之道，则不然，损不足以奉有余。孰能有余以奉天下，唯有道者。是以圣人为而不恃，功成而不处。其不欲见贤。

第七十八章

天下莫柔弱于水。而攻坚强者莫之能胜，以其无以易之。弱之胜强，柔之胜刚，天下莫不知，莫能行。是以圣人云：受国之垢，是谓社稷主；受国不祥，是为天下王。正言若反。

第七十九章

和大怨，必有余怨，安可以为善。是以圣人执左契，而不责于人。有德司契，无德司彻。天道无亲，常与善人。

第八十章

小国寡民。使有什伯之器而不用；使民重死而不远徙。虽有舟舆，无所乘之。虽有甲兵，无所陈之。使民复结绳而用之。甘其食，美其服,安其居,乐其俗。邻国相望,鸡犬之声相闻,民至老死,不相往来。

第八十一章

信言不美,美言不信。善者不辩,辩者不善。知者不博,博者不知。圣人不积,既以为人己愈有,既以与人己愈多。天之道,利而不害;圣人之道,为而不争。

Copyright © 2009 by SDX Joint Publishing Company
All Rights Reserved.
本作品版权由生活·读书·新知三联书店所有。
未经许可，不得翻印。

图书在版编目（CIP）数据

老子十八讲/王蒙著.—北京：生活·读书·新知
三联书店，2009.10
ISBN 978-7-108-03305-5

Ⅰ.老… Ⅱ.王… Ⅲ.①道家②老子-研究 Ⅳ.B223.15

中国版本图书馆CIP数据核字（2009）第160557号

责任编辑	吴　彬
装帧设计	罗　洪
出版发行	生活·讀書·新知 三联书店
	（北京市东城区美术馆东街22号）
邮　　编	100010
经　　销	新华书店
印　　刷	北京隆昌伟业印刷有限公司
版　　次	2009年10月北京第1版
	2009年10月北京第1次印刷
开　　本	635毫米×965毫米 1/16 印张 23.5
字　　数	289千字
印　　数	00,001-80,000册
定　　价	29.00元